O MERCOSUL EM MOVIMENTO II

Série Integração Latino-Americana

SÉRIE INTEGRAÇÃO LATINO-AMERICANA

Projeto Editorial
Livraria do Advogado Ltda.
Mestrado em Integração Latino-Americana (MILA.)
(Programa de Pós-Graduação do Centro de Ciências Sociais e Humanas da Universidade Federal de Santa Maria - Rua Floriano Peixoto, 1184, Sala 302, Antiga Reitoria, 97.015-372, Santa Maria, RS, Brasil)

O objetivo desta Série é veicular a produção científica dos professores, alunos e colaboradores do MILA, contribuindo assim para a divulgação de percepções qualificadas e críticas sobre a integração latino-americana nas áreas de Direito, Economia, História e Relações Internacionais.

M556 O MERCOSUL em movimento II / coord. de Adayr da Silva Ilha e Deisy de Freitas LimaVentura. — Porto Alegre: Livraria do Advogado, 1999.
243 p.; 16x23 cm. — (Série Integração latino-americana).
Publicação da produção científica do Mestrado em Integração Latino-Americana (MILA) do Centro de Ciências Sociais e Humanas da Universidade Federal de Santa Maria.

ISBN 85-7348-122-6

1. MERCOSUL. 2. Direito comunitário. 3. Relações internacionais. I. Ilha, Adayr da Silva e Ventura, Deisy de Freitas Lima, *Coords*. II. Universidade Federal de Santa Maria. Centro de Ciências Sociais e Humanas. Mestrado em Integração Latino-Americana. III. Série.

CDU 339.923(8-13)

Índice para catálogo sistemático

Direito comunitário	339.92
MERCOSUL	339.923(8-13)
Relações internacionais	327

(Bibliotecária responsável: Marta Roberto, CRB 10/652)

SÉRIE INTEGRAÇÃO LATINO-AMERICANA

O MERCOSUL em movimento II

Organizadores

ADAYR DA SILVA ILHA
DEISY DE FREITAS LIMA VENTURA

livraria
DO ADVOGADO
editora

1999

Capa
J. Adams Propaganda

Projeto gráfico e composição
Livraria do Advogado / Valmor Bortoloti

Revisão
Rosane Marques Borba

Livraria do Advogado Ltda.
Rua Riachuelo 1338
90010-273 Porto Alegre RS
Fone/fax: (051) 225 3311
E-mail: livadv@vanet.com.br
Internet: www.liv-advogado.com.br

Impresso no Brasil / Printed in Brazil

Sumário

Apresentação

O Mestrado em Integração Latino-Americana, após quatro anos de existência, alcança sua maioridade ao obter seu credenciamento, uma vez consagrado pelos rigorosos critérios da Coordenação de Aperfeiçoamento do Pessoal Docente (CAPES/MEC). Este patamar foi obtido graças ao esforço conjunto da Coordenação, dos Departamentos diretamente envolvidos (Direito, Economia e História) e o Centro de Ciências Sociais e Humanas, mas sobretudo pela produção intelectual dos corpos docente e discente.

O projeto do Mestrado propunha-se desde o início a alcançar objetivos arrojados. Suas linhas de pesquisa na área de história, economia, direito e relações internacionais pretendiam retratar o processo de integração que se estava iniciando, para em seguida inserir-se diretamente neste processo, através do assessoramento econômico-jurídico, do debate acadêmico e da pesquisa científica.

As etapas a serem vencidas e a variedade dos temas de pesquisa que precisam ser desenvolvidos, especialmente as relativas à construção do Mercosul, evidenciam a importância da consolidação e expansão deste programa de pós-graduação.

Desde o início da implementação do projeto, contudo, entendia-se que o Mestrado não poderia restringir-se aos conteúdos programáticos das diversas disciplinas e à pesquisa realizada pelos professores e alunos.

Criou-se um canal permanente de debate sobre a integração, que excede a estrutura do Mestrado, com palestras e seminários que envolvem os mais diferentes segmentos da sociedade. Nessa linha, destacam-se os Seminários "Mercosul – dilemas e perspectivas" (1994); "América Latina, Cidadania, Desenvolvimento e Estado" (1996); "Direito Comunitário do Mercosul" (1996); e "Trabalho e Sociedade no Mercosul" (1998), todos em âmbito internacional. Neste sentido, foram valiosos os recursos obtidos junto à CAPES, ao Conselho Nacional de Pesquisa e Desenvolvimento (CNPq) e à Fundação de Amparo à Pesquisa do Rio Grande do Sul (FAPERGS).

A presente publicação divide-se justamente entre a divulgação, em sua primeira parte, da produção científica do Mestrado, apresentando os artigos de professores, recém-Mestres e acadêmicos do Curso, e uma segunda parte que apresenta os anais do Seminário "Trabalho e Sociedade no Mercosul", que se realizou no auditório da FAMES, em Santa Maria, em outubro de 1998.

No que atine à coletânea de artigos dos professores e alunos, foram contempladas as áreas de história, economia, direito e relações internacionais.

Abrindo o espaço consagrado à área do direito, a recém-Mestre Adriane Cláudia Melo apresenta um rico paralelo entre dois diferentes tipos de organizações internacionais, as intergovernamentais e as supranacionais, com o nítido objetivo de trazer lições da experiência de integração européia ao nosso jovem Mercosul. Encontra-se uma amostra de importante dissertação recentemente defendida no MILA no artigo da Professora Astrid Heringer, que se debruça sobre a polêmica questão da lei de patentes, como elemento basilar do desenvolvimento nacional. A Mestranda Maria Margareth Garcia Vieira introduz a nova lei de contrato de trabalho no contexto da globalização, compondo uma abordagem ousada do direito social. Finalmente, a pesquisadora francesa Sandra Meunier foi convidada a revelar a complexa situação dos estrangeiros na União Européia, em artigo traduzido pela Professora Deisy Ventura, cuja atualidade salta aos olhos diante do novo processo migratório deflagrado pelo atual conflito na ex-Iugoslávia.

O segmento de economia oferece uma densa análise do processo de integração latino-americano, situado entre a crise do sistema capitalista e a forte influência do pensamento liberal, através do artigo do Professor Adriano Pereira, formado pelo MILA em 1997. Os Mestrandos Luiz Ataides Jacobsen e Miguel Esposito Barreiro põem à disposição do público uma análise das instituições financeiras internacionais e do comércio entre as nações, pela qual perpassam as grandes questões da economia na atualidade.

Quanto à História, a coletânea é enriquecida pela contribuição da Professora Beatriz Teixeira Weber, que lança luzes sobre o pouco discutido processo de modernização das áreas urbanas da região platina, através de um estudo de caso, tratando com riqueza de detalhes os códigos de posturas de Porto Alegre. A seguir, a Mestranda Simone Maria Zago apresenta um roteiro da ocupação luso-brasileira no Rio Grande do Sul, percebida em oposição ao colonialismo espanhol. Ressalte-se que todos os Mestrandos que participaram da coletânea encontram-se em fase final da redação de suas Dissertações.

Em relações internacionais, convidou-se a Professora Maria Izabel Malmann a traçar um panorama das ciências socias no próximo milênio, a partir do estudo das relações internacionais.

Este livro é completado, como já foi dito, pelos Anais do Seminário "Trabalho e Sociedade no Mercosul". O evento teve por objetivo debater em profundidade a questão do trabalho, com ênfase na dicotomia emprego e desemprego, e suas repercussões no âmbito do Mercosul. Com efeito, em tempos de globalização e regionalização, as relações de trabalho têm preocupado não somente os governantes e sindicalistas, mas sobretudo o cidadão comum. Elementos como o trabalho informal, a abertura das economias periféricas, as novas tecnologias poupadoras de mão-de-obra e a competitividade em âmbito externo, desfilaram durante três dias diante de numerosos espectadores. Às centenas de inscritos juntou-se qualificado grupo de professores do Centro de Ciências Sociais e Humanas, o que comprovou a relevância e a pertinência dos temas escolhidos.

Obviamente, nem todas as intervenções que lá se produziram estão presentes nestes anais, eis que a discussão foi intensa e animada. Os conferencistas que constam desta obra elaboraram seus artigos a partir de suas explanações no Seminário e assim garantem a posteridade de seu conteúdo, de uma forma sistemática e completa. São eles os Professores Ricardo Seitenfus, Deisy Ventura, Marcio Pochmann, Octavio Rodriguez, Tulo Vigevani e Carlos Alberto Robinson.

Um agradecimento especial deve ser dirigido a estes dedicados acadêmicos, assim como às duas convidadas de outras instituições que participaram da coletânea, Dra. Malmann (PUC/RS) e Ms. Meunier (Paris I).

O MILA prossegue no esforço de consolidação de uma proposta inovadora e necessária para a Universidade brasileira, trazendo, como de hábito, à comunidade os frutos concretos de seu trabalho, justificando largamente o crescente investimento que a ele deve ser dispensado.

Santa Maria, março de 1999.

Prof. Dr. Adayr da Silva Ilha

Coordenador do Mestrado em Integração Latino-Americana

PARTE I

COLETÂNEA DE ARTIGOS

1. Supranacionalidade e intergovernamentalidade no Mercosul

ADRIANE CLÁUDIA MELO
Advogada, Mestre em Integração Latino-Americana da Universidade Federal de Santa Maria.

1. CONSIDERAÇÕES INICIAIS

O fenômeno das organizações internacionais despontou, com grande ênfase, no século XX, sobretudo após a Segunda Guerra Mundial.

As organizações internacionais foram definidas como "uma sociedade de Estados, constituída através de um Tratado, com a finalidade de buscar interesses comuns através de uma permanente cooperação entre seus membros" (Seitenfus, 1997, p. 27).

Os Estados, movidos por interesses comuns, unem-se com o intuito de alcançar objetivos comuns. E, para isso, criam uma estrutura institucional. Essa estrutura é colocada a serviço da realização dos objetivos comuns, e pode apresentar-se com a característica da intergovernamentalidade ou da supranacionalidade.

O Mercosul é uma organização internacional. A Argentina, o Brasil, o Paraguai e o Uruguai, possuindo interesses comuns, sobretudo de ordem econômica, unem-se com o intuito de estabelecer um mercado comum na sub-região. E o Tratado de Assunção (de 26 de março de 1991) apresenta a estrutura institucional desse processo integracionista denominado Mercado Comum do Sul (MERCOSUL).

A estrutura institucional do Mercosul é intergovernamental. A União Européia, processo integracionista europeu, por sua vez, é supranacional.

O objetivo do presente trabalho consiste em apresentar ao leitor a questão, trazida pela doutrina brasileira, a respeito da presença da intergovernamentalidade ou da supranacionalidade no Mercosul.

Muitos autores pátrios defendem a presença da supranacionalidade no Mercosul, embora a estrutura institucional do mesmo seja intergovernamental. E esses preconizam um Tribunal de Justiça supranacional.

Outros autores entendem que a intergovernamentalidade é a apropriada, sobretudo, no estágio atual do Mercosul, ou seja, a fase de União Aduaneira.

Ainda constatam-se autores que defendem um avanço em direção à supranacionalidade.

Entretanto, antes mesmo da apresentação das aludidas posições, é preciso definir-se a *supranacionalidade* e a *intergovernamentalidade.*

2. CONCEITOS

A conceituação dos termos apresentados neste trabalho - *supranacionalidade* e *intergovernamentalidade* - se faz premente. Eis que ora nos deparamos com movimento integracionista de natureza intergovernamental, como é o caso do Mercosul, ora nos deparamos com movimento integracionista de natureza supranacional, como é o caso da União Européia. E ambos apresentam, em virtude disso, características essenciais diferentes.

Em processo integracionista de natureza supranacional, como é o caso da integração européia, o interesse comunitário prevalece sobre o interesse individual dos Estados-Membros; a estrutura institucional é autônoma e independente, e dispõe de funcionários próprios; a norma comunitária é dotada dos princípios da primazia e da aplicabilidade direta; o Tribunal de Justiça interpreta e aplica uniformemente as regras jurídicas comunitárias.

Em processo integracionista de natureza intergovernamental, como é o caso da integração mercosuliana, o interesse predominante resulta da harmonização das vontades individuais dos Estados-Membros; a estrutura institucional não é independente, e o corpo de funcionários representa os interesses dos Estados-Partes; a norma jurídica produzida no âmbito integracionista deve ser internalizada para produzir efeitos jurídicos; não há necessariamente a primazia da norma comunitária sobre o ordenamento jurídico nacional, nem a aplicabilidade direta das mesmas; e tampouco existe um órgão jurisdicional superior e autônomo.

Sendo assim, encontramos perceptíveis diferenças entre processos integracionistas que possuam uma ou outra característica. O estudo conceitual nos ajudará nesta questão.

2.1. O conceito de supranacionalidade

A supranacionalidade é uma característica que não pode ser explicada pelo direito internacional clássico, tampouco pelo direito interno. Mas pode ser explicada por um novo ramo do direito: o direito comunitário, que, assim como o conceito, é de formação recente.[1]

A supranacionalidade consiste na reunião de três elementos: a presença de valores ou interesses comuns, a institucionalização colocada a serviço dos objetivos comuns e a autonomia desses poderes.

2.1.1. Os elementos característicos da supranacionalidade

A supranacionalidade é estudada e definida por diversos autores. Preferimos nos ater à conceituação apresentada por Pierre Pescatore:[2]

"Alors, cet essentiel, je voudrais le résumer sous forme de trois propositions: La reconnaissance, par un groupe d'Etats, d'un ensem-

[1] Neste sentido, Paulo Roberto de Almeida, ao analisar o surgimento desse novo tipo de Direito, profere: " a outra grande tendência normativa institucional [...] é a emergência de um novo tipo de direito, ao lado de suas variantes conhecidas de longa data. Essa nova espécie de direito deriva do crescimento exponencial, no período recente, das agrupações políticas de fundamentação econômica, isto é, os espaços econômicos ampliados constituídos em forma de união aduaneira ou de mercado comum. Trata-se de um direito que não é nem direito internacional nem direito interno dos Estados, mas um direito intermediário próprio dos organismos de integração que se denomina direito comunitário, nos casos dos mercados comuns de tipo europeu, por exemplo (1990, p. 89).

[2] Na obra *Le droit de l'intégration.* Emergence d'un phénomène nouveau dans les relations internationales selon l'expérience des Communautés Europèenes. Genéve: Sijthoff-Leiden/ Ihuei, 1972.

ble d'intérêts communs ou, d'une manière plus large, d'un ensemble de valeurs communes; la création d'un pouvoir effectif, placé au service de ces intérêts ou valeurs; enfin, lautonomie de ce pouvoir" (1972, p. 50).

Para o autor, a supranacionalidade requer: a) o reconhecimento, por um grupo de Estados, de um conjunto de interesses ou valores comuns; b) a criação de um poder efetivo colocado a serviço desses interesses ou valores; c) e a autonomia desse poder.

a) Os interesses ou valores comuns motivam certos Estados a unirem-se com o intuito de alcançar objetivos comuns. Esses interesses comuns podem ser os mais diversos, como o caso de um gasoduto, ou o caso de um mercado comum, por exemplo. São os motivadores da união de esforços empreendidos pelo grupo de Estados, que são dispostos, até mesmo, a subordinar os interesses nacionais no intuito de atingirem os objetivos comuns.

b) Para a realização desses objetivos comuns são criados poderes efetivos. A institucionalização é colocada a serviço desses objetivos comuns. E os órgãos criados tomam decisões que comprometem os Estados, produzem normas jurídicas que devem ser respeitadas, bem como as interpretam e as aplicam.

c) Ainda, é preciso haver a autonomia dos órgãos estruturais. Ou seja, a estrutura institucional deve ser colocada exclusivamente a serviço dos objetivos comuns. Caracteriza-se por ser um poder distinto dos poderes dos Estados-Membros. Deste modo, "[...] os órgãos supranacionais são formados por um quadro próprio de funcionários, desvinculados dos governos dos países membros, e suas decisões são autônomas em relação a esses governos" (Florêncio & Araújo, 1996, p. 69).

A criação de órgãos colocados exclusivamente a serviço dos objetivos comunitários faz com que a continuidade do processo integracionista se encontre resguardada dos ímpetos políticos circunstanciais dos governos. Ricardo Seitenfus (1994, p. 115) entende que:

"A instituição comunitária não deve, então, ser tão somente o somatório das vontades dos Estados membros. Possui dinâmica e latitude de atuação próprias, a permitir a tomada de posições que extrapolem a visão imediatista e os interesses personalistas das administrações dos países que a integram. Certamente a instituição espelha as vontades dos seus membros, inclusive no que diz respeito a sua incorporação funcional, mas é, a um só tempo, distinta e superior, na medida em que a ordem comunitária deverá sobrepor-se à ordem nacional que persiste naqueles assuntos para os quais foi definida sua competência".

Deste modo, esses órgãos, dotados de poderes autônomos, encontram-se acima dos Estados, e não representam a vontade individual dos mesmos, mas a vontade comunitária.

Como profere Antônio Paulo Cachapuz de Medeiros (1997, p. 164):

"A supranacionalidade determina, portanto, o aparecimento de um poder que se coloca acima dos Estados, resultante da transferência definitiva de parte das suas funções próprias aos domínios abrangidos pela entidade supranacional, que passa a exercê-las tendo em vista o interesse comunitário e não o interesse individual dos Estados".

Portanto, o organismo supranacional é independente em face dos governos dos Estados-Membros. Gualtiero Martín-Marchesini (1998, p. 148), neste sentido, expressa:

"La supranacionalidad es el poder que los Estados miembros de una comunidad delegan en organismos independientes de los gobiernos de dichos Estados para que tengan competencia suficiente de normar, ejecutar y dirimir todo lo referente a los objetivos comunes que llevaron a dichos Estados a integrarse en una comunidad organizada".

Do exposto, observa-se que, para haver a supranacionalidade, são necessários três elementos conjuntamente. Não podemos pensar a supranacionalidade sem a presença conjunta de interesses ou valores comuns, da institucionalização e da autonomia dos órgãos estruturais.

Entretanto, não se pode falar em autonomia dos órgãos estruturais sem abordar a questão da soberania dos Estados.

2.1.2. A supranacionalidade e a questão da soberania

A tratativa da soberania estatal consiste numa questão delicada quando a colocamos frente à supranacionalidade. Eis que a noção tradicional da soberania deve ser passível de rediscussão a fim de se ajustar ao entendimento supranacional.

Arthur Santos apresenta esta problemática quando diz que o dogma da soberania absoluta precisa ser superado a fim de que idéias novas na seara do Direito Internacional possam ser absorvidas:

"Dentro do dogma intocável da soberania absoluta não há como integrar o Estado em uma organização política, tendente a estabilizar suas relações internacionais, com a observância de compromissos sociais, militares e econômicos, que transcendam, muitas vezes, aos seus próprios interesses, em benefício da comunhão internacional" (1964, p.60).

Isto posto, é impossível a participação de Estados Nacionais em organismos com característica supranacional sem que ocorra uma nova discussão sobre a acepção clássica da soberania.

Sendo assim, optou-se, no presente estudo, por analisar o conceito tradicional de soberania, entendida como *absoluta* e *indivisível*, trazido por Jean-Jacques Rousseau,[3] embora saiba-se que outros autores clássicos, anteriores ou posteriores, já o tenham estudado.

2.1.2.1. A acepção clássica da soberania e a soberania compartilhada

O entendimento da soberania, na acepção tradicional, entendida como *absoluta* e *indivisível* é incompatível com os requisitos da supranacionalidade.[4]

Para Rousseau, a soberania *absoluta* pode ser entendida conforme consta na seguinte passagem:

"Assim como a natureza dá a cada homem poder absoluto sobre todos os seus membros, o pacto social dá ao corpo político um poder absoluto sobre todos os seus, e é esse mesmo poder que, dirigido pela vontade geral, ganha [...] o nome de soberania" (1987, p. 48).

A soberania absoluta consiste, portanto, num poder que é exercido sobre todos e sobre todas as coisas. E é justamente esse entendimento que é incompatível com a noção de supranacionalidade. Isto porque, em organismos internacionais supranacionais, os Estados-Partes não detêm o poder sobre todos e sobre todas as coisas, como entendia Rousseau, mas eles transferem poderes ao organismo supranacional, que é soberano em certas matérias. Nessa situação, para Adroaldo Furtado Fabrício:

"[...] tudo se passa como se cada um dos Estados participantes tivesse renunciado a uma parcela de sua soberania, transferindo-a ao Tribunal (como, de resto, a outros órgãos comunitários), possibilitando que o somatório dessas parcelas resulte em outorga de poder jurisdicional à Corte (assim como de outros atributos de soberania aos parlamentos Comunitários e aos órgãos executivos)" (1997, p. 23).

---

[3] Na obra *Contrato Social*. Col. Os Pensadores. São Paulo: Nova Cultural, 1987.

[4] Adroaldo Furtado Fabrício salienta o entendimento ora exposto quando diz: "o conceito clássico de soberania é incompatível com a submissão de qualquer Estado à autoridade de algum órgão jurisdicional, ou não, posicionado acima das nacionalidades" (1997, p. 22).

Surge, assim, a idéia da soberania compartilhada. Ou seja, os Estados Nacionais, ao transferirem certos poderes ao organismo supranacional, compartilham o poder soberano. E isso se dá tanto na produção de normas jurídicas, como na interpretação e na aplicação das mesmas, por exemplo.

Luiz Olavo Baptista trata da soberania compartilhada, ao dizer que:

"No processo de integração, vemo-nos diante de uma nova perspectiva da soberania: a do seu compartilhamento. Esse se faz por dupla via: a da criação de normas supranacionais, no caso chamadas de comunitárias, e da submissão automática a uma autoridade judicial, também comunitária [...] O processo integracionista reside justamente num exercer em comum a soberania, que pode evoluir até a integração das soberanias compartilhadas numa só. Com efeito, o poder tributário passa a ser exercido em comum, por exemplo na fixação da tarifa externa comum [...]" (1996, p. 92).

Percebe-se, então, a incompatibilidade trazida pelo conceito de soberania *absoluta* quando frente à supranacionalidade, dando lugar, inclusive, a um novo entendimento: a soberania compartilhada.

Do mesmo modo, o atributo da *indivisiblilidade* da soberania também não é compatível com o entendimento da supranacionalidade. Isto porque, em processo integracionista supranacional, vislumbra-se a divisibilidade da soberania entre os Estados Nacionais e os órgãos estruturais supranacionais.

Jean-Jacques Rousseau nos traz o entendimento da soberania *indivisível,* na passagem que segue:

"A soberania é indivisível [...], pois a vontade ou é geral ou não o é; ou é a do corpo do povo, ou somente de uma parte. No primeiro caso, essa vontade declarada é um ato de soberania e faz a lei; no segundo, não passa de uma vontade particular ou de um ato de magistratura, quando muito de um decreto" (1987, p. 44).

No mesmo sentido, Thomas HobbeS posiciona-se a favor da indivisibilidade da soberania, na obra *Leviatã,* quando diz que "a grande autoridade é indivisível" e que "um reino dividido em si mesmo não pode manter-se" (1997, p. 150).

Para esse autor, dividir o poder é o seu fim, pois as várias frações destruir-se-iam reciprocamente (Chevallier, 1986, p.74).

Tanto Rousseau quanto Hobbes tratam da indivisibilidade da soberania, ou seja, da indivisibilidade da vontade, que é soberana. A diferenciação que existe entre ambos é na origem da vontade. Rousseau trata da vontade do povo; Hobbes, da vontade do rei.

E essa concepção da soberania *indivisível* é contrária à noção da supranacionalidade, visto que, em fenômeno integracionista supranacional, ocorre a divisibilidade da soberania. E isso acontece quando o organismo comunitário supranacional abarca poderes que, originariamente, são próprios do Estado Nacional.

Assim sendo, o poder soberano é dividido entre os Estados-Partes e a organização comunitária supranacional.

Do acima exposto, deve-se ter presente que a problemática da soberania é delicada. Muitas vezes, o Estado Nacional não deseja ceder parcelas de soberania em favor de estruturas integracionistas de caráter supranacional, pois, se ocorresse a transferência de poderes, não se trataria mais de justapor as vontades nacionais, que se mantêm autônomas, como acontece em organismo integracionista de natureza intergovernamental, mas lidar-se-ia tão-somente com as partes coincidentes das várias vontades individuais, no intuito de chegar a uma só vontade, que é a vontade comunitária (Fabrício, 1997).

2.1.2.2. O caso do Mercosul

No processo integracionista do Mercosul, esta problemática anda a passos lentos. O Paraguai e a Argentina possuem dispositivos constitucionais favoráveis à supranacionalidade,[5] entretanto, o Brasil e o Uruguai relutam em adotá-los, insistindo, assim, em não abandonar a teoria da soberania clássica.

Quanto ao Mercosul, não se vislumbra resquícios de supranacionalidade, como bem demonstra a passagem trazida por Martha Lucía Olivar Jimenez:

"Dentro del sistema del Tratado y del Protocolo de Ouro Preto, última modificación fundamental a las disposiciones del primero, pueden constatarse la inexistencia de una voluntad autónoma a la de los Estados miembros del proceso, así como de poderes efectivos al servicio de los objetivos comunes y la naturaleza internacional de las disposiciones adoptadas por los órganos decisorios" (1995, p. 43).

Desta forma, os elementos característicos da supranacionalidade não são vislumbrados no processo integracionista do Mercosul, seja por impeditivos constitucionais, seja por falta de vontade política.

[5] A Magna Carta da República do Paraguai, sancionada e promulgada em junho de 1992, alude em seu art. 145: "La República del Paraguay, en condiciones de igualdad con otros Estados, admite un orden jurídico supranacional [...]". Do mesmo modo, a Constituição da Argentina, reformada em 1994, inclui como atribuições do Congresso: "Aprobar tratados de integración que deleguem competencias y jurisdicción a organizaciones supranacionales [...]" (KIRMSER, 1997, p. 145).

Os governos dos Estados Partes do Mercosul, refutando a supranacionalidade, optaram por uma estrutura intergovernamental.

2.2. O conceito de intergovernamentalidade

A intergovernamentalidade, como instituto jurídico, pode ser observada na infinidade dos organismos internacionais existentes no cenário internacional contemporâneo.

A ALADI, por exemplo, é um organismo internacional latino-americano de natureza intergovernamental (Magarinos, 1991, p.189). As decisões tomadas no seu âmbito requerem a expedição de normas internas nos países-membros a fim de obterem efetividade.

Do mesmo modo, o Mercosul é um organismo intergovernamental. A sua estrutura institucional compreende órgãos de natureza intergovernamental. Esse entendimento é encontrado no Artigo 2 do Protocolo de Ouro Preto, de 17 de dezembro de 1994, o qual traz a estrutura institucional definitiva do Mercosul: "são órgãos com capacidade decisória, de natureza *intergovernamental* (grifo meu), o Conselho do Mercado Comum, o Grupo Mercado Comum e a Comissão de Comércio do Mercosul".

A intergovernamentalidade é uma característica que se apresenta no sentido de relacionamento *entre* governos, disso decorre o fato de os Estados Nacionais preservarem as suas autonomias plenamente. E sendo assim, "as disposições dos tratados e convenções que entre eles se celebram não podem jamais impor a qualquer deles a supremacia de outra, ou qualquer forma de submissão a algum organismo posto acima da soberania" (Fabrício, 1997, p. 20).

Deste modo, o Estado-Membro detém a mesma liberdade de ação que possuía antes de pertencer ao organismo internacional, pois não há restrições ao seu poder interno. As decisões internas, assim sendo, podem ser tomadas ainda que contrariem o intuito integracionista. O Estado-Parte não sofre, ademais, qualquer ingerência na sua autonomia individual.

Portanto, os Estados-Membros continuam tão soberanos quanto antes de pertencerem ao organismo intergovernamental.

Os interesses discutidos em fóruns de negociação intergovernamental são individuais, ou seja, advém de cada Estado-Membro em sua particularidade. E as decisões, porventura tomadas, são aplicadas por iniciativa dos Estados, mediante formas próprias de internalização (Ventura, 1996 a, p. 29).

Pedro Dallari *apud* Deisy de Freitas Lima Ventura entende que:

"Na estrutura atual do Mercosul, as deliberações emanadas de suas instâncias não se constituem, por si só normas jurídicas em sentido estrito, mas sim em determinações políticas que vinculam os Estados Partes às promoções de adequações nos respectivos ordenamentos jurídicos internos" (1996 a, p. 60).

Os órgãos estruturais, com característica intergovernamental, não são autônomos e independentes em relação aos governos nacionais. Representam a vontade política dos Estados. Os funcionários de tais organismos representem fielmente a vontade dos governos.

Neste entendimento, encontramos Sérgio Abreu e Lima Florêncio & Ernesto Henrique Fraga Araújo:

"Órgãos intergovernamentais são aqueles formados por representantes dos governos - funcionários que exercem uma função no quadro administrativo interno de cada país e que são encarregados, também, de participar das negociações; a decisão de um órgão intergovernamental é simplesmente uma decisão conjunta dos governos nele representados" (1996, p. 69).

No mesmo sentido, Jorge Pérez Ortemin (1993, p. 3), ao analisar o Conselho, órgão intergovernamental da integração européia, salienta que o mesmo "se integra por representantes de los Estados miembros, teniendo por tanto una integración intergubernamental (art. 146 CEE y art. 2 del Tratado de Fusión)".

Do exposto, percebe-se a nítida distinção entre a duas características em foco, a saber: a supranacionalidade e a intergovernamentalidade. Cada qual possui peculiaridades, as quais qualificam o processo integracionista que as adota.

Deisy de Freitas Lima Ventura (1996 a, p. 29) salienta a diferença que existe entre os organismos supranacionais e os organismos intergovernamentais, ao dizer que:

"[...] a diferença básica a ser estabelecida entre organismos intergovernamentais e supranacionais é precisamente a detecção do interesse predominante. Nos primeiros, trata-se de fóruns destinados a cotejar interesses individuais e, se for o caso, harmonizá-los. São marcadamente espaços de negociação, cujas decisões, em existindo serão aplicadas por iniciativa dos Estados membros. Entidades supranacionais pressupõem a negociação em outro nível, para definir o interesse coletivo, através de processo decisório próprio, a serviço do qual elas colocarão em funcionamento uma estrutura independente".

Tanto a supranacionalidade quanto a intergovernamentalidade são defendidas, com maior ou menor grau de pertinência, a serem incluídas no processo integracionista do Mercosul, conforme podemos constatar nas vozes da doutrina pátria.

3. AS POSIÇÕES DOS AUTORES BRASILEIROS

Em relação ao Mercosul, fato relevante pode ser observado quanto à natureza jurídica da estrutura institucional. Parte da doutrina brasileira demonstra posicionamento favorável à incorporação da supranacionalidade no Mercosul, embora o Protocolo de Ouro Preto, firmado em 17 de dezembro de 1994, apresente a estrutura institucional definitiva como sendo de natureza jurídica intergovernamental.

Os defensores pátrios da existência da supranacionalidade são acadêmicos, como Almeida, Costa, Jimenez, Soares, Ventura; internacionalistas, como Seitenfus; políticos, como Amaral Júnior, Nogueira; juristas, como Fabrício, Valente; dentre outros. E eles defendem, sobretudo, a presença de um Tribunal de Justiça supranacional para o Mercosul.

Identificam-se autores brasileiros que defendem a intergovernamentalidade como melhor opção para o Mercosul. Esses são acadêmicos, como Kegel; políticos, como Guimarães; juristas, como Baptista, Medeiros, dentre outros. Salientam que para a fase atual do Mercosul, de União Aduaneira, a intergovernamentalidade é o apropriado.

Percebem-se, ainda, aqueles que proferem entendimento no sentido de um avanço em direção à supranacionalidade. Dentre eles, observamos acadêmicos, como Almeida; juristas, como Baptista, Medeiros. Entendem que no momento em que o Mercosul evoluir para fases mais avançadas, deve instituir a supranacionalidade.

Os autores foram classificados conforme os posicionamentos adotados, ou seja: os defensores da supranacionalidade no Mercosul, os defensores da intergovernamentalidade no Mercosul, e os defensores de um avanço no sentido da supranacionalidade no Mercosul.

3.1. Os defensores da supranacionalidade no Mercosul

Em análise aos autores brasileiros, verificou-se que são numerosos os doutrinadores pátrios que defendem a supranacionalidade no Mercosul.[6]

---

[6] São eles: ALMEIDA, Paulo Roberto de. Instrumentos necessários à constituição do Mercosul. *Boletim de Integração Latino-americana*, Brasília: MRE, n. 9, p. 13-19, abr./jun. 1993; AMARAL JÚNIOR, Alberto do. Mercosul: questões políticas e institucionais. *Boletim de Integração Latino-*

Apontam os autores a necessidade do elemento supranacional para dar continuidade ao processo, eis que a ausência do mesmo dificulta a integração dos países do Cone Sul (Faria, 1993, p. 72). A dificuldade se daria na integração ao sabor dos acontecimentos políticos nacionais, na falta de credibilidade do processo, na ausência de interpretação e aplicação uniforme das normas do Mercosul, dentre outras questões.

Na preocupação com a continuidade do processo integracionista, e com a possibilidade de que o curso do mesmo ande ao sabor das conveniências políticas circunstanciais dos governos nacionais que se sucedam, encontramos Ricardo Seitenfus (1994, p. 115), que, ao tratar da institucionalização do Mercosul, demonstra entendimento nesta direção:

"Parece ser inquestionável a necessidade de construir um *poder comum*, depositários dos interesses dos países membros, que possa fornecer a indispensável continuidade ao processo integracionista e à legitimidade da representação popular. Caso não se construa este poder comum com as duas características mencionadas, o processo estará entregue às mãos dos Estados membros e da exclusiva vontade dos governos que se sucederam, sem a devida representação popular".

Marta Mitico Valente entende ser necessária a supranacionalidade no Mercosul, em virtude do mesmo entendimento acima, quando expressa:

"A supranacionalidade [...] é condição *sine que non* do êxito de uma tentativa integracionista em virtude de que arriscar a integração

---

americana, Brasília: MRE, n. 13, p. 6-14, abr./jun. 1994; COSTA, Lígia Maura. Tribunais supranacionais e aplicação do direito comunitário: aspectos positivos e negativos. *Direito Comunitário do Mercosul*. Porto Alegre: Livraria do Advogado, p. 177-187, 1997; FABRÍCIO, Adroaldo Furtado. A prejudicialidade do direito comunitário nos tribunais supranacionais. *AJURIS*, Porto Alegre, a. XXXIV, n. 69, p. 16, mar. 1997; FARIA, Werter R. A estrutura institucional definitiva do Mercosul: uma opinião. *Revista de Informação Legislativa*, Brasília, a. 30, n. 119, p. 71-78, jul./set. 1993; JIMENEZ, Martha Lucía Olivar. La comprensión del concepto de derecho comunitario para una verdadera integración en el Cono Sur. *MERCOSUL: seus efeitos jurídicos, econômicos e políticos nos estados-membros*. Porto Alegre: Livraria do Advogado, p. 15-76, 1995; NOGUEIRA, Jorge Luiz Fontoura. Lineamentos para um direito de comunidade econômica. *Boletim de Integração Latino-americana*, Brasília: MRE, n. 10, p. 22-26, set. 1993; PABST, Haroldo. *Mercosul- direito da integração*. Rio de Janeiro: Forense, 1998; RODAS, João Grandino. Avaliação da estrutura institucional definitiva do Mercosul. *Direito Comunitário do Mercosul*. Porto Alegre: Livraria do Advogado, p. 65-75, 1997; SABBATO, Luiz Roberto. O tribunal de Luxemburgo. *Revista dos Tribunais*, São Paulo, a. 84, v. 717, p. 56-61, jul. 1995; SEITENFUS, Ricardo. *Para uma nova política externa brasileira*. Porto Alegre: Livraria do Advogado, 1994; SOARES, Guido F. S. As instituições do Mercosul e as soluções de litígios no seu âmbito - sugestões de *lege ferenda*. *Mercosul: das negociações à implantação*. São Paulo: LTr, p. 262-319, 1994 a; VALENTE, Marta Mitico. Estrutura Institucional para o Mercosul. *Boletim de Integração Latino-americana*, n.10, p. 85-86, jul./set. 1993; VENTURA, Deisy de Freitas Lima. *A ordem jurídica do Mercosul*. Porto Alegre: Livraria do Advogado, 1996 a; dentre outros.

a um lapso de vontade política do governo deste ou daquele Estado poderia significar num retrocesso do caminho que muito custamos a trilhar, com imensos prejuízos para todos aqueles que se envolveram na tentativa de eliminar fronteiras econômicas que recortam a América Latina e de diminuir suas diferenças sociais" (1993).

No mesmo sentido, Paulo Borba Casella retrata preocupação pertinente quando entende que a institucionalização supranacional do Mercosul possibilitaria menos sujeição a "súbitas volatilizações de vontade política" (1994 b, p. 4).

Para tanto, é necessária a presença da supranacionalidade no Mercosul.

A supranacionalidade, como visto anteriormente, requer a presença de três elementos: interesses ou valores comuns, estrutura institucional e autonomia e independência dessa estrutura.

Para existir a supranacionalidade, em um organismo internacional, é preciso que ocorra a conjugação desses três elementos, necessários à caracterização de tal instituto. No Mercosul, podemos dizer que existe a presença de dois elementos - interesses comuns e institucionalização - entretanto, não existe o terceiro elemento necessário para a caracterização da supranacionalidade - a autonomia e independência da estrutura institucional.

Sendo assim, os doutrinadores brasileiros, quando defendem a supranacionalidade no Mercosul, desejam a presença de uma estrutura institucional própria, autônoma e independente. Ou seja, querem uma estrutura institucional supranacional que represente a vontade comunitária e que esteja, assim, acima das vontades individuais dos Estados.

Um processo integracionista do porte do Mercosul, visando a tornar-se um mercado comum, requer estruturas sólidas, que trabalhem tão-somente para concretizar os objetivos do processo de integração.

Neste sentido, encontramos João Grandino Rodas, quando entende que, para que o Mercosul chegue à fase de Mercado Comum, é preciso a aceitação, por parte dos Estados-Membros, de algum tipo de estrutura supranacional (1997, p. 75).

Alberto do Amaral Júnior, do mesmo modo, defende uma estrutura institucional supranacional no Mercosul:

"A implantação definitiva do processo integracionista exigirá a criação de instituições permanentes de caráter comunitário e supranacional. Não é lógico que o funcionamento de uma zona de livre comércio, o estabelecimento de uma tarifa externa comum e a harmonização das políticas macro-econômicas possam ser realizadas prescindindo-se da existência de órgãos encarregados da sua formulação e execução" (1994).

Compartilhando o mesmo entendimento de Rodas e Amaral Júnior, encontramos Maristela Basso, na passagem que segue:

"Uma organização econômica deve possuir [...] órgãos autônomos, com poderes próprios e exclusivos, que não funcionem em nível estritamente intergovernamental, posto que não passaria de uma cooperação econômica, e sim deve possuir órgãos supranacionais, capazes de fazer avançar a integração e concretizá-la. [...] Somente através de órgãos com poderes próprios (supranacionais) é possível realizar a integração pretendida no Tratado de Assunção. Não é possível falarmos de um Mercado Comum sem órgãos independentes" (1993, p. 31).

Entretanto, essa questão defendida pela doutrina brasileira, na defesa de uma estrutura institucional supranacional para o Mercosul, toca numa questão fundamental: a soberania dos Estados.

3.1.1. A supranacionalidade e a questão da transferência da soberania

É preciso perquirir-se sobre a existência, ou não, de interesse dos Estados Partes do Mercosul na transferência[7] da soberania, em favor de uma estrutura institucional supranacional no processo integracionista. Pois, como se sabe, esses países são marcados pela tradição latino-americana da soberania absoluta.

Essa preocupação é pertinente, pois, numa estrutura supranacional, "deverão os Estados partes renunciar a parte de sua soberania" (Valente, 1993).

Jorge Fontoura expressa entendimento, neste sentido, quando diz que:

"[...] à medida em que se implementem as liberdades típicas de mercado comum, já preconizadas programaticamente no art. 1º [do Tratado de Assunção], será inexorável a delegação estatal às autoridades comunitárias, para o que se vem designando no modelo europeu, de soberania compartilhada ou complementar" (1993).

Quanto à fase de mercado comum, almejada no Mercosul, "compartilhar o Estado parcela da soberania e, conseqüentemente, de sua jurisdição é requisito fundamental à concretização de um mercado comum [...]" (Lagrasta Neto, 1997, p. 107). Entretanto, percebe-se que:

---

[7] Diversos termos são utilizados pela doutrina brasileira quanto à essa questão, tais como: "transferência", "cessão", "delegação". Preferimos utilizar a expressão "transferência" por entender que este termo melhor define o entendimento em apreço.

"Na América Latina, provavelmente mais do que qualquer outro continente - isso tem a ver com a longa história de intervenções políticas ou militares por parte do império - os Estados Nacionais e a própria doutrina do direito são extremamente ciosos em tudo o que toca à soberania nacional: as percepções apaixonadas relativas ao controle efetivo sobre a Amazônia brasileira, certas ou erradas, são um bom exemplo dessa problemática" (Almeida, 1992, p. 150).

Existe entendimento no sentido de que o Mercosul, em si, já representa uma "aceitação implícita de uma evolução no conceito de soberania absoluta", e, ademais, "pode ser visto, assim, como uma mudança de paradigma nos fundamentos conceituais das relações exteriores do Brasil" (Barbosa, 1992, p. 133).

Muitos autores, ao tratar da supranacionalidade no Mercosul, defendem a criação de um Tribunal de Justiça supranacional, na solução satisfatória dos litígios, e na interpretação e aplicação uniforme das normas produzidas no âmbito do processo integracionista.

3.1.2. O Tribunal de Justiça supranacional no Mercosul

É necessária a presença de um Tribunal de Justiça supranacional no Mercosul, pois a interpretação e a aplicação do direito do Mercosul, quando ausente uma Corte desse gênero, se dão pelos órgãos jurisdicionais nacionais de cada Estado-Membro. Deste modo, podem surgir diversas interpretações para um mesmo caso, originando uma instabilidade jurídica quanto às questões do Mercosul.

Preocupação pertinente a tal questão encontramos em Mário Lúcio Quintão Soares, quando profere:

"Institucionalmente, o Mercosul necessita estabelecer concretamente os mecanismos de implementação do mercado comum, norteado pelos princípios basilares do Direito Comunitário, como também estruturar o tribunal supranacional, órgão jurisdicional [...]. O Tribunal de Justiça do Mercosul será determinante para o desenvolvimento e consecução dos princípios essenciais para evolução do processo integracionista do Cone Sul, garantindo o efeito útil das normas comunitárias, a plena eficácia das mesmas e o respeito às obrigações assumidas pelos Estados-membros em seus Tratados constitutivos" (1997, p. 102).

Deisy de Freitas Lima Ventura (1996, p. 126) entende pela necessidade de um organismo jurisdicional no Mercosul, e, para tanto, é preciso o desenvolvimento de "um calendário de médio e longo prazo, para adoção de graus de supranacionalidade".

No entendimento de Werter F. Faria (1993, p. 75):

"Um sistema intergovernamental, como o da solução de controvérsias por um órgão do mercado comum, que carece de independência orgânica e funcional e capacidade técnico-jurídica, não é o mais indicado para dirimir os diversos tipos de conflitos que surgem nas organizações de integração econômica [...], conclui-se que os procedimentos jurisdicionais são os mais eficazes para o controle da legalidade".

Quanto à defesa do instituto da supranacionalidade no Mercosul e à interpretação e aplicação uniforme das normas, produzidas no âmbito integracionista, realizadas por um Tribunal supranacional, observamos Haroldo Pabst:

"O que é preocupante é a criação de um órgão jurisdicional supranacional, que assegure o respeito do direito comunitário e, principalmente, a sua interpretação uniforme [...], constituído o Mercosul, agora com personalidade jurídica própria, há que se aguardar a criação de órgãos supranacionais, que deverão de cuidar da harmonização jurídica" (1998, pp. 139 e 142).

Na mesma linha de pensamento, Leonardo Greco afirma que:

"É preciso que haja um controle supranacional sobre competências e sobre a lei aplicável. E, é preciso que haja uma interpretação uniforme dessas normas dentro de todo espaço dos países em processo de integração, de modo que a igualdade de tratamento entre os cidadãos dos quatro países, a eficácia dessa igualdade de tratamento, pressupõe que exista algum órgão que vele por essa uniformidade" (1997, p. 188).

Adroaldo Furtado Fabrício, em plena desconformidade pelo fato de que na confecção do Protocolo de Ouro Preto não se tenha criado uma Corte supranacional, entende que:

"A fundação de um órgão judicial desse tipo [...] é uma questão de tempo, supondo-se que os propósitos de integração definidos em Assunção e reafirmados em documentos posteriores devam efetivamente progredir e alcançar plena realização [...]. Um mecanismo dessa ordem é imprescindível à consecução dos objetivos integracionistas balizados, mesmo em seu mais modesto estágio e no âmbito do mais limitado objetivo" (1997, p.31).

Antonio Paulo Cachapuz de Medeiros (1997, p. 175) entende que "o tribunal supranacional assegura a interpretação uniforme do ordenamento comunitário, assim como colabora na formação desse direito, mediante constantes e valiosos desenvolvimentos conceituais e principiológicos". Ainda, Goulene *apud* Costa (1997, p. 187), salienta que "um tribunal supranacional é uma condição para a existência do jurídico que conduz, por sua vez, a uma efetividade do direito comunitário".

Entretanto, não existe um Tribunal de Justiça supranacional no Mercosul. Isto porque, conforme o entendimento de Jorge Luiz Fontoura Nogueira (1996, p. 147):

"No modelo do Mercosul que temos adotado, por motivos de fácil percepção, seguiu-se a trilha *soberanófila* do sistema intergovernamental, consubstanciado no artigo 16 do Tratado de Assunção e no artigo 37 do Protocolo de Ouro Preto".

Talvez seja a preocupação com a soberania do Estado que faça com que autores brasileiros defendam a intergovernamentalidade no Mercosul.

3.2. Os defensores da intergovernamentalidade no Mercosul

Os autores brasileiros que defendem a intergovernamentalidade no Mercosul são pouco numerosos.[8] A doutrina pátria defensora da supranacionalidade é mais numerosa, conforme observamos anteriormente.

Samuel Pinheiro Guimarães pronuncia-se pela intergovernamentalidade no Mercosul, dizendo que a supranacionalidade esbarra nas "assimetrias entre os Estados-membros" e nos "graus muito diversos de dependência do comércio intra-Mercosul". Pois os países do Mercosul são muitos diferentes quanto à população, à área territorial, ao aspecto econômico, dentre outros. Ademais:

"O estabelecimento de órgãos supranacionais equivaleria a uma transferência de soberania e esta transferência de soberania teria de corresponder a mecanismos de decisão desses órgãos que, para serem legítimos, deveriam ser razoavelmente representativos do peso demográfico, econômico e territorial dos quatro Estados" (1996, p. 29).

A soberania do Estado é motivadora da opção pela intergovernamentalidade. Os países latino-americanos, dentre eles, os países

[8] São eles: ALMEIDA, Elizabeth Accioly Pinto de. *Mercosul & União Européia.* Curitiba: Juruá Editora, 1996; BAPTISTA, Luiz Olavo. As instituições do MERCOSUL: comparações e prospectiva. *O Mercosul em movimento.* Porto Alegre: Livraria do Advogado, 1995, p. 54-74; GUIMARÃES, Samuel Pinheiro. Aspectos econômicos do Mercosul. *Revista Brasileira de Política Internacional*, Brasília, v. 39, n. 1, p. 19-47, jan./jun. 1996; KEGEL, Patrícia Luíza. Os objetivos do Mercosul e a sua estrutura jurídico-institucional após o Protocolo de Ouro Preto. *Seqüência-estudos jurídicos*, UFSC, n. 32, p. 124-132, jul. 1996; MEDEIROS, Antônio Paulo Cachapuz de. Tribunais supranacionais e aplicação do Direito Comunitátio: aspectos positivos e negativos. *Direito Comunitário do Mercosul.* Porto Alegre: Livraria do Advogado, 1997; dentre outros.

do Mercosul, possuem forte apego à soberania absoluta, à tradição presidencialista e às instituições nacionais, tais como o Judiciário, que não vê com bons olhos o compartilhamento do poder jurisdicional.

Quanto à soberania nacional, "é preciso considerar a existência de uma certa tradição individualista. Instituições supranacionais no Mercosul seriam percebidas como uma renúncia de soberania, que os Estados membros não estariam dispostos a realizar" (Vizentini, 1997, p. 145).

Paulo Gilberto Fagundes Vizentini apresenta entendimento no sentido da tradição presidencilaista dos países do Mercosul:

"Os países latino-americanos, e os do Mercosul em particular, possuem uma cultura política de forte tradição presidencialista. Assim, praticamente não existe separação entre as funções de Estado e de Governo" (*ibid.* 1997, p.145).

O Judiciário brasileiro ressente-se quando a supranacionalidade no Mercosul é abordada. Leonardo Greco, ao abordar a criação de um Tribunal de Justiça supranacional, afirma que:

"[...] o fato de colocar-se a questão da criação do Tribunal Supranacional do Mercosul no momento em que tramita, no Congresso Nacional, uma proposta de emenda constitucional de reforma do Poder Judiciário, também associa essa idéia à questão do controle que o Judiciário brasileiro possa ou deva vir a sofrer por parte de órgãos de outros poderes, como o Conselho da Magistratura, composto por pessoas não necessariamente do Judiciário, ou por parte de uma jurisdição supranacional. E tudo isso põe o Judiciário na defensiva [...] foi o que vimos recentemente em Ouro Preto, com a reação tipicamente corporativa de alguns Ministros do Supremo Tribunal Federal, a invocarem a garantia de acesso à justiça [...]. Ainda nós não iríamos contar no Brasil, neste momento, com a colaboração da Suprema Corte, que se posiciona claramente em sentido contrário à criação de qualquer órgão judiciário supranacional" (1997, p. 189).

Paulo Gilberto Fagundes Vizentini, ao analisar o fato de que a falta de organismos supranacionais, nos moldes da União Européia, não se configura em fragilidade do processo de integração dos países do Cone Sul, profere que "um Tribunal de justiça supranacional não se justifica, na medida em que as normas são adotadas consensualmente e, obrigatoriamente, transformadas em legislações nacionais" (1997, p. 145).

O mesmo autor, na defesa da intergovernamentalidade, e tendo em vista as políticas econômicas dos Estados membros do Mercosul, entende que a:

"[...] criação de instituições supranacionais leva à cristalização de idéias e políticas únicas, que podem ser inadequadas para enfrentar situações de crise, geradas pela vulnerabilidade e instabilidade que caracterizam os países subdesenvolvidos [...]" (*ibid.*, 1996, p. 29).

Os autores acima trazem os mais diversos argumentos a favor da intergovernamentalidade no Mercosul, tais como: o apego à soberania, a tradição presidencialista, a estrutura institucional dispendiosa. Outros doutrinadores argumentam que a intergovernamentalidade é a característica apropriada em virtude do estágio atual do Mercosul, ou seja, a fase de União Aduaneira.

3.2.1. O estágio atual de União Aduaneira

No estágio de União Aduaneira, uma das fases iniciais de implementação e aperfeiçoamento do processo integracionista do Mercosul, é perfeitamente viável a estrutura institucional intergovernamental.

Antonio Paulo Cachapuz de Medeiros (1997, p. 176), quando trata do sistema de solução de controvérsias do Mercosul, diz que o mesmo, para a fase atual de consolidação da União Aduaneira , "é o apropriado, pois condiz com o estágio de integração em que se encontram os Estados membros".

Quando fala da criação de um Tribunal de Justiça Comunitário, bem como da instituição de um Parlamento Comunitário no Mercosul, Patrícia Luíza Kegel (1996, p. 131) manifesta-se contrariamente à existência de tais organismos na fase atual do Mercosul, ou seja, a fase de União Aduaneira. Salienta que "no estágio atual de União Aduaneira, em que se encontra o Mercosul, ainda não existe a necessidade premente de tais instituições".

Para estes autores, a estrutura institucional intergovernamental parece ser a melhor opção para a fase de União Aduaneira do Mercosul. Entretanto, existem doutrinadores brasileiros que defendem um avanço que parte da intergovernamentalidade e vai no sentido da supranacionalidade.

3.3. Os defensores de um avanço no sentido da supranacionalidade no Mercosul

Encontram-se, nesta categoria, aqueles que defendem a intergovernamentalidade na estrutura institucional do Mercosul, no momento atual, não dispensando, outrossim, que a mesma venha, num futuro próximo ou remoto, a possuir características supranacionais.[9]

O Mercosul possui, atualmente, uma estrutura institucional intergovernamental, eis que o Protocolo de Ouro Preto, de dezembro de 1994, seguiu pelo modelo da integração baseado na cooperação e consensualidade, abandonando qualquer possibilidade da supranacionalidade no Mercosul (Baptista, 1995, p. 54).

Ainda, para Luis Olavo Baptista:

"O Mercosul deverá continuar nesse rumo pelas características especiais de que se reveste [...]. Entretanto, alguma flexibilidade deverá ser adotada no sentido de criar alguns organismos especializados com certo poder supranacional visando a facilitar o funcionamento do Mercado Comum, num futuro não muito próximo" (ibid., p. 74).

Embora opte pela intergovernamentalidade, na passagem a seguir, não refuta a supranacionalidade:

"[...] meu ponto de partida será a opção [...] pelo prosseguimento do processo de integração no modelo cooperativo em uso, que tem dado bons resultados. Sem dúvida, deve ser aprofundado e, apenas em certos aspectos específicos, complementado por órgãos supranacionais especializados, com poderes limitados" (*id.*, p. 70).

O entendimento supra corrobora a classificação do autor nesta categoria, eis que o mesmo entende que a intergovernamentalidade é apropriada para o momento atual, entretanto, para as fases futuras, é lícito se pensar em uma estrutura supranacional, para certos aspectos.

Elizabeth Accioly Pinto de Almeida (1996, p. 121) entende que atualmente o Mercosul deve adotar a intergovernamentalidade, mas que esta estrutura não será capaz de realizar a integração no seu total. Profere, ainda:

"[...] chegamos à conclusão de que existe a necessidade da criação de um marco jurídico similar ao do Tratado de Roma que regule as normas e metas comuns, se se pretende uma solução lógica para os problemas que surgirão à medida em que o projeto avance. No momento, todavia, se pode optar por uma estrutura intergovernamental, mas devemos estar conscientes de que os objetivos que se

---

[9] São eles: ALMEIDA, Elizabeth Accioly Pinto de. *Mercosul & União Européia*. Curitiba: Juruá Editora, 1996; BAPTISTA, Luiz Olavo. As instituições do MERCOSUL: comparações e prospectiva. *O Mercosul em movimento*. Porto Alegre: Livraria do Advogado, 1995, p. 54-74; MEDEIROS, Antônio Paulo Cachapuz de. Tribunais supranacionais e aplicação do Direito Comunitátio: aspectos positivos e negativos. *Direito Comunitário do Mercosul*. Porto Alegre: Livraria do Advogado, 1997; dentre outros.

alcançarão com essa estrutura somente trarão parte dos benefícios que reportaria uma integração total."

A autora acima compartilha o mesmo entendimento de Baptista e de Medeiros, quando profere que, para o momento atual, a intergovernamentalidade no Mercosul é aceitável, mas, para o futuro, deve-se pensar em uma estrutura institucional supranacional.

Antonio Paulo Cachapuz de Medeiros (1997, p. 176), quando trata do sistema de solução de controvérsias do Mercosul, diz que "futuramente, dependendo da marcha do processo integracionista, é lícito pensar em um Tribunal Supranacional para o Mercosul [...]".

4. CONSIDERAÇÕES FINAIS

O Mercosul é um processo integracionista intergovernamental. Este entendimento é trazido tanto pelo Tratado de Assunção (de 26 de março de 1991) quanto pelo Protocolo de Ouro Preto (de 17 de dezembro de 1994). O primeiro apresenta a estrutura institucional provisória do Mercosul, enquanto o segundo traz a estrutura institucional definitiva do processo integracionista.

A doutrina brasileira apresenta entendimento no sentido da intergovernamentalidade, da supranacionalidade, e de um avanço no sentido da supranacionalidade no Mercosul.

Os defensores da supranacionalidade no Mercosul são mais numerosos. Eles defendem, ademais, a existência de um Tribunal de Justiça supranacional para o Mercosul.

Entretanto, embora sejam numerosos os autores pátrios que se posicionam favoravelmente à supranacionalidade no Mercosul, resta saber qual é o posicionamento do governo brasileiro. Pois sabe-se que os avanços ou retrocessos do processo integracionista no Mercosul dependem exclusivamente dos governos dos Estados-Membros.

5. REFERÊNCIAS BIBLIOGRÁFICAS

ALMEIDA, Elizabeth. *Mercosul & União Européia.* Curitiba: Juruá Editora,1996.

ALMEIDA, Paulo Roberto de. A estrutura constitucional das relações internacionais e o sistema político brasileiro. *Contexto Internacional.* Rio de Janeiro, a. 6, n. 12, p. 53-69, jul./dez 1990.

AMARAL JÚNIOR, Alberto do. Mercosul: questões políticas e institucionais. *Boletim de Integração Latino-americana,* Brasília: MRE, n.13, p. 6-14, abr./jun. 1994.

BAPTISTA, Luis Olavo. As soluções de divergências no Mercosul. *Mercosul- seus efeitos jurídicos, econômicos e políticos nos Estados-membros*. Porto Alegre: Livraria doAdvogado, p. 91-115, 1996.

BASSO, Maristela. A estrutura institucional definitiva do Mercosul. *Boletim de Integração Latino-americana*. Brasília: MRE, n.10, p. 27-31, jul./set. 1993.

CASELLA, Paulo Borba. Discurso oficial enfraquece o Mercosul. *Carta internacional*, São Paulo, p. 4, 1994.

CHEVALLIER, Jean-Jacques. *As Grandes Obras Políticas de Maquiavel a nossos dias*. Rio de Janeiro: Livraria Agir, 1986.

FABRÍCIO, Adroaldo Furtado. *A prejudicialidade de direito comunitário nos tribunais supranacionais*. AJURIS, Porto Alegre, a. XXIV, n. 69, p. 16, mar. 1997.

FARIA, Werter R. A estrutura institucional definitiva do Mercosul: uma opinião. *Revista de Informação Legislativa*, Brasília, a. 30, n.119, p. 71-78, jul/set. 1993.

FLORÊNCIO, Sérgio Abreu e Lima; ARAÚJO, Ernesto Henrique Fraga. *Mercosul Hoje*. São Paulo: Editora Alfa Omega, 1996.

FONTOURA, Jorge. Lineamentos para um Direito de comunidade econômica. *Boletim de Integração latino-americana*, Brasília: MRE, n. 10, p. 22-26, set. 1993

GUIMARÃES, Samuel Pinheiro. Aspectos econômicos do Mercosul. *Revista Brasileira de Política Internacional*, Brasília, v. 39, n. 1, p. 19-47, jan./jun. 1996.

HOBBES, Thomas. *Leviatã*. Col. Os Pensadores. São Paulo: Nova Cultural, 1987.

HUMMER, Waldemar; SCHWEITZER, Michael. *Derecho Europeo*. La Plata: Fundación Editora, p. 150-152, 1987.

JIMENEZ, Martha Lúcia Olivar. La comprensión del concepto de derecho comunitario para una verdadera integración en el Cono Sur. *MERCOSUL: seus efeitos jurídicos econômicos e políticos nos estados-membros*. Porto Alegre: Livraria do Advogado, p.15-76, 1995.

KEGEL, Patrícia Luíza. Os objetivos do Mercosul e a sua estrutura jurídico-institucional após o Protocolo de Ouro Preto. *Seqüência - estudos jurídicos e políticos*, UFSC, n. 32, p. 124-132, jul. 1996.

KIRMSER, José Raúl Torres. Sistema de solución de controversias en el ambito del Mercosur. *Revista de la Facultad de Derecho y Ciencias Sociales de la Universidad Nacional de Asunción*, Asunción, p. 119-149, 1997.

LAGRASTA NETO, Caetano. Mercosul e integração legislativa: o papel da magistratura perante a justiça social. *Revista dos Tribunais*. São Paulo, a. 86, v. 7, p. 102-109, ago. 1997.

MAGARINOS, Gustavo. Primeiro decênio da ALADI - princípios e instituições. *Revista de Informação Legislativa*. Brasília: MRE, a. 28, n. 111, p. 175-202, jul./set. 1991.

MARTÍN-MARCHESINI, Gualtiero. La Supranacionalidad en la Integración Latinoamericana. *Revista de Direito Público*. São Paulo: Ed. Revista dos Tribunais, a. XXI, n. 85, p. 148-156, jan/mar 1998.

MEDEIROS, Antônio Paulo Cachapuz de. Tribunais supranacionais e aplicação do Direito comunitário: aspectos positivos e negativos. *Direito Comunitário do Mercosul*. Porto Alegre: Livraria do Advogado, 1997.

OTERMIN, Jorge Pérez. Principios esenciales de un Ordenamiento Juridico Comunitario. Boletim de Integração latino-americana. Brasília: MRE, n. 8, p. 1-7 , jan.-mar. 1993.

PABST, Haroldo. *Mercosul - direito da integração*. Rio de Janeiro: Forense, 1998.

PESCATORE, Pierre. *Le droit de l'intégration.* Emergence d'un phénomène nouveau dans les relations internationales selon l'expérience des Communautés Européenes. Genéve: Sijthoff-Leiden/ IHUEI, 1972.

RODAS, João Grandino. Avaliação da estrutura institucional definitiva do Mercosul. *Direito Comunitário do Mercosul.* Porto Alegre: Livraria do Advogado, p. 65-75, 1997.

ROUSSEAU, Jean-Jacques. *Contrato Social.* São Paulo: Nova Cultural, 1987.

SANTOS, Arthur. O dogma da soberania absoluta e a realidade internacional. *Revista de Informação Legislativa,* Brasília, a. 1, n. 2, p. 59-67, jun. 1964.

SEITENFUS, Ricardo. *Para uma nova política externa brasileira.* Porto Alegre: Livraria do Advogado, 1994.

SOARES, Guido F. S. As instituições do Mercosul e as soluções de litígios no seu Âmbito. *Mercosul: das negociações à implantação.* São Paulo: LTr, p. 262- 319, 1994.

SODER, José. *A União Européia.* São Leopoldo: Editora Unisinos, 1996.

VALENTE, Marta Mitico. Estrutura institucional para o Mercosul. *Boletim de Integração Latino-americana,* Brasília: MRE, n. 10, p. 85-86, jul./set. 1993

VENTURA, Deisy de Freitas Lima. *A ordem jurídica do Mercosul.* Porto Alegre: Livraria do Advogado, 1996.

VIZENTINI, Paulo Gilberto Fagundes. *A agenda política e institucional do Mercosul - aportes para a integração regional.* Fundação Konrad-Adnauer-Stifturg, n. 14, 1997.

2. A questão das patentes entre o desenvolvimento e a dependência tecnológica nacional – um estudo na área da indústria farmacêutica

ASTRID HERINGER
Professora do Curso de Direito da URI, Santo Ângelo, Mestre em Integração Latino-Americana da Universidade Federal de Santa Maria

SUMÁRIO: 1. Características da indústria farmacêutica; 2. As patentes farmacêuticas no Brasil; 3. A dominância das empresas multinacionais nos países em desenvolvimento.

O presente estudo limita-se à análise das patentes de produtos farmacêuticos, de acordo com as diretrizes do GATT, através do Acordo sobre aspectos de propriedade industrial (TRIPS), conforme as normas da Lei nº 9.279 e também sobre a Convenção de Paris.

O objetivo do mesmo é apontar a necessidade de inserção no Brasil das atuais normas de propriedade industrial, levando em conta o desenvolvimento tecnológico deste país, bem como as possibilidades de sua população em adquirir tais produtos.

Em segundo plano, objetivou-se averiguar as vantagens e desvantagens alegadas pelas partes envolvidas no processo de discussão da elaboração da lei aprovada no Brasil, bem como suas possíveis conseqüências.

Para tanto, fez-se necessária a análise de vários elementos econômicos, políticos, jurídicos e históricos, para situar o assunto da propriedade industrial, e, mais especificamente, o tema das patentes farmacêuticas, desde o início da discussão do projeto de lei, até a sua final aprovação.

Pode-se dizer que a introdução recente da discussão acerca da propriedade industrial no Brasil ocorreu por dois motivos: primeiramente, pela política liberalizante, de abertura de mercado, pregada pelo ex-presidente Fernando Collor. Ao lado disso, indiscutível motivação para essa discussão foram as pressões que o governo dos Estados Unidos exercia sobre o Brasil, motivado pela *Pharmaceutical Manufacturers Association* (PMA), representante das principais indústrias farmacêuticas norte-americanas, sob a alegação de que as mesmas estavam sendo lesadas por vários países em desenvolvimento, inclusive o Brasil, através de empresas que copiavam seus produtos, sem o pagamento de *royalties*.

Inicialmente, o Brasil não aceitou as acusações que lhe eram formuladas. Porém, passou a considerá-las a partir do momento em que o executivo norte-americano valeu-se da seção 301, que autoriza o presidente dos Estados Unidos a intervir em governo estrangeiro que esteja violando um acordo internacional. Num primeiro momento, foi criada uma comissão de investigação para o caso brasileiro, para a informática, e logo após, para os produtos farmacêuticos, de ausência de proteção das invenções, em 1986.

O início das retaliações, propriamente ditas, ocorreu em julho de 1988, quando Reagan, presidente dos EUA, acusou o Brasil de práticas desleais e, de acordo com a seção 301, aplicou tarifa de 100% *ad valorem* sobre papéis, químicos e eletrônicos pelo período de dez dias.

O Brasil recorreu ao GATT para formar um comitê de arbitragem para analisar o contencioso.

Com a eleição de Collor, facilitaram-se as intenções dos grupos americanos. Este governo noticia o envio de projeto para a criação da nova lei de propriedade industrial, cujo projeto é depositado no Congresso Nacional em 20 de março de 1991.

A partir daí, inicia-se uma grande discussão envolvendo toda a sociedade brasileira, além de entidades ligadas aos laboratórios nacionais e internacionais.

Basicamente, as opiniões contrárias à aprovação do projeto, tal como ele se apresentava, eram de que o país ainda não tinha atingido o estágio tecnológico adequado que lhe desse condições de competir com igualdade de condições com outros laboratórios internacionais; de que a Convenção de Paris autorizava o país signatário a não adotar determinadas regras quando o produto ou processo fosse prioridade no seu território (tal como era o caso das patentes de produtos e processos farmacêuticos); os grandes oligopólios não produziam medicamentos próprios para combater doenças tropicais; além de os custos empregados em cada invenção serem absolutamente incompatíveis com a renda da população que irá adquirir os medicamentos resultantes de tais inovações (o custo de cada molécula situava-se em torno de 350 milhões de dólares, sendo que a nossa maior indústria farmacêutica, o Grupo Aché, fatura anualmente algo em torno de 120 milhões de dólares).

De outra parte, os argumentos favoráveis são aqueles tomados pelos representantes dos oligopólios no país, tais como: a necessidade de inserção do país neste ciclo mundial, onde apenas alguns países estão presentes (inserção dentre os países ricos); possibilidades de o país vir a beneficiar-se com acordos de cooperação tecnológica; acesso a medicamentos produzidos com tecnologia de ponta e capazes de combater eficazmente alguns tipos de doenças; o alto preço das invenções, repassados aos medicamentos, se justifica pelas longas etapas por que passa a aprovação de um medicamento, o que pode levar até 12 anos; o motivo mais forte para a aprovação da nova lei era que as empresas estavam sofrendo prejuízos com a cópia ilegal das inovações pelas indústrias farmacêuticas nacionais; o patenteamento de novas invenções estimularia os concorrentes nacionais.

De fato, a decisão brasileira de não patentear produtos e processos farmacêuticos estava fundamentada no artigo 6º bis da Convenção de Paris e era, portanto, absolutamente legal.

No entanto, em face das pressões, o Brasil aprovou a Lei nº 9.279/96, contendo várias modificações em relação à lei anterior, muitas delas por sugestão do GATT, tais como:

- prioridade: que consiste no direito do titular da invenção que a tenha depositado em outro Estado que mantenha acordo com o Brasil ou em organização internacional, de reivindicar o direito de prioridade aqui, nos prazos estabelecidos no acordo (art. 16);

- prazo de validade: passa a ser de 20 anos para patentes de invenção e 15 anos para modelo de utilidade, contados da data do depósito (art. 40);

- *pipeline* ou reconhecimento tardio de direitos: diz-se da faculdade do inventor de patentear o objeto da invenção quando o mesmo ainda esteja em fase de laboratório, ou em testes, desde que não seja de conhecimento público e que seja novidade absoluta;

- necessidade de fabricação local do objeto da patente: este foi um dos temas mais debatidos durante a tramitação do projeto. Foi polêmico e até mesmo inovador, uma vez que a própria Convenção de Paris e o Acordo TRIPS não obrigam o titular da patente a explorar o produto no Estado em que tenha sido patenteado. Isto beneficiaria as empresas multinacionais e criaria uma série de problemas como desemprego, evasão de divisas, pois permitiria àquelas a simples importação do produto, e não a produção local (art. 68).

1. CARACTERÍSTICAS DA INDÚSTRIA FARMACÊUTICA

A atuação das empresas farmacêuticas ocorre através da formação de oligopólios. O mercado de produtos farmacêuticos é altamente competitivo, e uma das suas características principais é a inelasticidade dos produtos, ou seja, independentemente do preço cobrado, o medicamento que atenda a uma determinada necessidade no mercado, passa a ser vendido, eis que é necessário e apresenta vantagens sobre os outros.

A crítica principal que sofre é o seu elevado custo, o que limita a capacidade de consumo do medicamento, não só pelas pessoas, mas também pelo próprio governo que, em casos específicos, deveria adquirir o mesmo para suprir deficiências do seu mercado.

A existência de preços elevados, segundo informações prestadas pelas próprias indústrias e seus críticos, se deve a enorme quantidade de gastos que esta mesma despende no desenvolvimento de moléculas que possam vir a ser patenteadas. Pelos dados destas empresas, de 4 mil moléculas que possam ser patenteadas, apenas 5 são testadas em seres humanos, e destas, apenas uma é aprovada. Diante desses dados, teria a indústria farmacêutica elevados gastos durante as fases de pesquisa dessas moléculas. As fases entre a pesquisa e a descoberta poderiam levar até 12 anos, o que, em parte, justificaria os gastos elevados e a cobrança efetuados através do repasse para os medicamentos.

Outro tipo de gasto se verificaria com a questão do elevado *marketing* que se emprega neste tipo de mercado. A cada dia é mais crescente a forma através da qual os laboratórios exercem a propaganda, mas pelos dados analisados, a propaganda que mais custos dispenderia, seria aquela feita aos médicos, através da venda dos remédios éticos, ou seja, os que apenas são vendidos com prescrição médica.

A solução apontada por alguns estudiosos do tema para países em desenvolvimento e que não encontraram um efetivo desenvolvimento das suas indústrias em nível nacional seria a exploração dos medicamentos genéricos, que são aqueles cujas patentes já caducaram e que são similares de outros cujas patentes ainda estão em vigor.

Isto seria possível em vista da constatação de que muitos dos produtos que estão no mercado ou que foram patenteados apenas tiveram modificações parciais sobre outros já existentes, modificações estas que são chamadas de cosméticas, eis que alteram apenas aspectos irrelevantes quanto à qualidade do produto em si.

Exemplificativo do diferencial de preços existentes entre produtos genéricos e produtos patenteados é o caso do Sri Lanka, onde se importaram 23 marcas diferentes da tetraciclina a um custo de U$ 16,92 por cem cápsulas e, no entanto, em fornecedores alternativos, a mesma substância poderia ser adquirida a U$ 6,63. No Brasil, cita-se o caso do AZT, comercializado por metade do preço da empresa americana detentora da sua patente, apesar de importar a timidina, componente do medicamento, por um preço relativamente caro.

Sobre a possibilidade de inovação, muitos autores posicionamse pela imperatividade das empresas de grande porte, pois somente elas estariam aptas economicamente para realizar os investimentos necessários para a invenção de novos medicamentos. São aquelas que são capazes de superar o chamado custo proibitivo da P&D, que inviabiliza a participação de empresas menores em face dos poucos recursos que dispõem para investir em pesquisa. Evidentemente, as empresas de pequeno porte teriam a sua participação ceifada desta indústria, eis que não possuem meios econômicos suficientes para investir, como é o caso brasileiro anteriormente citado do Grupo Aché. Os custos proibitivos também são conhecidos como barreiras à entrada de novas empresas.

O interesse das empresas estrangeiras pelo Brasil, além das suas estratégias de ampliação e conquista de novos mercados, ocorre porque este país está situado entre os dez maiores mercados consumidores de produtos farmacêuticos do mundo, portanto, com um faturamento bastante elevado – 3 bilhões de dólares.

Porém, o acesso a estes produtos pela população brasileira se dá de forma muito desigual, ou seja, 60% dos produtos são consumidos por apenas 23% da população, refletindo a disparidade na distribuição dos mesmos.

O mercado farmacêutico brasileiro começou a conhecer a sua desnacionalização a partir da década de 40, devido a uma política de industrialização promovida pelo Governo logo após a Segunda Guerra Mundial, através do incentivo à entrada de empresas estrangeiras no país. Também os incentivos que o governo propiciava caíram demasiadamente, ficando muito abaixo dos concorrentes internacionais: de U$ 313 milhões em 1979, para U$ 135 milhões em 1988, perfazendo 0,04% do PIB, enquanto países desenvolvidos investem de 0,15% a 0,17% do PIB, como Alemanha, Japão, França e Inglaterra. A conseqüência disto é o inevitável gasto com a importação de tecnologias de outros países.

O país hoje possui cerca de 500 empresas farmacêuticas, 400 delas de capital nacional, sendo responsáveis pelo faturamento de apenas 27% do mercado. Destas 400, 300 são tão pequenas que faturam apenas 1% do total. A maior parte do faturamento está nas mãos das 100 empresas multinacionais, que ocupam 73% do mercado de produtos farmacêuticos. Este cálculo se faz sem menosprezar o Grupo Aché, que possui capital nacional e internacional e é responsável por 10% das vendas em nível nacional. Sem a sua participação, o faturamento das empresas de capital internacional seria de 83%.

Estas estatísticas comprovam ser o setor farmacêutico o segundo mais desnacionalizado do Brasil, depois do setor automobilístico.

2. AS PATENTES FARMACÊUTICAS NO BRASIL

Alguns autores concluem que, apesar do tempo em que não houve patenteamento de produtos e processos, não houve um significativo e correspondente aumento da capacidade de desenvolvimento dos laboratórios e indústrias nacionais nos estágios de pesquisa e desenvolvimento, em face, inicialmente, da falta de recursos destinados ao setor pelo governo, nem, tampouco, o interesse da iniciativa privada. Esta, certamente, não se lançou ao mercado pelo chamado *custo proibitivo* da P&D.

As patentes, conforme destaca Bertero, são "barreiras artificiais à competência", porque as vantagens apontadas ao sistema de patentes, como incentivo à pesquisa, à inovação tecnológica, à difusão e divulgação de novas tecnologias, não restam comprovadas. Ao contrário, os estudos apresentados demonstram que as descrições das invenções, quando do registro da patente, têm sido feitos de maneira insatisfatória, não havendo a correta descrição da invenção.

Se, por um lado, o objetivo é dificultar a cópia, por outro lado, após o vencimento do prazo de concessão não vai haver possibilidades de outras empresas copiarem o produto, eis que o mesmo poderia passar a ser comercializado como um genérico.

De outra parte, tem razão Bautista Vidal, ao afirmar que o direito de aprender suplanta o direito de inventar, quando o primeiro garante acesso a uma gama bem maior de pessoas (p. ex., um produto, após o prazo de concessão da patente, se torna mais acessível, como os genéricos que beneficiariam um contingente muito maior de pessoas, a custos mais acessíveis), enquanto um produto recémpatenteado marginaliza muitas pessoas e garante rendimentos muito elevados às empresas.

Segundo a literatura, existem três hipóteses de solução do caso das patentes para o Brasil:

1ª) Deixar a situação como está, ou seja, permitir que as empresas multinacionais continuem dominando o mercado interno. Aliás, com a aprovação da Lei nº 9.279/96, tudo indica que continuará o processo existente, com a crescente preponderância dos oligopólios internacionais e sua consolidação, não restando, portanto, qualquer outra alternativa ou saída para os laboratórios nacionais.

O discurso existente hoje é em torno da *inevitabilidade* desta situação. Em todo o mundo há uma crescente adesão dos Estados às leis de propriedade industrial, conforme foi preconizado pelo GATT e também conforme o processo que ocorreu na União Européia, ou seja, os Estados, para se tornarem membros da União Européia, tiveram que reformular as suas legislações para integrarem aquele bloco.

A autora Maria Stela Pompeu Brasil Frota também centra a sua tese em torno da inevitabilidade de adoção das regras modernas de propriedade industrial, argumentando que a não-adoção das mesmas poderia levar o país a uma posição de desgaste frente aos demais países e acarretar prejuízos àquele pelo possível retaliamento que sofreria na sua balança de importações e exportações.

2ª) Outra possível solução seria incentivar as pequenas e médias empresas locais, oferecendo-lhes um ambiente favorável ao crescimento, através de incentivos, até o ponto de atingir um desenvolvimento que lhes desse aptidão de competir com empresas multinacionais.

Esta proposta, apesar de ser muito desejável, é praticamente inviável, eis que o nosso país, nos momentos em que era próprio fazer este investimento, deixou de fazê-lo, e agora se torna particularmente difícil retomar este caminho. Mas apesar de difícil é um caminho absolutamente necessário de ser desbravado a fim de habilitar os laboratórios a desenvolver suas próprias pesquisas e dar poder de competição com outros laboratórios.

Nesta hipótese criada, pressupõe-se a participação intensiva da iniciativa privada.

3ª) Outro caminho seria basicamente projetar a mesma estrutura de desenvolvimento, apenas mudando o seu gerente, o qual passa a ser o Estado.

3. A DOMINÂNCIA DAS EMPRESAS MULTINACIONAIS NOS PAÍSES EM DESENVOLVIMENTO

Quanto ao mercado nacional de produtos e processos farmacêuticos, percebe-se que este é ocupado por empresas de capital internacional, cujo objetivo aqui é revender produtos desenvolvidos em seus países-sede, tão-somente. Não se visualiza nenhuma intenção de investir recursos para a pesquisa e o desenvolvimento de novas substâncias terapêuticas nos países onde estão as suas filiais. Os dados não são apenas válidos para o Brasil, mas para todos os países em desenvolvimento da América Latina, como os parceiros econômicos do Brasil no Mercosul.

Os Estados Unidos, por exemplo, possuem participação de empresas estrangeiras de apenas 30%, um percentual muito baixo se comparado com os índices nacionais (no Brasil, a participação de empresas estrangeiras em 1980 era de 86,5% contra 13,5% de empresas de capital nacional).

Esta participação de empresas estrangeiras, no caso brasileiro, se deve a imposições políticas e econômicas que ocorreram através dos anos.

A dependência brasileira é bastante alarmante, pois o mercado é dominado por empresas oligopolizadas. Inobstante isso, as empresas nacionais que atuam aqui dependem, na sua grande maioria, dos insumos que são fornecidos pelas empresas multinacionais, ficando sempre na dependência das mesmas e aprofundando ainda mais o cerco que estas exercem sobre o mercado nacional.

Portanto, para mudar o atual quadro que temos, de extrema dependência às empresas internacionais, é necessária a conjunção de esforços da iniciativa privada, do governo, das universidades, desde que as mesmas recebam condições para isso, com o intuito de, se não modificar, pelo menos criar condições para que, paulatinamente, possa haver o interesse pela pesquisa básica pelas empresas nacionais, no intuito de oferecer o mínimo necessário para o atendimento das necessidades do país e de seu povo.

3. A lei de contrato a prazo no Brasil como meio de combate ao desemprego

MARIA MARGARETH GARCIA VIEIRA
Advogada e Mestranda em Integração Latino-Americana da Universidade Federal de Santa Maria

1. INTRODUÇÃO

A globalização da economia, o grave problema de desemprego enfrentado pela maioria dos países e uma crise do Estado na concepção tradicional confluem para o agravamento da questão social e compõem o quadro atual em que se repensa, entre outras coisas, a necessidade de um Direito do Trabalho.

Em uma situação de crise, tende-se a buscar as soluções que venham a sanar os problemas que emergem e a amenizar o advento de reflexos negativos sobre a sociedade em geral. Porém, contrariando o aprendizado proporcionado pela história, que após a Revolução Industrial estabeleceu um conjunto de normas e uma principiologia protetoras ao empregado, como parte hipossuficiente na relação empregatícia, disseminam-se idéias e práticas flexibilizadoras e/ou desregulamentadoras na relação de emprego.

Neste ensaio, temos a preocupação de analisar a questão laboral como centro da crise social que assola o Brasil, e a solução adotada no País, à luz do que se passou na Argentina e na Espanha no que tange à precarização das relações de trabalho.

A despeito da desigualdade existente entre as partes envolvidas na relação empregatícia, a legislação brasileira começa a diminuir a proteção ao empregado com o advento da Lei 9.601, de 21 de janeiro de 1998, que institui o *contrato de trabalho por prazo determinado*, sob o argumento de combater o desemprego, através do incentivo à contratação de pessoal mediante redução de encargos indiretos, e tirar do mercado informal parcela considerável de trabalhadores, cujos direitos básicos sequer são respeitados.

No que tange à nova Lei 9.601/98, pretendo abordar seus pontos mais polêmicos, pois são muitos os aspectos a serem examinados e esses por sua vez multifacetados, requerendo um espaço bem mais amplo para tratar com profundidade.

É nessa perspectiva que surge este breve artigo, buscando analisar, a partir do nascimento do Direito do Trabalho, este novo tratamento adotado para diminuir o desemprego, frente aos resultados alcançados em outros países que já se depararam com situação semelhante e adotaram solução flexibilizadora também similar.

2. RESGATE HISTÓRICO - O SURGIMENTO DO DIREITO DO TRABALHO

O momento histórico que vivemos assemelha-se à "questão social" surgida a partir da Revolução Industrial no século XIX. O homem poderia ser substituído pela máquina, como efetivamente os postos ocupados por vários trabalhadores passaram a necessitar de apenas um trabalhador, para com o auxílio da máquina, desempenhar o mesmo trabalho. Ocasionou um processo de urbanização e desarticulação social, provocando o desemprego agrícola e artesanal, atividades nas quais trabalhava a grande maioria da população.

Houve uma crescente exploração dos pobres trabalhadores, com o crescente empobrecimento e conseqüente aumento da fortuna dos mais ricos. Com a exploração organizada e sistematizada, nasciam a classe capitalista e a classe proletária, sob o silêncio e proteção do Estado Liberal, que apenas dizia garantir a *liberdade e a igualdade*.

Em meio à crise, começou a surgir o direito do trabalho, formar-se a idéia protetora ao trabalhador, numa busca de resguardar o que a desigualdade natural das partes na relação empregatícia deixava a descoberto, tratar com desigualdade os desiguais, para assim atingir a igualdade. Vale lembrar a citação de Lacordaire,[1] de que "Entre o forte e o fraco, entre o rico e o pobre, é a liberdade que escraviza, é a lei que liberta."

[1] *Apud* Süssekind, Arnaldo, *et al*, *in Instituições de Direito do Trabalho*, 17ª edição, São Paulo: LTr, 1997.

Foram se formando os princípios do direito do trabalho que viriam a servir de inspiração, para a interpretação das leis trabalhistas e das questões em concreto que se colocariam para os operadores do direito em geral.

Sobre isso, Sardegna[2] "(...) Estos principios que informan e inspiran al legislador, fundamentan el orden jurídico y orientan al Juez o al intérprete justifican, inspiran e influen; son la esencia de esta rama jurídica."

Podemos constatar que as soluções adotadas naquela época, pós-Revolução Industrial, trouxeram uma série de medidas protetivas ao trabalhador, a adoção de leis para jornada de trabalho, proteção do menor, a proteção da mulher trabalhadora, enfim a regulamentação do direito do trabalho. Nasceu e fortaleceu-se o Direito do Trabalho, justamente por se tratar de regular um trabalho especial, o trabalho do homem, que ingressa no processo produtivo inteiro, sua parcela de contribuição é sua força de trabalho, ou seja, ele mesmo. Por isso criou-se uma ordem pública de proteção.

3. A FORMAÇÃO DOS BLOCOS REGIONAIS - O MERCOSUL

Uma característica atual, que se incorporou a partir de fins da Segunda Grande Guerra é da formação de blocos regionais, que busca um fortalecimento das economias através da integração dos países próximos geograficamente ou com objetivos e políticas semelhantes que justificam a união como forma de uma atuação mais competente no contexto internacional.

Na esteira da busca do fortalecimento regional nasce o Mercosul, Mercado Comum do Sul, que através do Tratado de Assunção, em 26 de janeiro de 1991, busca formar um mercado comum entre Argentina, Brasil, Paraguai e Uruguai.

As antigas rivalidades e adversidades entre Argentina e Brasil dão lugar hoje a políticas integracionistas; há uma grande semelhança no trato das questões econômicas e sociais, nas quais muitas vezes o Brasil, inspirado nas soluções adotadas pelo País vizinho, utiliza-se também de soluções semelhantes. Vejam-se os planos econômicos Austral, Cruzado, Primavera e Verão, que ocorreram sucessivamente na Argentina e no Brasil.

---

[2] Sardegna, Miguel Angel, "Proyecciones de las relaciones laborales en el MERCOSUR", in *América latina, cidadania, desenvolvimento e estado*, Porto Alegre, Livraria do Advogado, 1996, p. 130.

O Mercosul, do ponto de vista comercial, caminha rapidamente; como projeto econômico e político, demonstra estar alcançando os seus objetivos. Porém, no campo social, pela ausência de um projeto que possa gerar soluções advindas da própria integração, apresenta na área trabalhista uma tendência a práticas flexibilizadoras que já despontaram como tentativa de solução para os graves problemas contemporâneos, primeiramente na Argentina e posteriormente, como não poderia deixar de ser, no Brasil.

4. A NOVA CRISE SOCIAL

Hoje vivemos uma nova crise, o desemprego, os baixos salários, um mercado informal, criado por uma plêiade de desempregados que buscam encontrar meios para sobreviver. Esta crise se estabelece por pelo menos dois grandes motivos: por um lado a globalização da economia aliada à política neoliberal (que segundo um grande número de autores, de nova não tem nada, trata-se do liberalismo clássico) que quer a qualquer custo ampliar os ganhos econômicos, aumentar a entrada de capital estrangeiro, e desvencilhar-se das obrigações sociais do antigo *Welfare state*, do qual não chegamos a usufruir,[3] e por outro lado um avanço tecnológico, que modifica sobremaneira o estabelecido, exigindo do homem trabalhador maiores níveis de habilidades, conhecimentos diversificados e muita criatividade para colocar-se apto a concorrer no mercado de trabalho.

O mercado mundializado traz conseqüências ampliadas, já que não pode poupar as empresas que não investem em tecnologia, "o impacto desta revolução tecnológica está acentuado pela globalização, pelo simples fato de esta última haver instituído a competitividade de forma avassaladora, sendo que as empresas somente conseguem competir na medida exigida com enorme concentrações em desenvolvimento tecnológico. Neste sentido aquilo que era meramente estrutural, localizado, passou a ser exigência."[4]

Segundo Robortella,[5] "Em todas as economias os estudiosos apontam para um desemprego estrutural e não meramente conjun-

[3] "Não podemos reclamar redução de direitos sociais se nunca tivemos um estado de bem-estar social, como existe nos países desenvolvidos. O estado que conhecemos, e no qual continuamos a viver, é da pobreza e desemprego." Bonfim, Benedito Calheiros, "Globalização, Flexibilização e Desregulamentação do Direito do Trabalho", *in* Maccalóz, Salete Maria, *et al. Globalização, Neoliberalismo e Direitos Sociais*, Rio de Janeiro: Destaque, 1997.

[4] Passos, Fernando, "O impacto da Globalização da economia nas relações Individuais e Coletivas de Trabalho", *In Revista LTr*. Vol.62, nº 3. março de 1998.

[5] Robortella, Luiz Carlos Amorim, "Flexibilização. Jornada de Trabalho e Precarização do Emprego", *in T&P*, nº 7, dezembro de 1995.

tural. O modelo de industrialização ou reestruturação não favorece a criação de empregos; ao contrário, o que se vê é a diminuição de postos de trabalho, apesar da paradoxal realidade do aumento da produtividade."

Sobre o desemprego, também Ives Gandra[6] "Entendo que há um desemprego estrutural decorrente de três causas principais, a saber: globalização da economia, falência do Estado e obsolescência do Direito. E há no Brasil, um desemprego conjuntural decorrente do Plano Real, que implica perda da competitividade nacional perante o concorrente estrangeiro, por força da defasagem cambial, carga tributária excessiva e juros mais elevados que no mercado mundial."

O desemprego estrutural é sentido de uma forma universal oriundo principalmente da globalização da economia e da revolução tecnológica. Esta dispensa o homem do mercado de trabalho, em função da substituição ostensiva pela tecnologia que evolui muito rapidamente, trazendo sem dúvida benefícios para a ciência, porém paralelamente um agravamento no quadro de desemprego, em razão, inclusive, da dificuldade de atualização dos trabalhadores no mesmo ritmo da evolução tecnológica.

Para Wagner D. Giglio,[7] "A crise do emprego é provavelmente o assunto mais debatido na atualidade, em todo o mundo. Não se divisa, entretanto, uma solução para a tragédia do desemprego, por mais que se empenhe a Organização Internacional do Trabalho, apesar dos programas governamentais e das tentativas engenhosas dos estudiosos."

5. A FLEXIBILIZAÇÃO DAS RELAÇÕES TRABALHISTAS

Com o agravamento do desemprego, os partidários do neoliberalismo difundem idéias flexibilizadoras, desregulamentadoras, das normas trabalhistas como a forma de diminuindo e/ou suprimindo as obrigações dos empregadores, os encargos sociais, aumentar o número de empregos. Coloca-se por terra um Direito protetivo, as normas de direito público, a impositividade do Direito do Trabalho.

Esta é a solução para o desemprego, a volta da liberdade entre empregado e empregadores, a igualdade entre as partes, que livre-

[6] Martins, Ives Gandra da Silva. "O Desemprego Estrutural e Conjuntural", *in Revista LTr*, Vol. 60, São Paulo, maio, 1996.

[7] Giglio, Wagner D., "Perspectivas dos Contratos Temporários e Política de Emprego", *in LTr*. Vol. 61, n.12, dezembro de 1997.

mente contratam as regras de seu contrato, sua jornada, seu salário, suas horas extras, etc.

Cumpre, no entanto, diferenciar a flexibilização das relações trabalhistas, da desregulamentação. Segundo ensina Calheiros Bonfim[8] "A desregulamentação do Direito do Trabalho, por alguns defendida, não se confunde com a flexibilização das relações do trabalho, hoje praticada na Europa Ocidental e em países que seguem o seu modelo. Esta última corresponde a uma fenda no princípio da inderrogabilidade das normas de ordem pública e no da inalterabilidade *in pejus* das condições contratuais ajustadas em favor do trabalhador, visando a facilitar a implementação de nova tecnologia ou a preservar a saúde da empresa e a manutenção de empregos. (...) na *desregulamentação* o Estado não intervém nas relações de trabalho, para que a autonomia privada, coletiva ou individual, disponha sem limitações legais, sobre as condições de trabalho."

A diferença entre flexibilização e desregulamentação é extremamente relevante, porque esta última deixa o trabalhador inteiramente a descoberto da proteção de normas estatais, e volta-se ao tempo histórico já relembrado em que as partes tão desiguais contratavam como se houvesse uma igualdade, essa situação se agrava ainda em países como o Brasil que não têm a tradição de um sindicalismo forte que poderia fazer frente aos interesses das categorias dos empregadores.

O nosso País, de tradição jurídica romano-germânica, não pode guiar-se por princípios e diretrizes dos sistemas anglo-saxônicos, como bem frisou o Ministro Arnaldo Süsseking,[9] ao relembrar as palavras do presidente da França Jacques Chirac, em junho de 1997, em Genebra, na Conferência Internacional do Trabalho, que por oportunas transcrevo:

"Para que a modernização dê bons resultados, devemos permanecer fiéis aos respectivos modelos culturais que herdamos da história e da idéia de humanidade que forjamos. Esse é o motivo da minha profunda adesão ao modelo Europeu, sustentado na proteção social contra as vicissitudes da existência, numa tradição de diálogo social e de negociação coletiva e no reconhecimento dos encargos do Estado, na sua qualidade de responsável pela coesão nacional."

---

[8] Bonfim, Benedito Calheiros. "Globalização, Flexibilização e Desregulamentação do Direito do Trabalho", *in Globalização, Neoliberalismo e Direitos Sociais*. Maccalóz, Maria Salete *et al.* Rio de Janeiro: Destaque, 1997.

[9] *Ib* 8, p. 41.

Na flexibilização dos direitos, onde se mantém alguma legislação de proteção ao trabalho e algumas normas gerais que possibilitam as modificações nas regras, nos contratos, nas jornadas, nos salários, etc., a conseqüência inexorável será a progressiva perda de direitos e conquistas que garantiriam um mínimo de dignidade à classe trabalhadora. Pois diante do impasse entre conservar o emprego e manter garantias, o trabalhador, frente à grave crise de desemprego, não tem escolha.

A Constituição Federal de 05 de outubro de 1998 e a Consolidação das Leis do Trabalho - CLT-, bem como outras leis extravagantes, são o suporte legal do direito trabalhista no Brasil. As garantias básicas do trabalhador encontram-se fixadas na Constituição Federal, no Título II - DOS DIREITOS E GARANTIAS FUNDAMENTAIS, Capítulo II - DOS DIREITOS SOCIAIS, DO ARTIGO 6º AO 11.

A legislação trabalhista brasileira caracteriza-se pela proteção ao empregado, parte mais fraca na relação de emprego, sendo que tais leis não podem ser derrogadas por negociação ou acordo, seja individual ou coletivo.

No entanto, nossa legislação já contemplava a flexibilidade dos direitos trabalhistas, desde a Constituição de outubro de 1988, em seus artigos 7º, incisos VI, XIII e XIV, combinados com o art. 8º, inciso VI, no que tange a redução de salários, redução de jornada de trabalho, compensação de horários e às jornadas de turnos ininterruptos de revezamento, todos mediante acordo ou convenção coletiva de trabalho, *i. e.*, a presença do sindicato representante das categorias, na defesa dos interesses respectivos, realizando a negociação.

Agora, porém, diante do agravamento do desemprego, sem uma política capaz de ampliar a oferta de empregos, sem a aplicação de recursos no campo social, amplia-se o quadro da flexibilização de direitos com a Lei 9.601/98, que possibilita a contratação de empregados por tempo determinado, com a diminuição dos encargos sociais ao empregador.

5.1. Os contratos atípicos na Argentina e na Espanha

Na Argentina, a abertura de portas para a flexibilização das relações trabalhistas se deu com a Lei do emprego nº 24.013, de 1994, onde se pretendeu ampliar o campo de negociação com os sindicatos. Segundo Ghuione[10] "(...) a partir de esse momento por leyes del

[10] Ghuione, Hugo Barreto. "El Derecho laboral minimalista del Mercosur", *palestra proferida no II ELAT*, Gramado, RS, junho de 1998.

año de 1995 se acentúa una tendéncia a la desregulación colectiva de diciembre de 1996 que merecieron pronunciamientos jurisprudenciales contrarios a su constitucionalidad. Por su parte, el acuerdo bipartito entre el gobierno y los sindicatos, de mayo de 1997, parecía proponer un cambio de rumbo, de la flexibilización de entrada a la flexibilización de la salida, com el relativo abandono de los contratos atípicos y una tentativa de retorno al contrato de duración indefinida, aunque con despido facilitado."

O Real Decreto nº 2.546, na Espanha, de 1994, introduziu medidas de precarização dos empregos, buscando ampliar a criação de postos de trabalho e reduzir o desemprego. Não demonstrou sucesso, no entanto, sofrendo várias atenuações, já no ano de 1997, a reforma trabalhista criou o chamado *contrato de fomento da contratação por tempo indeterminado*, demonstrando o fracasso da lei do contrato por prazo determinado.

Em ambos os países, o incentivo ao emprego a partir da implantação dos contratos a termo demonstraram não alcançar o objetivo almejado. Mantiveram-se ou agravaram-se os índices de desemprego, e a legislação tornou a ser reformada, voltando o fomento a contratação por tempo indeterminado.

6. NO BRASIL, A LEI DE CONTRATO POR PRAZO DETERMINADO

No DOU de 22 de janeiro de 1998, foi publicada a *Lei 9.601*, que logo foi chamada, equivocadamente, de Lei de contrato temporário.

Esses contratos não podem ser denominados de *contratos temporários*, já que essa denominação designa aqueles contratos de trabalho, onde existe uma empresa tomadora do serviço e uma prestadora, para suprir necessidade transitória de substituição de pessoal, ou acréscimo de serviços, sendo regulados pela Lei nº 6.019/74.

De toda sorte, no senso comum, é entendido como de contrato temporário, por que para os trabalhadores em geral, a grande preocupação é da temporariedade do contrato. Para os juristas e estudiosos do direito, surge a preocupação para uns, regozijo para outros, porque as regras começam a mudar. E as mudanças mais uma vez vão se fazer sentir na classe menos privilegiada socialmente, naquela que vê no seu trabalho o sustento seu e de sua família. Talvez por essas razões essa lei tenha gerado tanta polêmica e divergências.

As mudanças impostas pela nova lei tocam diretamente na duração do contrato de trabalho. *A regra geral na legislação brasileira é que os contratos de trabalho sejam por prazo indeterminado*, ou seja, o contrato se caracteriza pela sucessividade no tempo. O empregado no curso contratual mantém a expectativa da manutenção do emprego, de receber sua remuneração e pode planejar sua vida dentro de seu orçamento, que para a grande maioria corresponde ao seu salário, contraprestação na relação de emprego.

Até o advento da Lei 9.601/98 a exceção à regra de duração indeterminada dos contratos de trabalho consistia na previsão constante no art. 443 da Consolidação das Leis do Trabalho, que previa a possibilidade de contratos a prazo para situações específicas, consideradas pelo legislador e doutrinadores como justificáveis diante das singularidades das situações previstas em seu § 2º .

As possibilidades legais de contratos a prazo se restringiam: a) a serviços cuja natureza ou transitoriedade justifique a predeterminação do prazo; b) às atividades empresariais de caráter transitório; c) aos contratos de experiência.

Pode-se perceber que já havia a possibilidade de efetuar-se contratos a prazo na nossa legislação. *O que inovou porém o "legislador"* (O Projeto de Lei n.1.724- E/ 96 é de iniciativa do Poder Executivo) *foi em relação a ampliar a possibilidade de contratação com prazo certo para atividades de caráter permanente*. Não exige na Lei 9.601/98 qualquer restrição ao tipo de atividades, logo as contratações a prazo que se justificavam pela característica de transitoriedade de suas atividades, hoje podem ser feitas para atividades de caráter permanente, não impondo a lei qualquer restrição em relação ao tipo da atividade.

O art. 1º, *caput*, da Lei 9.061/98, deixa claro que esse tipo de contratação somente poderá ser feita através da negociação dos sindicatos representativos das categorias contratantes, através de convenções ou acordos coletivos.

Fator importante a ser considerado é que ainda no *caput* do artigo 1º há a determinação de que esse tipo de contratação só poderá ser feito para acréscimo de empregados. Neste momento é que transparece a intenção do governo de combater o desemprego, ao pretender possibilitar a ampliação de postos de trabalho com o impedimento de contratação a prazo para substituir trabalhadores. Porém, sabendo-se das dificuldades enfrentadas para uma eficaz fiscalização trabalhista, é de deixar os mais atentos de sobreaviso sobre as inúmeras possibilidades de burlar a determinação legal e usufruírem os empregadores dos benefícios que oportuniza a presente legislação, e ao contrário do que se pretende, tenhamos apenas a redução de custos para os empregadores, sem a contraprestação da ampliação do mercado de trabalho.

Na convenção ou contrato coletivo firmado, as partes estabelecerão a indenização para as hipóteses de rescisão antes do avençado, seja por iniciativa do empregador ou do empregado. No mesmo acordo há de constar também as multas estipuladas pelas partes para o caso de descumprimento de cláusulas contratuais.

Nisso temos um dos fatores que mais chama a atenção, visto que a multa para o empregador por uma despedida arbitrária, nos contratos em geral de trabalho, consiste no pagamento de 40% do valor existente na conta vinculada do FGTS. Ao deixar para as partes decidirem sobre a indenização, afasta o legislador esse valor, sendo que objeto de negociação até poderá ser adotado.

O contrato por ser por prazo determinado, por sua vez, afastaria de imediato o pagamento de aviso prévio, pois com a extinção normal do contrato pelo decurso do tempo desaparece o objetivo do mesmo, bem como de indenizá-lo. Porém, a lei deixa a cargo das partes negociarem, havendo a possibilidade de ser instituído para o caso de interrupção contratual por uma das partes, em data anterior ao avençado.

Cabe a observação de que diante da desigualdade material das partes é de se esperar a minoração do valor de indenização, de multa, a dispensa do aviso prévio, etc.

O contrato regido pela lei em exame não poderá ter a duração superior a dois anos, sendo que qualquer prorrogação deverá estar contida nesse período. Poderão ser firmados contratos por prazo inferior, podendo ser prorrogados várias vezes, o que é defeso é a continuidade do contrato, ou prorrogações que ultrapassem o prazo de dois anos.

A legislação não resolve a seguinte questão: qual a situação de alguém que seja contratado por um prazo determinado, e que na prorrogação ultrapasse os dois anos? O contrato passa a viger como indeterminado, a exemplo do que ocorre com os contratos a prazo regidos pelo art. 443 da CLT, com base na incidência do art. 451 da mesma CLT? Mas o art. 2º da Lei 9.601 afasta expressamente a incidência do art. 451 da CLT. Oportuna a lição de Manoel Antonio Teixeira Filho:[11]

"Se entendermos que ele se transforma em contrato sem prazo (prazo indeterminado) estaremos admitindo, contra disposição expressa da Lei nº 9.601/98 (art. 1º, § 2º), a aplicação do art. 451, da CLT; se, ao contrário, concluirmos que o contrato poderá vigorar, a

[11] Teixeira Filho, Manoel Antonio, "Contrato temporário de trabalho - Comentários à lei 9.601/98", *in LTr*, vol. 62, São Paulo, 1998.

prazo, por tempo superior ao previsto no art. 445, da CLT (2 anos), estaremos desrespeitando a regra inscrita no mencionado dispositivo legal.

(...) parece-nos sensato - e, acima de tudo, respeitoso do princípio da aplicação da norma legal mais favorável -, que se tenha como convertido, de maneira automática, em contrato sem prazo o que, em decorrência de prorrogação, exceder a dois anos de vigência."

No art. 2º da Lei 9.601/98 está prevista, por 18 meses, a contar da data da publicação dessa Lei, 22 de janeiro de 1998, *a redução: I - para 50%* as contribuições empresariais destinadas ao denominado *sistema S* (SESI, SESC, SENAI, SENAC, SEBRAE, SEST, SENAT), e INCRA, bem como ao salário-educação e para o financiamento do seguro do trabalho; *II - para 2%*, a alíquota de contribuição para o FGTS.

Neste benefício gritante aos empregadores, por diminuir-lhes os custos, encontra-se um dos principais focos de divergências entre os estudiosos e operadores do Direito do trabalho e de descontentamento dos trabalhadores frente à iminência de situação desfavorável a que se sujeitarão os possíveis contratados a prazos regidos pela nova legislação.

A diferenciação no tratamento dispensado aos empregados em geral e aos empregados contratados no novo contrato a prazo coloca a possibilidade de em uma mesma empresa encontrarem-se empregados que têm depositado em sua conta vinculada de FGTS o percentual de 8% e outros cujo depósito corresponde a 2%. Mais uma vez chama a atenção a desigualdade proporcionada pela Lei nº 9.601/98, que se fará sentir com a prática de tal procedimento que afronta o princípio constitucional da igualdade, inserto no art. 5º da Carta Magna.

Opinião contrária de Estêvão Mallet[12]: "Tal diferença tem dado margem a que se fale em inconstitucionalidade da nova regulamentação, por ofensa ao princípio da isonomia (art. 5º, inciso II da Constituição). Saliente-se, porém que o referido princípio não significa igualdade absoluta e linear. (...) Na verdade, a igualdade preconizada pelo constituinte por vezes supõe tratamento legal desigual, para que, compensadas as desigualdades, caminhe-se para maior igualdade real."

Porém, sobre o assunto, Teixeira Filho[13]: "No que tange, em particular, à redução das contribuições para o FGTS, pensamos que

[12] Mallet, Estêvão, "O novo contrato de trabalho por prazo determinado", *in LTr*. Vol. 62, São Paulo, 1998.

[13] *Ib* 10, p. 156.

o art. 1º da lei em comentário esteja a colidir com o art. 5º, *caput*, da Constituição Federal. Sucede que, assegurado o preceito normativo, constitucional, a igualdade de todos perante a lei, sem distinção de qualquer natureza, não poderia o legislador infraconstitucional estabelecer uma distinção entre iguais ..."

No art. 3º, incisos I a III, da Lei 9.601/98, foram definidos limites percentuais para a contratação de empregados por contrato a prazo, de acordo com o número de empregados na empresa contratados por prazo indeterminado. O número de empregados sob esse novo tipo de contrato deverá estar estipulado no instrumento decorrente da negociação coletiva, sendo que não poderá ser superior a:

- cinqüenta por cento do número de trabalhadores, para a parcela inferior a cinqüenta empregados;

- trinta e cinco por cento do número de trabalhadores, para a parcela entre cinqüenta e cento e noventa e nove empregados; e

- vinte por cento do número de trabalhadores, para a parcela acima de duzentos empregados.

Segundo essa disposição legal, poderão ser contratados empregados por prazo determinado num percentual inferior ao estabelecido, não podendo porém haver contratação em número superior àquele percentual. Com isso, pretende o legislador estimular o acréscimo de vagas no mercado, buscando impedir a substituição de postos já ocupados por empregados com contratos tradicionais, *i.e.*, por prazo indeterminado.

É preciso, no entanto, chamar a atenção para as possibilidades de utilização da permissiva legal, desvirtuando o objetivo do legislador, com manobras que poderão trazer apenas a redução nos gastos do empregador com o empregado sem que isso se traduza em acréscimo de postos de trabalho. Pode o empregador, após admissão do percentual correspondente de empregados de acordo com o disposto na lei, vir a demitir número considerável de empregados contratados sem prazo.

Nesse caso, não existe qualquer segurança dentro da lei em exame que possa garantir a manutenção do respectivo percentual avençado entre as categorias profissionais e econômicas. Resta aos sindicatos dos trabalhadores ficarem atentos para em caso de ocorrer a situação mencionada buscarem a tutela jurisdicional, com base no art. 9º da CLT, que determina que qualquer ato do empregador que vise a desvirtuar, impedir ou fraudar a lei será considerado nulo de pleno direito. Mas essa solução é muito limitada no sentido de não impedir que ocorra esse tipo de conduta por parte dos empregadores menos escrupulosos, e isso representar grandes perdas de direitos para a classe trabalhadora.

Sobre essa questão, alerta Teixeira Filho[14]: "É imprescindível que as entidades sindicais fiquem atentas a tais atitudes do empregador. A propósito, torna-se sobremaneira recomendável que o acordo ou a convenção coletiva preveja, dentro dos limites de sua normatividade, as conseqüências desses e de outros atos patronais, praticados com o escopo de prejudicar direitos e interesses dos trabalhadores...".

Um outro ponto que deve ser destacado é a inovação constante do art. 6º da Lei 9.601/98, que modifica a redação do art. 59 da CLT, para no § 2º modificar o sistema de compensação de horas extras.

Até o advento da lei em análise, as horas trabalhadas além da jornada normal de um dia poderiam ser compensadas em outro, desde que não excedesse o horário normal da semana, 44 horas semanais, bem como não poderia extrapolar o limite diário de 10 horas. Exigia-se o acordo ou convenção coletiva para a efetivação da compensação, requisito que permanece na atual redação.

Agora a compensação poderá ser feita no período máximo de cento e vinte dias, desde que não ultrapasse a soma das jornadas semanais de trabalho. Mantém-se o limite máximo de 10 horas diárias de trabalho.

Com essa ampliação da possibilidade de compensação de horário extraordinário, fica o trabalhador mais uma vez prejudicado. Pois encontrava na prestação de hora extra uma forma de ampliar a sua remuneração, agora o prazo de compensar esse tempo trabalhado ampliado para 120 dias oferece ao empregador uma grande margem de ação de forma a não ter de remunerar as horas extras dos empregados.

Cria-se assim o banco de horas pois, se por um lado as horas trabalhadas a mais poderão ser compensadas dentro de um período de 120 dias, as horas trabalhadas a menos, ou seja, quando por problemas relativos à empresa não se exigir do empregado a totalização da jornada ordinária, poderá ser feita a compensação em igual período. Logo, poderá ser exigido o cumprimento de jornada superior para complementação de jornada em outro dia.

Essa compensação de horas deverá estar prevista em convenção ou acordo coletivo, conforme o referido § 2º da nova redação do art. 59 da CLT, trazida pela Lei nº 9.601, de 1998.

---

[14] *Ib* 10, p. 157.

Acrescenta à redação anterior, ainda do mesmo art. 59, CLT, o § 3º, que dispõe que em caso de rescisão contratual antes da efetiva compensação do horário prestado extraordinariamente, o empregador deverá efetuar o pagamento das horas extras calculadas sobre o valor da remuneração na data da rescisão.

Esses são os aspectos mais importantes da nova legislação que possibilitam entender as modificações introduzidas no que tange aos contratos de trabalho a prazo. Trazem um leque de possibilidades ao empregador no sentido de diminuir custos e obrigações trabalhistas e sob o argumento de ampliar postos de trabalho, surge reduzindo direitos da classe trabalhadora.

7. CONCLUSÃO

Sem dúvida, enfrentamos uma grave crise de desemprego, podendo ser comparada a *questão social* surgida após a Revolução Industrial. Os fatos geradores dessa crise hodierna podem ser atribuídos à globalização da economia, a uma evolução tecnológica que revoluciona as formas de trabalho, modificando o *status quo* dos profissionais em geral, à modificação da forma de Estado tradicional, onde há uma crescente regionalização, com formação de blocos e integração entre países, à falta de políticas sociais compatíveis com as mudanças geradas e as necessidades emergentes, entre outras.

Muito se tem dito sobre a necessidade de flexibilizar as relações trabalhistas, que o engessamento que impõe a legislação pátria serve como impedimento às novas contratações, à ampliação da oferta de empregos no País. É verdade que é necessário atualizar a legislação, inclusive flexibilizá-la, já que o Brasil, como membro do Mercosul junto aos demais Estados-Partes, deverá harmonizar a legislação trabalhista para oportunizar igualdade entre os trabalhadores do bloco. E sem flexibilizar possivelmente será impossível harmonizar.

Porém, é preciso não esquecer o ensinamento histórico da exploração do homem trabalhador, pela busca do lucro exacerbado por parte dos empregadores. O empregado não pode ser deixado sem a proteção legal, pois voltaremos a uma situação de semi-escravidão. Os princípios do Direito do Trabalho têm de ser mantidos, bem como regras gerais para proteger a parte hipossuficiente, dentro da tradição jurídica na qual estamos inseridos.

Igualmente não podemos desconsiderar os demais fatores que interferem no mercado de trabalho, e deixar todo o ônus desses problemas sobre os empregados, restringindo-lhes direitos. A grande maioria da população é de empregados, e o social tem de ser protegido frente às mazelas do econômico.

O que representa essa Lei no mercado de trabalho nacional?

Para o governo, é um incentivo ao emprego, baseado na teoria que os encargos sociais que competem aos empregadores seriam o vilão do desemprego. Para os empregadores, uma vantagem a mais que com a diminuição dos custos do empregado, vê seu espectro de lucratividade ampliado, sem qualquer responsabilidade adicional. Para o trabalhador, surge uma nova forma de contrato, onde não lhe é permitido planejar o futuro, onde não terá direito à indenização quando sair do emprego, onde durante a relação empregatícia será um subempregado, pois com menos direitos que seus pares, o depósito no FGTS, em menor valor que o tradicionalmente instituído, e se não bastasse isso com a preocupação adicional de procurar um novo emprego.

A Espanha, após inovação semelhante, já reformulou sua legislação, visto que os índices de desemprego não diminuíram. A Argentina, adotando legislação por contrato a prazo, também não obteve resultados que lhe indicasse estar no caminho certo, voltando para o contrato por prazo indeterminado.

Cabe agora aguardar que o próprio mercado se encarregue de provar ao governo que esta solução não passa de um paliativo na tentativa de demonstrar alguma política de combate ao desemprego. Os contratos de trabalho devem se manter dentro da regra geral de direito do trabalho de continuidade e sucessividade no tempo.

A prática de combate ao desemprego deverá pautar-se por uma política de desenvolvimento econômico sustentável, do incremento das exportações, de reforma agrária, dos juros baixos, de uma correta distribuição de renda entre outras que levem em consideração a questão social.

8. BIBLIOGRAFIA

Bonfim, Benedito Calheiros, "Globalização, Flexibilização e Desregulamentação do Direito do Trabalho", in Maccalóz, Salete Maria *et al. Globalização, Neoliberalismo e Direitos Sociais*, Rio de Janeiro: Destaque, 1997.

Ghuione, Hugo Barreto. "El Derecho Laboral Minimalista Del Mercosur". *Palestra proferida no II ELAT*, Gramado, RS, junho de 1998.

Giglio, Wagner D., " Perspectivas dos Contratos Temporários e Política de Emprego", *in Revista LTr*. Vol. 61, São Paulo, dezembro de 1997.

Mallet, Estêvão, "O novo contrato de trabalho por prazo determinado", *in Revista LTr*. Vol. 62, São Paulo, julho de 1998.

Martins, Ives Gandra da Silva. "O desemprego estrutural e conjuntural", *Revista LTr*, Vol.60, São Paulo, maio de 1996.

Passos, Fernando. "O impacto da globalização da economia nas relações individuais e coletivas de trabalho", *in Revista LTr*, Vol. 62, março de 1998.

Robortella, Luiz Carlos Amorim. "Flexibilização. Jornada de Trabalho e Precarização do Emprego", *in T&P*, nº 7, dezembro de 1995.

Sardegna, Miguel Angel, "Proyecciones de las relaciones laborales en el Mercosur", in, Ventura, Deisy de F. L. (Org.), *América Latina, Cidadania, Desenvolvimento e Estado*, Porto Alegre: Livraria do Advogado, 1996, p. 130.

Süssekind, Arnaldo, *et al. Instituições de Direito do Trabalho*, 17ª edição, São Paulo: LTr, 1997.

Teixeira Filho, Manoel Antonio, "Contrato temporário de trabalho - comentários à Lei 9.601/98", *in Revista LTr*, Vol. 62, São Paulo, fevereiro de 1998.

4. A condição jurídica dos "nacionais de países terceiros" na União Européia

SANDRA MEUNIER
DEA em Direito Comunitário e Europeu da Universidade de Paris I, Panthéon-Sorbone. Bolsista de Doutorado do governo francês na mesma instituição

SUMÁRIO: 1. Os nacionais de terceiros países e o elemento territorial da livre circulação de pessoas; 2. Os nacionais de terceiros países e o componente profissional e social da livre circulação de pessoas.

O fenômeno das migrações é tão antigo quanto o próprio mundo, a tal ponto ele está incrustado na natureza humana. Durante o século XIX e o início do século XX, a Europa conheceu um forte movimento de emigração. Os vastos deslocamentos populacionais que ocorreram nesta época beneficiaram, a um só tempo, os países de destino e a própria Europa. A situação inverteu-se nos anos 50 e 60, quando certos países valeram-se da imigração, proveniente tanto da Europa quanto de terceiros países, para satisfazer suas necessidades de mão-de-obra. Estes imigrantes contribuíram para que a Europa fosse reconstruída e conhecesse uma notável expansão econômica.

As recessões ocasionadas pela crise do petróleo, nos anos 70, implicaram a diminuição progressiva da mão-de-obra, reduzindo também as possibilidades de imigrar legalmente para a Comunidade Européia.[1] A partir desta data, e sobretudo recentemente, os Esta-

[1] *Nota da tradutora.* "O primeiro passo da integração foi representado pela *Comunidade Européia do Carvão e do Aço*, CECA, criada pelo *Tratado de Paris*, de 18 de abril de 1951. A Comunidade Européia da Energia Atômica, CEEA ou EURATOM, e a *Comunidade Econômica Européia*, CEE, foram criadas pelos *Tratados de Roma*, de 25 de março de 1957. O mais importante deles é o tratado que institui a CEE, visando à formação do mercado comum europeu, conhecido como o *Tratado de Roma*. Nesta primeira fase da integração, compunham as Comunidades seis Estados-membros: Alemanha, Bélgica, França, Holanda, Itália e Luxemburgo. A partir de 1967, os órgãos executivos de cada uma das Comunidades foram objeto de uma fusão. Ainda que

dos-membros da Comunidade[2] adotaram políticas de imigração restritivas, determinadas pelas respectivas situações econômicas. Estes Estados tornaram-se, de fato, países de imigração; como conseqüência disso, residem hoje na Europa 12,5 milhões de nacionais de terceiros Estados, verificada uma sensível progressão no início dos anos 90.[3]

A imigração para os países europeus possui origens diversas.[4] Os movimentos migratórios da Europa Central e Oriental, em particular os deslocamentos maciços de população que se seguiram aos conflitos na ex-Iugoslávia, são um fenômeno relativamente recente. Ao contrário, a imigração proveniente da África do Norte tem suas raízes no passado. Em certos casos, é resultado do perfil colonial de alguns Estados-membros da Comunidade européia, como a imigração argelina, marroquina ou tunisiana na França.

Contudo, a maior parte dos fluxos migratórios legais tem como fonte os programas de recrutamento de mão-de-obra que certos Estados adotaram entre 1960 e 1973. Nos anos 80, o número de residentes provenientes dos países do *Maghreb* (Argélia, Marrocos e Tunísia) e da Turquia cresceu na maioria dos Estados-membros, principalmente em razão do agrupamento familiar. Com efeito, os membros da família de um trabalhador que conseguiu estabelecer-se na Europa desejam, na maior parte dos casos, reunir-se a ele. Assim, a pressão migratória desses países continua a acentuar-se.

---

estes coletivos mantenham sua identidade jurídica individual, a referência conjunta ao processo de integração europeu passou a ser representada pela expressão *Comunidades européias*. Em 7 de fevereiro de 1992, assinou-se em Maastricht, Holanda, o tratado que criou a *União Européia, Tratado da União Européia*, TUE, denominado *Tratado de Maastricht*. Esta entidade funda-se sobre três *pilares*, pois compreende, além das Comunidades européias, duas estruturas intergovernamentais de cooperação: a Política Externa e de Segurança Comum, PESC, e a Cooperação policial e judiciária em matéria penal. Além disso, o Tratado de Maastricht transformou a CEE em *Comunidade Européia*, CE, com a nítida intenção de ampliar o domínio de suas competências. Após sucessivas adesões - Dinamarca, Inglaterra e Irlanda em 1973; Grécia em 1981; Espanha e Portugal em 1986 -, quando da assinatura do Tratado de Maastricht, são doze os Estados-membros da União Européia. A atual *Europa dos Quinze* configura-se com a adesão, em 1994, de Áustria, Finlândia e Suécia. Finalmente, o *Tratado de Amsterdã*, assinado em 2 de outubro de 1997, provoca diversas alterações nos procedimentos decisórios da Comunidade Européia e implica transferências de competência entre os três pilares da União Européia. Contudo, ele não pode ser considerado como fonte, pois ainda não foi *internalizado* pela totalidade dos Estados-membros da União", in Ventura, D.; Seitenfus, R., *Introdução ao Direito Internacional Público*, Porto Alegre, Livraria do Advogado, 1999, pp. 185-186.

[2] Ver o Relatório Geral de Cl. V. Marie, "Les Etats membres de l'UE face à l'immigration en 1994: Montéé de l'intolérance et rigueur accrue des politiques de contrôle", *Rede de Informação sobre as Migrações de terceiros Estados*, Comissão Européia, DG V, 1995.

[3] Dados fornecidos por H. Labayle, "La libre circulation des personnes dans l'Union européenne, de Schengen à Amsterdã", *Actualité Juridique Droit Administratif*, Paris, 1997, n° 12, p. 925.

[4] Ver a Comunicação da Comissão Européia sobre as políticas de imigração e asilo, COM (94) 23 final, de 23 de fevereiro de 1994, Anexo 1 "Description des principaux flux migratoires".

Por outro lado, a imigração irregular mostra-se, desde meados da década de 80, quantitativamente superior à imigração legal, e atinge os países do Sul da Europa, especialmente a Espanha e a Itália. A este respeito, estudos de 1993 demonstram que a disponibilidade de empregos – clandestinos – na Comunidade é o principal fator de atração para os imigrantes. Quanto aos países de origem, a situação demográfica e suas conseqüências econômicas, além da conjuntura política ou das tensões de natureza étnica, constituem os principais fatores de rejeição.

Deve-se assinalar, enfim, a existência de fluxos migratórios oriundos de outras partes do mundo, dentre os quais os movimentos atribuídos aos vínculos coloniais, o que explica a origem geográfica bastante diversificada dos imigrantes. Outros fluxos resultam dos pedidos de asilo e da demanda dos refugiados.[5]

Assim, excetuados os laços coloniais tradicionais, as correntes migratórias são influenciadas por fatores como a presença de compatriotas num Estado-membro da Comunidade, a reputação de um país – considerado próspero ou que mantém uma política de asilo ou de imigração relativamente liberal –, bem como a existência de intermediários que se ocupem do transporte e dos documentos necessários à imigração.

No âmbito do direito comunitário, pode-se definir os *nacionais de países terceiros*[6] como os nacionais dos Estados que não fazem parte da União Européia, EU. Estão incluídos nesta categoria os nacionais dos países que são, e continuarão sendo, terceiros países relativamente à UE. No entanto, para outros cidadãos, este estatuto está em vias de ser modificado, eis que os Estados dos quais são nacionais negociam sua adesão à UE, seja a curto ou a longo prazo.

---

5 Vale assinalar que este trabalho não compreende a situação dos solicitantes de asilo, que merecem um tratamento normativo específico. Ver especialmente a Convenção de aplicação do Acordo de Schengen, de 19 de junho de 1990 (Capítulo 7); a Convenção de Dublin, de 15 de junho de 1990, relativa à determinação do Estado responsável em caso de pedido de asilo apresentado junto a um Estado-membro das Comunidades; o Tratado de Maastricht sobre a UE, de 1992, Título VI; e o Tratado de Amsterdã, de 1997, Título IV.

6 *Nota da tradutora.* A expressão em itálico corresponde à tradução oficial do tratado de Amsterdã. Uma simples diferenciação entre estrangeiros e nacionais é insuficiente para o direito comunitário, eis que um indivíduo, sendo nacional de um Estado-membro, será estrangeiro relativamente a outro Estado-membro, mas não no que atine à Comunidade. Isto ocorre porque o direito comunitário oferece-lhe um conjunto de direitos, baseado na livre circulação de pessoas e na noção de cidadania comunitária, aplicável em todo o território da Comunidade. Para Yves Gautier, a equação *nacionalidade = cidadania* começa a ser modificada, havendo uma dissociação entre os limites do território nacional e as prerrogativas vinculadas à nacionalidade; ver "Citoyenneté européenne", *in* Barav, A.; Philip, C., *Dictionnaire juridique des Communautés européennes*, Paris, Puf, 1993, pp. 161-169. Por essas razões, o direito comunitário não utiliza o termo estrangeiro.

Deste modo, os cidadãos dinamarqueses, britânicos, irlandeses, gregos, espanhóis, portugueses, austríacos, suecos e finlandeses foram um dia nacionais de terceiros países antes de tornar-se, nesta ordem, cidadãos comunitários, através das sucessivas adesões de seus países de origem à Comunidade. Atualmente, os nacionais da Noruega, da Islândia, do Liechstenstein, da Suíça, além dos de certos países da Europa Central e Oriental (PECO) ou de países mediterrâneos como Malta, Chipre ou Turquia, são nacionais de terceiros países, mas poderão um dia tornar-se cidadãos da Comunidade[7]

Na medida em que a Comunidade européia estende a sua competência territorial e pessoal, a cada novo alargamento, e amplia suas competências materiais quando da entrada em vigor de cada novo tratado (o que implica uma nova redução da competência dos Estados-membros), cabe investigar o modo pelo qual a situação dos nacionais provenientes de terceiros países, em particular dos imigrantes, é apreendida pelo direito comunitário.

Quanto aos tratados constitutivos,[8] constata-se que os nacionais de terceiros países são referidos apenas no que concerne à circulação de pessoas *stricto sensu*, ou seja, sua entrada, circulação e permanência em território comunitário. Nenhum dispositivo trata de sua situação profissional ou social, embora a Comunidade possua uma natureza essencialmente econômica, e a livre circulação de pessoas, liberdade fundamental na ordem jurídica comunitária, tenha sido durante muito tempo confundida com a livre circulação de trabalhadores.[9]

No plano profissional e social, certos direitos são reconhecidos pelo direito comunitário derivado aos estrangeiros que circulam em companhia de cidadãos comunitários. Entretanto, o objetivo destas disposições é favorecer os cidadãos comunitários, para que exerçam as liberdades que lhes foram conferidas pelos tratados. Os direitos

---

[7] Sobre os futuros alargamentos da UE, ver Philippe Manin, *Les Communautés européennes, l'Union européenne*, Paris: Pedone, 1997, pp. 72 a 75.

[8] O Tratado de Roma, de 1957, que instituiu a Comunidade Econômica Européia, não aborda a questão dos estrangeiros oriundos de terceiros países. O Ato Único Europeu (AUE), de 1986, evoca o tema através de uma declaração política dos governos dos Estados-membros relativa à circulação de pessoas, e de uma declaração geral relativa aos artigos 13 a 19 do AUE. O Tratado da União Européia, de 1992, e o novo Tratado de Amsterdã, de 1992, são os únicos que dispõem sobre o tema.

[9] O título III do TCE, intitulado "A livre circulação de pessoas, serviços e capitais", comporta um capítulo primeiro sobre os trabalhadores, mas não contém nenhum capítulo sobre as pessoas físicas enquanto tais. Somente o artigo 8 A, introduzido pelo Tratado de Maastricht, refere o direito de todo o cidadão europeu de circular e permanecer livremente sobre o território dos Estados-membros. Além desta disposição de princípio, a livre circulação de pessoas *stricto sensu* será efetivamente visada apenas no Título IV do TCE, introduzido pelo Tratado de Amsterdã.

que os nacionais de terceiros países detêm neste domínio fundam-se numa fonte original, que são os acordos internacionais. Com efeito, a Comunidade e seus Estados-membros concluíram acordos de associação e de cooperação com um certo número de países, com base no artigo 238 do TCE, que abrangem grande parte de suas relações econômicas. No texto destes acordos, foram inseridas disposições que conferem direitos aos nacionais de terceiros países, residentes no território dos Estados-membros.

A questão aqui proposta é sensível, sobretudo do ponto de vista político. A multiplicidade de fontes e de fundamentos jurídicos nesta matéria revela a complexidade e a ambigüidade da política conduzida pelos Estados-membros no âmbito da Comunidade. Sua posição peca pela ausência de uniformidade e de coerência.

Contudo, tentar-se-á estudar a situação dos nacionais de terceiros países de uma forma global. Isto implica, num primeiro momento, a análise do que A. Lyon-Caen[10] designou como o "elemento territorial" da livre circulação de pessoas, ou seja, a entrada, a circulação e a permanência dos estrangeiros sobre o território dos Estados-membros da UE. A seguir, optou-se por examinar o "elemento profissional e social" da livre circulação de pessoas, isto é, os direitos reconhecidos aos nacionais de terceiros países em seara profissional e social.

1. OS NACIONAIS DE TERCEIROS PAÍSES E O ELEMENTO TERRITORIAL DA LIVRE CIRCULAÇÃO DE PESSOAS

Do ponto de vista institucional, as questões relativas à entrada, circulação e permanência dos estrangeiros no território dos Estados-membros da Comunidade foram tratadas, inicialmente, através da cooperação intergovernamental entre alguns deles. Um novo enfoque desenha-se a partir do Tratado de Amsterdã, pois este abre a perspectiva de uma competência comunitária nesta matéria.

a) *Uma cooperação intergovernamental limitada*

Preliminarmente, é necessário lembrar que cada Estado é, a princípio, soberano para fixar as condições de entrada e permanência dos estrangeiros sobre seu território. Esta competência faz parte das atribuições estatais clássicas, e atine ao próprio exercício da

[10] A. Lyon-Caen, "Rapports introductifs. Les bénéficiaires de la libre circulation", *in* CEDECE, *Trente ans de libre circulation des travailleurs*, Paris: La Documentation Française, 1998, pp. 10-11.

soberania nacional. O Tratado de Roma, de 1957, não modificou este princípio no que se refere aos nacionais de terceiros países.

Em junho de 1984, os Chefes de Estado e de governo decidiram dar um novo impulso à construção européia. O projeto de um verdadeiro "mercado interior" foi relançado, tendo como principal objetivo a supressão das formalidades policiais nas fronteiras. Nesta perspectiva, a Alemanha, a França, a Bélgica, Luxemburgo e a Holanda concluíram o *Acordo de Schengen*, de 14 de junho de 1985, relativo à supressão gradual dos controles nas fronteiras comuns. Trata-se de um acordo internacional clássico, elaborado separadamente em relação à ordem jurídica comunitária.

O Ato Único Europeu, que entrou em vigor em 1° de julho de 1987, reitera o caráter intergovernamental desta cooperação, no momento em que instala uma nova dinâmica européia. Com efeito, ele introduz no texto do tratado constitutivo o artigo 8A, que prevê a realização de um "mercado interior", definido como um "espaço sem fronteiras interiores, no qual a livre circulação de mercadorias, de pessoas, de serviços e de capitais está assegurada, nos termos das disposições do tratado". O Ato Único estabelece claramente um vínculo entre a livre circulação de pessoas e a consecução de um espaço sem fronteiras interiores.

Todavia, ele não cria nenhuma base jurídica comunitária que permita a adoção, pelas instituições comunitárias, de medidas relativas à livre circulação de pessoas. Além disso, os Estados-membros adotaram duas Declarações atinentes ao artigo 8A, interpretando-lhe restritivamente no que se refere às competências da Comunidade. Uma delas reserva aos Estados-membros o direito de tomar as medidas necessárias em matéria de controle da imigração. A segunda Declaração remete as questões relativas à livre circulação de pessoas à cooperação intergovernamental. Assim, a cooperação entre os parceiros deveria ocorrer à margem das instituições comunitárias, sob a lógica intergovernamental, respeitando a soberania dos Estados-membros, mas não a comunitária.

Não obstante, a necessidade de uma atuação coordenada impõe-se diante da perspectiva de um mercado interior e do objetivo de livre circulação de pessoas. Porém, se todos os Estados-membros concordavam com a intergovernamentalidade, a escolha das modalidades de cooperação foi alvo de posições divergentes, especialmente no que diz respeito à interpretação do artigo 8A. Enquanto a Inglaterra, a Irlanda e a Dinamarca opunham-se à supressão total dos controles nas fronteiras interiores, que deveriam ser mantidas para os nacionais de terceiros países, os outros Estados-membros consideravam que a livre circulação de pessoas deveria atingir todas as pessoas, não importando sua nacionalidade. Esta idéia de abertura irrestrita foi a base do Acordo de Schengen, de 1985, e manteve-se no espírito da *Convenção de aplicação de Schengen*, de 19 de junho de 1990, que pretende pôr em prática os objetivos do primeiro acordo.[11]

Para H. Labayle,[12] "a experiência Schengen sempre oscilou entre a louvável vontade de ser um laboratório precursor de experiências, eventualmente transponíveis à UE, e a vontade, menos confessável, de fazer concorrência à UE, escapando aos compromissos institucionais e democráticos da União, e a certos membros considerados pouco confiáveis". A iniciativa Schengen apresenta, de fato, um duplo interesse para seus criadores. Primeiramente, ela foge ao complexo procedimento institucional comunitário. São descartados a iniciativa exclusiva da Comissão Européia, a apreciação do Parlamento Europeu e o controle do juiz, em particular quando exercido pela Corte de Justiça das Comunidades. As repercussões dos princípios da primazia do direito comunitário e do efeito direto de suas regras são igualmente evitadas pelas ordens nacionais.

Além disso, ela é o prenúncio da Europa dita de "geometria variável". Os Estados fundadores das Comunidades nos anos 50 estão na origem dos Acordos de Schengen – França, Alemanha, Holanda, Bélgica e Luxemburgo. A eles se reuniram, num primeiro momento, Espanha e Portugal e, a seguir, Itália; Grécia e Áustria e, finalmente, Dinamarca, Suécia e Finlândia. Estas adesões ocorreram progressivamente porque não dependem apenas da vontade dos candidatos: estes tiveram de provar, previamente, seu grau de confiabilidade. Um espaço sem controle nas fronteiras interiores exige que os Estados que o compõem apresentem garantias no domínio da segurança. De outra parte, Inglaterra e Irlanda, firmemente hostis ao princípio de abertura das fronteiras interiores, puderam manter suas posições sem criar um obstáculo para a cooperação desejada pelos outros Estados-membros.

Por tudo isto, pareceu mais adequado realizar a livre circulação de pessoas no âmbito de uma convenção internacional concluída entre certos Estados-membros, aberta à adesão condicional e não-obrigató-

---

[11] No plano institucional, cria-se um Comitê Executivo, composto de representantes dos Estados-membros, para zelar pela aplicação da Convenção. Ele toma decisões por unanimidade. Nenhum mecanismo jurisdicional supranacional é adotado. Cabe a cada Estado adaptar sua legislação às decisões comuns. As medidas de aplicação da Convenção não desfrutam então de aplicabilidade direta e imediata no direito interno dos signatários, pois devem ser incorporadas às ordens jurídicas nacionais para que entrem em vigor.

[12] H. Labayle, "Un espace de liberté, de sécurité et de justice", *in Revue trimestrielle de droit européen*, Paris: Dalloz, 1997, p. 832.

ria dos demais, do que buscar a realização deste objetivo no âmbito comunitário. A experiência Schengen foi determinante para esta decisão. Entretanto, os Acordos de Schengen encontram sua razão de ser no objetivo comunitário da livre circulação de pessoas. Eles se justificam apenas como instrumento que visa ao aprofundamento do processo comunitário de integração. Como observa J.Cl. Masclet,[13] trata-se de alcançar um objetivo comunitário por meios que não o são ... Através desta experiência, o método de cooperação intergovernamental mostrou-se irrefutável e foi institucionalizado pelo TUE.

A cooperação intergovernamental é prevista pelo Título VI, relativo à Cooperação no domínio da Justiça e Negócios Interiores, que constitui o *Terceiro Pilar*[14] do TUE. Em virtude do artigo K.1, os Estados-membros reputam "de interesse comum" as normas que regem a transposição das fronteiras externas dos países,[15] e o exercício deste controle, assim como a política de imigração e a política relativa aos nacionais de terceiros países. Isto é, tanto as condições de entrada, circulação e permanência dos nacionais de terceiros países, inclusive o agrupamento familiar e o acesso ao emprego, como a luta contra a imigração, a permanência e o trabalho irregulares, escapam às instituições e aos procedimentos comunitários do primeiro pilar. Elas permanecem como competências dos Estados-membros, que estabelecem uma simples cooperação pela qual estes temas são tratados "em comum". Não parece claro que o direito internacional público seja aplicável à cooperação intergovernamental baseada neste Título VI. Com efeito, ao menos no plano de seus princípios, o TUE cria um "quadro institucional único". As instituições comunitárias supranacionais, como a Comissão, o Parlamento e a Corte de Justiça, agem no pilar intergovernamental, mas os tipos de competência que possuem variam de forma significativa.

Podem-se destacar dois limites presentes na cooperação intergovernamental instituída pelo Título VI. O primeiro limite visa ao dispositivo institucional e técnico adotado. A existência de um qua-

---

[13] J. Cl. Masclet, "De la difficulté d'atteindre un objectif communautaire par des moyens qui ne le sont pas" *in* D. Bigot (org.), *L'Europe des polices et de la sécurité intérieure*, Editions Complexe, Paris, 1992, pp. 94 e segs.

[14] Convém lembrar que o Tratado de Maastricht criou uma nova entidade, desprovida de personalidade jurídica, a União Européia. Ela funda-se sobre três pilares: o primeiro é comunitário, marcado pela supranacionalidade, que comporta as Comunidades Européias; o segundo pilar corresponde à Política Externa e de Segurança Comum que, apesar do nome, é essencialmente intergovernamental; o terceiro consiste na Cooperação no domínio da Justiça e dos Negócios Interiores que, como o próprio nome indica, é intergovernamental.

[15] *Nota da tradutora.* Na tradução oficial do Tratado de Amsterdã, "passagem das fronteiras".

dro institucional único, fazendo intervir as instituições comunitárias no terceiro pilar, não deve esconder o fato de que o verdadeiro poder decisório pertence ao Conselho (instituição ontologicamente intergovernamental) e aos Estados-membros. Um direito de iniciativa é reconhecido à Comissão. Mas ele resta, contudo, necessariamente diminuído, pois deve ser partilhado com os Estados-Partes. À Corte de Justiça pode ser atribuída a competência para interpretar as Convenções estabelecidas pelo Conselho, mas seu leque de competências é excessivamente reduzido,[16] ainda que direitos individuais estejam em questão. A simples informação do Parlamento, mesmo que realizada de forma regular, é insuficiente pela mesma razão.

Além disso, as técnicas jurídicas disponíveis revelaram-se completamente inadaptadas. A livre circulação de pessoas não pode ser tratada de forma eficaz por *posições* ou *ações comuns* (técnicas próprias ao pilar sobre política exterior e segurança comum). Ela exige uma regulamentação específica e precisa, através de normas jurídicas obrigatórias. A técnica de convenções internacionais estabelecida pelo Conselho, cuja adoção é recomendada aos Estados, é igualmente imprópria. A entrada em vigor destas convenções implica, primeiramente, o acordo e a assinatura de todos os Estados-membros sobre as disposições de fundo. A seguir, a ratificação da Convenção por todos os Estados-membros segundo suas próprias regras constitucionais. Ora, o conjunto dos Estados-membros não está de acordo sobre o conteúdo que será dado à livre circulação de pessoas. Logo, toda tentativa de elaboração de uma tal convenção está fadada ao fracasso.

A incipiência dos instrumentos previstos no Título VI denota um primeiro limite da cooperação intergovernamental. Mas este se explica pelo segundo limite, que reside na ausência de um projeto político comum. Como indica H. Labayle,[17] "onde certos Estados-membros do Norte da Europa pensaram construir uma política migratória comum, indo até a definição do estatuto do cidadão estrangeiro na Europa, outros Estados persistiram, contrariamente, na recusa a tudo que não fosse a simples coordenação de medidas relativas à entrada e à saída deste estrangeiro". Assim, nem todos os Estados buscam alcançar os mesmos objetivos.

Se a cooperação intergovernamental foi uma etapa necessária e determinante para apreender as questões relativas à entrada, circu-

---

[16] É o Conselho que decide, a cada Convenção, se a Corte é competente para interpretá-la e em que medida.

[17] H. Labayle, "La libre circulation des personnes dans l'UE, de Schengen à Amsterdã", Actualité juridique Droit Administratif, Paris, 1997, n° 12, p. 929.

lação e permanência dos nacionais de terceiros países sobre o território dos Estados-membros, suas lacunas revelam que ela não deveria ser mais do que uma etapa, antes de passar à seguinte, qual seja a ação comunitária.

b) *A perspectiva de uma competência comunitária*

A perspectiva de uma competência comunitária advém do Tratado de Amsterdã, assinado em 2 de outubro de 1997, que ainda não está em vigor. Ele "comunitariza"[18] as questões relativas à livre circulação de pessoas e, particularmente, as que se referem à entrada, circulação e permanência de nacionais de terceiros países.

O novo tratado enriquece a terceira parte do TCE, consagrada às políticas da Comunidade, com um novo Título IV, intitulado "Vistos, asilo, imigração e outras políticas relativas à livre circulação de pessoas" (artigos 61 a 69). De outra parte, ele incorpora o "*acervo* Schengen"[19] relativo à livre circulação de pessoas ao âmbito comunitário.

Assim, conforme o artigo 61 do novo tratado, "a fim de criar progressivamente um espaço de liberdade, de segurança e de justiça", o Conselho deverá providenciar, dentro dos cinco anos que se seguirem a sua entrada em vigor, medidas de acompanhamento diretamente ligadas à livre circulação, especialmente dirigidas ao controle de fronteiras externas e à imigração, além de outras medidas em matéria de proteção aos direitos dos nacionais de terceiros países.

Para este efeito, o artigo 62 menciona providências precisas no que se refere à transposição das fronteiras. Primeiramente, uma parte delas terá por objeto assegurar a ausência de qualquer controle de pessoas, tratando-se de cidadãos da União ou de nacionais de terceiros países, quando se trata de fronteiras internas. Paralelamente, medidas relativas às fronteiras externas deverão ser tomadas. Nor-

---

[18] Isto é, transfere do pilar intergovernamental para o pilar comunitário.

[19] *Nota da tradutora*: Os tratados constitutivos estendem o uso da expressão "acervo" (tradução oficial do francês *acquis*) aos Acordos de Schengen, termo consagrado até então à ordem jurídica comunitária. Com efeito, a noção de "acervo comunitário" é fundamental para a adesão de novos Estados à Comunidade. O país que solicita a adesão deve "aceitar, sem reservas, os tratados e suas finalidades políticas, as decisões de toda natureza tomadas após a entrada em vigor dos tratados", além de acatar a "aplicabilidade direta de certas de suas disposições e de certos atos praticados pelas instituições comunitárias, a primazia do direito comunitário sobre as disposições nacionais que lhe são contrárias e a existência de procedimentos que permitam assegurar a uniformidade de interpretação do direito comunitário", *in Comissão Européia, Parecer sobre a adesão da Espanha e de Portugal*, JOCE 1985, L 302, p. 3. Relativamente aos Acordos de Schengen, a expressão significa que a subordinação a todos os textos e decisões adotadas neste âmbito devem ser aceitas prévia e irrestritamente pelos Estados que desejam pertencer ao chamado "Espaço Schengen".

mas e modalidades de controle de pessoas pelos Estados devem ser fixadas, assim como regras referentes aos vistos para permanência de curta duração (máximo de três meses). Cabe assinalar, além disso, que certos aspectos da política de vistos já haviam sido integradas aos dispositivos comunitários pelo Tratado de Maastricht, através de seu artigo 100 C.[20] O Tratado de Amsterdã o ab-roga, enriquecendo esta regra por intermédio do novo artigo 62. Esta disposição prevê medidas que visam a fixar as condições pelas quais os nacionais de terceiros países podem circular livremente sobre o território dos Estados-membros, durante um período máximo de três meses.

Enquanto o artigo 62 trata da entrada e da circulação de nacionais de terceiros países sobre o território dos Estados-membros, o artigo 63 consagra-se às medidas relativas à política de imigração. Dois domínios são mencionados: de uma parte, as condições de entrada e permanência, assim como as normas concernentes aos procedimentos de concessão de vistos de longa duração pelos Estados-membros, inclusive para fins de agrupamento familiar; de outra parte, a imigração clandestina e irregular, inclusive o repatriamento de pessoas. O artigo 63 prevê igualmente a adoção de medidas que definam os direitos dos nacionais de terceiros países, que estão em situação regular de residência num Estado-membro, de permanecer nos outros Estados-membros, e as condições em que eles podem fazê-lo.

O artigo 63 é verdadeiramente inovador, senão revolucionário. Os Acordos de Schengen têm por objetivo a supressão dos controles nas fronteiras, portanto preocupam-se exclusivamente com a transposição de fronteiras pelos nacionais de terceiros países. Estes acordos não pretendem, de forma alguma, lançar as bases de uma política comum dos Estados para os nacionais de terceiros países. O Tratado de Maastricht aborda esta questão mas, tendo em conta as limitações da cooperação que ele institui, nenhuma disposição foi adotada. Ora, o Tratado de Amsterdã oferece uma base jurídica sólida para conduzir uma verdadeira política de imigração, e uma verdadeira política comunitária para os nacionais de terceiros países.

A partir do momento em que se integra a livre circulação de pessoas ao pilar comunitário, é preciso regular o modo de ação a ser empreendido no âmbito dos Acordos de Schengen. A escolha da

[20] Com este fundamento, foram adotados pelo Conselho o Regulamento 2317/95, de 25 de setembro de 1995, determinando os terceiros países dos quais os nacionais devem estar munidos de um visto quando atravessarem as fronteiras externas dos Estados-membros (JOCE de 3 de outubro de 1995, L 234), e o Regulamento 1683/95, de 29 de maio de 1995, estabelecendo um modelo-tipo de visto uniforme (JOCE de 14 de julho de 1995, L 164).

integração deste acervo ao TUE dava aos Estados Schengen a certeza de prosseguir seus esforços sem ter de recomeçá-los. As modalidades desta incorporação foram fixadas num protocolo que autoriza os treze Estados signatários dos Acordos de Schengen a instaurar uma "cooperação reforçada", mantida dentro do marco jurídico e institucional da União, consoante as disposições do TUE e do TCE. O Conselho, que substituirá o Comitê Executivo Schengen, deverá, por unanimidade, determinar a base jurídica comunitária que corresponde a cada uma das decisões ou disposições que constituem o acervo Schengen.

Trazendo ao âmbito comunitário as questões relativas à entrada, circulação e permanência dos nacionais de terceiros países sobre o território dos Estados-membros, o Tratado de Amsterdã opera uma "revolução".[21] Foi preciso, então, compor com aqueles que não desejavam seguir este movimento. Assim, a Dinamarca conseguiu não participar à adoção de medidas atinentes ao Título IV do TCE, e evitou ser vinculada por tais medidas. O título IV também não será aplicável à Inglaterra e à Irlanda. Todavia, estes três países encontram-se em situações diferentes. Para a Dinamarca, é o processo de comunitarização que não será oponível, ao passo que, para a Inglaterra e a Irlanda, é o próprio princípio da livre circulação de pessoas que não será exigido, seja no quadro intergovernamental como no âmbito comunitário.

No plano institucional, as instituições comunitárias serão competentes nos termos previstos pelos procedimentos comunitários. Incumbe ao Conselho decidir as medidas previstas. Para tanto, ele deverá dispor de instrumentos normativos que faltam atualmente ao terceiro pilar, quais sejam o regulamento e a diretiva. A aplicabilidade direta do primeiro e a jurisprudência comunitária relativa à invocabilidade em justiça da segunda serão uma garantia de eficácia.

Durante os cinco anos que se seguirem à entrada em vigor do novo tratado, o Conselho exercera sozinho este poder de decisão. O Parlamento será apenas consultado. Passado este prazo, o procedimento de co-decisão entre o Conselho e o Parlamento poderá tornar-se aplicável a todos os domínios cobertos pelo Título IV ou a uma parte deles. A participação do Parlamento na tomada de decisões é essencial numa seara em que os direitos dos indivíduos estão em questão e devem ser preservados.

Os poderes da Comissão encontram-se, assim, largamente reforçados, pois ela exercerá, daqui para frente, um poder de proposição

[21] H. Labayle, *op. cit.*, p. 929.

que pode resultar na adoção de medidas coercitivas. Até cinco anos depois da data de vigência do tratado, ela partilhará este poder de iniciativa com os Estados-membros. Expirado este prazo, ela retomará o monopólio da iniciativa.

O controle jurisdicional da Corte de Justiça das Comunidades Européias deverá ser exercido plenamente, exceto por algumas modalidades específicas previstas no artigo 68 e naquilo que atine ao reenvio prejudicial. A incorporação do acervo Schengen no pilar comunitário, assim como a inserção do Título IV, significam que a Corte terá competência para dirimir um grande número de questões, até então apreendidas num quadro intergovernamental. A extensão desta competência deve ser medida tendo em conta o desenvolvimento de sua jurisprudência, que consagra a proteção dos direitos fundamentais, garantidas especialmente pela Convenção Européia de Salvaguarda dos Direitos do Homem e das Liberdades Fundamentais, de 1950 (mencionada pelo TUE). Estima-se que a Corte desempenhe um papel fundamental na aplicação da livre circulação de pessoas e no reconhecimento dos direitos que beneficiam os nacionais de terceiros países. Apesar disso, é preciso ressaltar que as disposições de fundo contidas no Título IV não são suficientemente claras, precisas e incondicionais para que produzam efeitos diretos.

Claro está que a comunitarização das questões relativas aos nacionais de terceiros países reforçará os poderes das instituições comunitárias neste domínio. Tais poderes serão, entretanto, adaptados, ao menos temporariamente, aos procedimentos comunitários de direito comum, a fim de manter uma "larga dose de intergovernamentalismo".[22] Por esta razão, o Conselho decidirá por unanimidade nos cinco anos que sucederem a entrada em vigor do novo tratado. Conseqüentemente, cada Estado-membro poderá bloquear o processo decisório, subsistindo o risco de paralisia que caracteriza o quadro intergovernamental. Do mesmo modo, para tornar-se aplicável, o procedimento de co-decisão deverá ser aprovado pelo Conselho por unanimidade. Logo, a transição não será automática.

Apesar de tudo, esta comunitarização oferece a perspectiva de um tratamento comunitário aos nacionais de terceiros países, eis que todas as regras estabelecidas no quadro dos Acordos de Schengen serão comunitarizadas, deixando então de possuir a natureza internacional que hoje as caracteriza. Tais normas serão harmonizadas no conjunto dos Estados-membros, a fim de tornar-se uniformes, não importando o território no qual os indivíduos poderão entrar, circular e permanecer.

---

[22] H. Labayle, *op. cit.*, p. 930.

Do ponto de vista material,[23] os Estados criaram o princípio da livre circulação de pessoas no seio da União Européia, o que implica a ausência de controle das pessoas quando da transposição de quaisquer fronteiras interiores.[24] Dois limites foram associados a este princípio. O primeiro reside na obrigação, imposta aos nacionais de terceiros países, de fazer uma declaração quando eles atravessam uma fronteira interna. O segundo permite a um Estado restabelecer controles nas fronteiras por motivos de ordem pública e de segurança nacional. Neste caso, os demais Estados devem ser previamente consultados, e os controles, além de temporários, devem ser compatíveis com a situação em tela.

Como contrapartida ao postulado da livre circulação, os Estados adotaram princípios e modalidades comuns de controle de fronteiras exteriores. Eles fixaram também as condições uniformes às quais os nacionais de terceiros países devem atender para entrar neste espaço europeu, não importando em que território eles obtenham sua primeira entrada. Foi igualmente adotado um "visto uniforme"[25] de curta duração (máximo de três meses), válido sobre todo o território dos Estados-membros. Este visto pode ser de trânsito ou de viagem. Atualmente, os vistos de longa duração são ainda nacionais, cabendo a cada Estado regular a sua concessão. Quando da vigência do Tratado de Amsterdã, porém, sua outorga será de competência da Comunidade.

Até o momento, nenhuma norma foi adotada em matéria de permanência. Aos vistos de curta duração, aplicam-se as regras de transposição de fronteiras. Contudo, a permanência tem sua especificidade: é a futura política de imigração em âmbito comunitário que está em jogo, não mais a livre circulação de pessoas e a supressão de controles de fronteira. Somente o Tratado de Amsterdã veio a oferecer o fundamento jurídico para que a Comunidade estipule as regras necessárias, o que explica a ausência de normas na atualidade. Constata-se que todos os Estados-membros promovem políticas relativamente restritivas em matéria de imigração. Logo, se é verdade que

---

23 As regras atualmente em vigor resultam essencialmente dos acordos de Schengen de 1985 e de 1990.

24 Exceto pelas derrogações acordadas ao Reino Unido e à Irlanda. O Protocolo sobre a aplicação do artigo 7 A TCE (antigo artigo 8 A) habilita estes países a exercer os controles que desejarem em suas fronteiras. Os demais Estados-membros estão autorizados a retribuir este tratamento, mantendo seus próprios controles relativamente aos nacionais provenientes destes Estados. A Dinamarca é, na prática, vinculada pelo princípio da livre transposição das fronteiras interiores em virtude da Convenção Schengen, na qual ela continua sendo parte.

25 Além de estabelecer um modelo de visto, o Conselho elaborou uma lista comum de Estados terceiros cujos nacionais devem estar munidos do visto uniforme.

deve haver uma harmonização das regras em matéria de permanência, é bem provável que ela terá por objetivo restringir o direito de residência dos nacionais de terceiros países sobre o território europeu. As Resoluções do Conselho[26] e a proposição da Comissão[27] vão, aliás, neste sentido.

A atitude adotada pelos Estados-membros, dentro e fora das instâncias comunitárias, no que tange à entrada, circulação e permanência dos nacionais de terceiros países sobre o território europeu, é radicalmente diferente de sua atitude no que atine aos direitos atribuídos a estes indivíduos, no âmbito profissional e social, quando eles residem e trabalham no território de um destes Estados.

2. OS NACIONAIS DE TERCEIROS PAÍSES E O COMPONENTE PROFISSIONAL E SOCIAL DA LIVRE CIRCULAÇÃO DE PESSOAS

Os direitos conferidos, no plano profissional e social, aos nacionais de terceiros países advêm essencialmente de duas fontes. A principal delas reside nos acordos de associação e de cooperação concluídos pela Comunidade, seus Estados-Membros e um certo número de terceiros países. A segunda fonte é o direito comunitário derivado, que reconhece indiretamente direitos em seu benefício, desde que eles estejam vinculados a um cidadão da Comunidade e que este exerça um direito que lhe é reconhecido pelo direito comunitário (como a livre circulação de trabalhadores, o livre estabelecimento ou a livre prestação de serviços).

a) *Os direitos diretamente conferidos aos nacionais de terceiros países pelos acordos de associação e de cooperação*

O artigo 238 TCE habilita a Comunidade a "concluir, com um ou com diversos Estados ou organizações internacionais, acordos criando uma associação caracterizada por direitos e obrigações recíprocas, ações conjuntas e procedimentos particulares". Com esse fundamento, os acordos de associação e cooperação foram concluí-

[26] Ver, por exemplo, a Resolução do Conselho de 20 de junho de 1994 referente à limitação das entradas, para fins empregatícios, de nacionais de países terceiros sobre o território dos Estados-membros, a Resolução de 30 de novembro de 1994 sobre a limitação de entrada também para fins de exercício de atividade profissional liberal, e a Resolução da mesma data que se refere à entrada como estudante (JOCE C 274, 19/9/1996).

[27] Proposição de Ato do Conselho estabelecendo a Convenção relativa às regras de admissão dos nacionais de países terceiros nos Estados-membros, apresentada no dia 30 de julho de 1997 (COM 97 387 final), fundada (até o momento) no artigo K 3 TUE.

dos com alguns terceiros países. Trata-se de *acordos mistos* porque tanto a Comunidade como os Estados-Membros deles são parte, agindo conjuntamente no exercício de suas respectivas competências. Eles visam a cobrir o conjunto de relações econômicas entre a Comunidade e cada país terceiro. É no quadro destas relações econômicas que estão inseridas as questões ligadas aos direitos dos trabalhadores nacionais de terceiros países. Os direitos atribuídos a estes nacionais são apenas uma parte do acordo.

Podem-se distinguir, esquematicamente, dois tipos de acordos com esta finalidade. De uma parte, há os acordos concluídos na perspectiva mais ou menos próxima de uma adesão à União européia. De outra parte, existem os acordos que instauram uma cooperação ou associação entre a Comunidade e terceiros países, para contribuir com o desenvolvimento desses países, não raro em razão dos vínculos históricos que os unem a algum Estado-Membro.

Com efeito, certos acordos constituem um instrumento de pré-adesão e são adotados na perspectiva de um alargamento. Pretende-se preparar tanto a Comunidade como o país terceiro para a adesão, aplicando com maior ou menor intensidade os princípios consagrados pela ordem jurídica comunitária. À guisa de exemplo, pode ser citado o *Acordo de Ankara*, de 1963,[28] assinado com a Turquia, que é o mais ambicioso destes instrumentos. Ele prevê expressamente que as partes devem inspirar-se nas disposições comunitárias do TCE, a fim de realizar gradualmente a livre circulação de trabalhadores e a livre prestação de serviços. Trata-se de fazer com que a Turquia participe, ao menos parcialmente, da ordem jurídica comunitária.

Sob a mesma ótica, foram concluídos acordos de associação com os Países da Europa Central e Oriental (PECO).[29] Enquanto o acordo com a Turquia é considerado como um acordo de *primeira geração*, estes acordos são definidos como de *segunda geração*. Eles foram assinados, em 1991, com a Polônia e a Hungria; com a Eslováquia, Tchecoslováquia e Bulgária, em 1993; e finalmente com a Romênia, em 1994. Estes instrumentos contêm disposições idênticas, sob o título "Circulação de trabalhadores, direito de estabelecimento e serviços". Todavia, elas se encontram em evidente atraso relativamente ao Acordo de Ankara, eis que nenhuma referência é feita ao TCE. Na prática, inexiste possibilidade de circulação na Comunidade para os trabalhadores destes países.

---

[28] Completado pelo Protocolo Adicional de 1970, JOCE 217, de 29/12/1964; JOCE L 293, de 29/12/1972.

[29] JOCE de 31/12/1993, L 347 (Hungria), L 348 (Polônia); JOCE de 31/12/94, L 357 (Romênia), L 358 (Bulgária), L 359 (Eslováquia), L 360 (Tchecoslováquia).

Enfim, cabe mencionar o *Acordo de Porto*, criando o Espaço Econômico Europeu, assinado em 2 de maio de 1992 entre a Comunidade e os países da Associação Européia de Livre Comércio. Ele transpõe o conjunto do acervo comunitário aos terceiros países signatários. Os princípios da livre circulação de trabalhadores, de livre estabelecimento e de livre prestação de serviços aplica-se então ao conjunto dos nacionais destes Estados.

Existe uma segunda categoria de acordos que instauram uma simples cooperação ou associação entre a Comunidade e os signatários, com o objetivo precípuo de contribuir ao desenvolvimento dos segundos, sem a pretensão de aderir ao bloco. Primeiramente, há os acordos de cooperação concluídos em 1976 com os países do Maghreb. Dois deles deram lugar aos acordos ditos "euro-mediterrâneos", assinados em 1996, estabelecendo uma associação entre a Comunidade, seus Estados-Membros e separadamente o Marrocos e a Tunísia. Pode-se igualmente citar os acordos ditos de "parceira" com a Ucrânia e a Rússia, firmados em 1994.

De fato, para os nacionais de terceiros países, o cerne desses acordos (assim como das decisões tomadas pelos Conselhos de Associação e de Cooperação que eles criam) é a possibilidade de suas disposições produzirem um efeito direto. Se este não for reconhecido, os direitos consagrados nestas normas não possuem nenhum interesse prático para seus titulares. Diversamente, se tais normas possuem um efeito direto, isto significa que os trabalhadores poderão invocar estas regras nos Estados-Membros onde eles trabalham, se for o caso, diante das jurisdições nacionais.

No acórdão conhecido como *Demirel*, de 30 de setembro de 1987, a Corte de Justiça definiu os critérios de reconhecimento do efeito direto de uma disposição deste tipo de acordo: "considerando os seus termos assim como o objeto e a natureza do acordo", a norma deve comportar "uma obrigação clara, precisa, que não está subordinada, em sua execução e nos seus efeitos, à intervenção de algum ato posterior". Ao longo dos procedimentos de reenvio prejudicial provocados pelas jurisdições nacionais dos Estados-Membros, a Corte tanto negou como reconheceu o efeito direto a diferentes disposições destes acordos, optando, por vezes, audaciosamente, pelo efeito direto da norma, ainda que por vezes ele não pudesse ser claramente aduzido do texto em questão.[30]

[30] Ver acórdãos *Kziber*, de 31 de janeiro de 1991; *Yousfi*, de 20 de abril de 1994; e *Krid*, de 5 de abril de 1995. As disposições dos acordos, cujo efeito direto foi discutido nestas decisões, proibiam a discriminação entre cidadãos comunitários e trabalhadores (assim como seus familiares que com estes residem), nacionais do Marrocos e da Argélia, relativamente aos seus direitos previdenciários.

Alguns autores[31] consideraram que a interpretação extensiva, pela Corte de Luxemburgo, de certas disposições dos acordos de cooperação com os países do Maghreb, produziu um efeito negativo sobre a negociação dos acordos europeus com os PECO,[32] de sorte que a redação de certos artigos dificulta o futuro reconhecimento do efeito direto e, via de conseqüência, sua invocabilidade direta pelos nacionais de terceiros países.

Diante das disposições que estão em discussão, pode-se compreender que o reconhecimento de efeito direto traz conseqüências econômicas e financeiras consideráveis para os Estados. O primeiro direito globalmente reconhecido aos nacionais dos terceiros países signatários destas convenções reside no princípio da não-discriminação em razão de sua nacionalidade. Isto significa que, nos domínios abrangidos por esse princípio, os nacionais de terceiros países devem ser tratados como os nacionais do Estado-Membro no qual eles trabalham, sem que a nacionalidade possa ser uma causa de discriminação: aplica-se-lhes o mesmo tratamento que seria destinado a um nacional. Trata-se aqui de uma transposição do princípio aplicável aos cidadãos comunitários, quando eles exercem sua liberdade de circulação de um Estado-membro a outro, como trabalhadores assalariados (livre circulação de trabalhadores), trabalhadores independentes (liberdade de estabelecimento), prestadores de serviços (livre prestação de serviços) ou a outro título (aposentados, estudantes, etc.). Esta transposição é apenas parcial, pois, contrariamente aos cidadãos comunitários que se beneficiam do tratamento nacional para todos os aspectos de sua vida social e profissional, os nacionais de terceiros países aproveitam-na somente em certos aspectos.

O princípio da não-discriminação pode ser aplicado às condições de trabalho e de remuneração. Neste aspecto, os trabalhadores tunisianos, marroquinos e argelinos,[33] e também os trabalhadores turcos,[34] que trabalham no território de um Estado-Membro, devem

---

[31] Ver D. Martin, Observations sur l'arrêt Kziber, *Cahiers de droit européen*, 1991, nº 5-6, p. 548; M. Maresceau, "Les accords européens: analyse générale", *Revue du Marché Commun*, nº 369, juin 1993, p. 513.

[32] Contrariamente ao que se passou com os países do Mahgreb e apesar de seu objetivo de uma futura adesão, os acordos com os PECO não contêm cláusula de não-discriminação em matéria de previdência social. Quanto à cláusula de não-discriminação relativa às condições de trabalho e remuneração, ela é aplicável "sob reserva de condições e modalidades aplicáveis em cada Estado-membro", o que pode dificultar a produção de um efeito direto.

[33] Art. 39, alínea 1ª, do acordo com a Tunísia; art. 40, alinea 1ª, do acordo com o Marrocos; art.38, alínea 1ª, do acordo com a Argélia. Os novos acordos euro-mediterrâneos, com a Tunísia e o Marrocos, retomam estas disposições no artigo 64.

[34] Art. 37 do protocolo adicional de 1970 com a Turquia, retomado no artigo 10, § 1º, da Decisão 1/80 do Conselho de Associação CE-Turquia, instituído pelo Acordo de Ankara para pôr em prática as disposições do acordo.

estar submetidos às mesmas condições de trabalho e remuneração que os nacionais deste Estado. Os acordos com os PECO contêm regra idêntica para os trabalhadores húngaros, poloneses, búlgaros, romenos, tchecos e eslovacos, porém com uma reserva.[35] O princípio da não-discriminação pode aplicar-se igualmente em matéria de previdência social. Contudo, se esta regra existe nos acordos com os países do Mahgreb,[36] nem os acordos europeus nem as disposições convencionais relativas aos trabalhadores turcos[37] possuem dita cláusula.

O acesso ao emprego, entretanto, não é abrangido pelo princípio de não-discriminação. Os cidadãos comunitários continuam tendo prioridade no acesso ao emprego dentro dos Estados-Membros. Apenas as disposições convencionais relativas aos turcos[38] reconhecem um direito de acesso ao emprego, mas em condições discriminatórias relativamente aos nacionais. Este direito foi enriquecido pela jurisprudência comunitária com o reconhecimento de um correlato direito de permanência. Conforme sua interpretação teleológica, a Corte considerou que, embora o texto do acordo se limite ao plano do emprego sem referir o direito de permanência, os dois aspectos estão "intimamente ligados". Reconhecendo, sob certas condições, o acesso a uma atividade assalariada, as disposições em questão "implicam necessariamente, sob pena de privar de todo efeito o direito que elas atribuem ao trabalhador turco, a existência, ao menos neste momento, de um direito de permanência para o interessado".[39] Como destacou D. Martin,[40] enquanto o direito de permanência somente pode fundar-se no direito nacional do Estado-Membro de acolhida, que é o único ente competente para autorizar

---

[35] Art. 37, § 1º, dos acordos com a Hungria e com a Polônia; art. 38, § 1º, dos acordos com a Bulgária, Romênia, República Tcheca e Eslováquia. Disposição idêntica, contendo a mesma reserva, encontra-se igualmente no acordo com a Rússia (art. 23). Quanto à disposição similar contida no acordo com a Ucrânia (art. 19), ela é claramente desprovida de efeito direto.

[36] Art. 41, § 1º, do acordo com o Marrocos; art. 39, § 1º, do acordo com a Argélia e art. 40, § 1º, do acordo com a Tunísia. Esta regra é retomada no artigo 65 dos acordos euro-mediterrâneos. O princípio da não-discriminação no domínio da previdência social aplica-se igualmente aos membros da família que residem com o trabalhador. A Corte interpreta as disposições neste sentido de forma muito favorável, como no caso dos já citados acórdãos *Kziber*, *Yousfi* e *Krid*.

[37] Ver CJCE, 10 de setembro de 1996, *Taflan-Met*, C-277/94, Rec. p. I-4085.

[38] O Acordo de Ankara deve ser analisado de acordo com o contexto no qual foi assinado, época em que a Comunidade tinha grande necessidade de mão-de-obra. Sobre o acesso ao emprego, ver arts. 7 e 12 deste Acordo e art. 36 do Protocolo adicional de 1970, interpretados no acórdão *Demirel*, já citado. Ver especialmente a jurisprudência CJCE 20/9/1990, *Sevince*, C-192/89; CJCE 16/12/1992, *Kus*, C-237/91; CJCE 23/1/1997, *Tetik*, C-171/95; CJCE 17/4/1997, *Kadiman*, C-351/95; CJCE 29/5/1997, *Eker*, C-386/95, entre outros acórdãos.

[39] Esta jurisprudência reconhece o direito de permanência dos membros da família que se reuniram ao trabalhador turco, mesmo que ele não esteja trabalhando.

[40] *In La libre circulation des personnes dans l'EU*, Bruxelas, Bruylant, 1995, p. 350.

a permanência de nacionais de terceiros países, a Corte de Luxemburgo cria um fundamento jurídico de natureza comunitária. Neste sentido, os nacionais turcos estão numa situação privilegiada diante dos nacionais de outros terceiros países.[41]

Os acordos de cooperação com os países do Mahgreb não contêm nenhuma disposição sobre o acesso ao emprego, o que pode ser compreendido diante da ausência do objetivo de adesão. No entanto, mesmo os acordos europeus que são considerados como um instrumento de pré-adesão são muito tímidos neste aspecto. As possibilidades de acesso ao emprego dos trabalhadores dos PECO ainda não estão na ordem do dia. Isto se explica pelo fato de que a Europa assinou estes acordos já numa época de crise no mercado de trabalho. Além disso, ainda que estes países venham a aderir à Comunidade, a livre circulação de trabalhadores provavelmente merecerá um longo período de transição, de forma a preservar o atual mercado de trabalho dos atuais Estados-Membros.

O panorama aqui traçado dos acordos de associação e de cooperação demonstra que apenas os nacionais dos terceiros países que são partes nestes acordos são beneficiários dos direitos mencionados pelos textos, cujo reconhecimento varia conforme o acordo em discussão. Não existe na ordem comunitária um regime jurídico único, aplicável aos nacionais de terceiros países,[42] mesmo diante da padronização de cláusulas relativas aos trabalhadores que se verifica nos acordos com os PECO e com os países do Maghreb. Este tipo de acordo foi concluído com um número muito restrito de países e pretende resolver os problemas objetivos de grande parte dos nacionais de terceiros países que já estão presentes na Europa. Contudo, a conclusão destes acordos teve por conseqüência a diferenciação do estatuto do nacional de terceiros países na Comunidade, seja pela existência ou não de um acordo, seja pela natureza das disposições convencionais ou ainda pela natureza dos objetivos por elas perseguido.[43]

Além dos direitos reconhecidos pelos acordos de associação e de cooperação, os nacionais de terceiros países, independentemente do país do qual procedem, podem beneficiar-se indiretamente de direitos, desde que circulem com cidadãos da Comunidade.

---

[41] O artigo 24 dos acordos euro-mediterrâneos de 1996, com o Marrocos e a Tunísia, deixam claro que ao direito de permanência do trabalhador não se aplica o direito comunitário.

[42] Ver J.F. Akandji-Kombé, "Les droits des étrangers et leur sauvegarde dans l'ordre communautaire", *Cahiers de droit européen*, 1995, nº 3-4, pp. 372-373.

[43] Ver S. Van Raepenbusch, "La jurisprudence de la CJCE vis-à-vis des ressortissants des pays tiers", in *The implementation of Schengen:First the Widening, Now the Deepening*, Maastricht, Monica den Boer, 1997, p. 60.

b) *Os direitos indiretamente conferidos aos nacionais de terceiros países pelo direito comunitário derivado*

Esta modalidade compreende essencialmente duas situações: os nacionais de terceiros países podem beneficiar-se de certos direitos na condição de membros da família de um cidadão da Comunidade que exerce seu direito de livre circulação, ou podem estar vinculados a um prestador de serviços com cidadania comunitária.

Para facilitar a livre circulação de cidadãos da Comunidade, o direito derivado previu que certos membros de sua família tivessem direito ao agrupamento familiar (cônjuge, descendentes de menos de 21 anos ou economicamente dependentes, ascendentes do trabalhador ou do seu cônjuge que são economicamente dependentes). Estas disposições são aplicáveis aos nacionais de qualquer país. Além do direito de deslocar-se e de permanecer no Estado-Membro onde o trabalhador comunitário exerce seu direito de livre circulação, os familiares supramencionados têm o direito de trabalhar no Estado de acolhida. Trata-se de facilitar a circulação e a inserção dos membros da família no Estado de acolhida, para que não haja obstáculo à livre circulação, mas também à integração do trabalhador comunitário.

O corolário deste direito ao agrupamento familiar é a aplicação do tratamento nacional aos membros da família, qualquer que seja sua nacionalidade. No âmbito profissional e social, eles são assimilados aos nacionais do Estado-Membro no qual reuniram-se ao trabalhador comunitário, merecendo tratamento idêntico. Ainda é preciso que este cidadão tenha exercido o seu direito de livre circulação, isto é, que se tenha deslocado de um Estado-Membro a outro. Estes direitos não são reconhecidos quando o cidadão comunitário não se desloca no interior da Comunidade. Note-se que, no quadro do agrupamento familiar, os membros da família, inclusive os nacionais de terceiros países, têm reconhecidos direitos próprios, mas não autônomos. Eles derivam do exercício do direito à livre circulação por um cidadão comunitário, portanto são direitos derivados. Os nacionais de terceiros países que são membros da família de um cidadão comunitário beneficiam-se destes direitos do mesmo modo que os demais membros que possuem a cidadania comunitária.

A jurisprudência relativa aos prestadores de serviço comunitários, que se deslocam no território da Comunidade, está inserida nesta mesma ótica. O célebre acórdão *Vander Elst*, de 9 de agosto de 1994, permite que os nacionais de terceiros países, que trabalham num Estado-Membro como empregados de um prestador de serviços comunitário, desloquem-se com ele no território de outros Estados-

Membros para executar a prestação de serviços, sem que certas formalidades impostas pela legislação do Estado de acolhida possam ser exigidas, como, por exemplo, uma autorização para trabalhar. No entanto, como explica o Advogado-Geral do Tesouro,[44] não se trata de conferir a estes trabalhadores direitos próprios, mas sim de salvaguardar os direitos das empresas comunitárias das quais dependem estes trabalhadores. Neste caso, os nacionais de terceiros países podem trabalhar noutro Estado-Membro apenas porque fazem parte do quadro de pessoal de um prestador de serviços comunitário que se beneficia da livre prestação de serviços. Em nenhuma hipótese os trabalhadores beneficiam-se da livre circulação de trabalhadores. Na prática, o acórdão *Vander Elst* teve ampla repercussão e foi largamente utilizado nos casos análogos que se seguiram.

À guisa de conclusão, qualquer que seja a intensidade dos direitos reconhecidos aos nacionais de terceiros países, nas alçadas profissional e social, este reconhecimento repousa sobre a idéia de um *tratamento nacional*, a exemplo do tratamento nacional dos cidadãos comunitários. Este tratamento nacional não é pleno nem inteiro porque ele refere-se apenas a alguns aspectos sociais e profissionais. No entanto, este tratamento significa que os nacionais de terceiros países devem ser tratados como os nacionais do Estado-Membro onde eles residem e trabalham (ressalte-se que os nacionais dos Estados-Membros são submetidos a regras diferentes conforme o Estado do qual eles detêm a nacionalidade), em oposição a um tratamento comunitário que permitiria a aplicação de regras comuns a todos os Estados-Membros, de maneira uniforme, independentemente do país de acolhida, como é o caso no que se refere a entrada, circulação e permanência.

Assim, além de uma diferença entre os instrumentos jurídicos escolhidos para regular, de uma parte, a entrada, a circulação e a permanência e, de outra parte, os direitos profissionais e sociais, há também uma diversidade de tratamentos: no primeiro caso, trata-se de um enfoque comunitário, enquanto no segundo caso, trata-se de um tratamento nacional, aliás limitado. Infelizmente, o Tratado de Amsterdã em nada modifica esta dicotomia.

---

44 *Nota da tradutora.* A Corte de Luxemburgo possui, além de juízes, Advogados-Gerais nomeados de comum acordo pelos Estados-Membros, com mandato renovável de 6 anos, que devem auxiliar a Corte a realizar sua missão, sobretudo através da apresentação, em cada processo, de conclusões motivadas que não vinculam o juiz, mas influenciam de forma significativa a sua decisão – ver arts. 166 e 167 do Tratado de Roma. Tesauro não mais pertence à Corte, exercendo atualmente a Presidência do Conselho da Concorrência italiano.

5. Liberalismo econômico e processo de integração na América Latina

ADRIANO JOSÉ PEREIRA
Professor do Curso de Economia e Mestre em Integração Latino-Americana da Universidade Federal de Santa Maria.

SUMÁRIO: 1. Introdução; 2. Princípios liberais: um breve histórico; 2.1. A escola clássica; 2.2. A economia da utilidade marginal; 2.3. O liberalismo de Milton Friedman; 2.3.1. Liberdade econômica e liberdade política; 2.4. O neoliberalismo na América Latina; 3. O capitalismo e suas crises; 3.1. Globalização e crise do sistema capitalista; 4. O processo de integração econômica; 5. Considerações finais; 6. Bibliografia.

1. INTRODUÇÃO

A América Latina está mergulhada há mais de uma década em problemas que são uma conseqüência da desestruturação socioeconômica da região. As dificuldades que vêm se apresentando cada vez mais intensamente conduzem os dirigentes dos países da região a buscarem alternativas imediatistas, para a resolução dos nossos problemas, como se a região tivesse condições de reagir, no curto prazo, aos efeitos de uma crise que ainda não foi superada nem sequer por todos os países desenvolvidos.

Neste contexto, a integração econômica passou a fazer parte de uma nova realidade do capitalismo mundial. Os objetivos perseguidos continuam sendo aqueles ligados ao fortalecimento dos mercados, porém, com novas alternativas. Apesar da intensificação da transnacionalização (globalização), nas últimas décadas, a integração econômica surge como uma forma não de oposição a esta realidade, mas de aperfeiçoamento da sua condição.

A pertinência do tema deste artigo decorre, dentre outros, do fato de que o processo de integração se apresenta como mais uma das possibilidades de amenizar as seqüelas das crises cíclicas do sistema capitalista, num contexto em que as políticas públicas são fortemente influenciadas por idéias liberais.

Ao tratar de duas tendências atuais (liberalismo e integração), este artigo propõe-se a incitar uma reflexão em torno de temas atuais e correlatos, que vêm sendo, equivocadamente, tratados como se não tivessem estreita relação.

As idéias liberais compreendem um universo de pensadores que vão muito além daqueles tratados neste artigo, entretanto, aqueles aqui relacionados compreendem a essência da expressão do liberalismo de seu tempo, como principais expoentes dentro de suas respectivas "escolas".

A necessidade de uma abordagem histórica decorre do fato de que se trata de um tema sobre processos históricos, que têm suas raízes vinculadas à evolução do capitalismo e à importância econômica dos Estados Nacionais.

Fez-se um apanhado das principais idéias liberais e suas influências na América Latina, passando por indagações sobre as crises do sistema capitalista, com a última seção tratando do processo de integração econômica, num contexto de crise capitalista e forte influência do pensamento liberal.[1]

2. PRINCÍPIOS LIBERAIS: UM BREVE HISTÓRICO

2.1. A escola clássica

A doutrina liberal vem sendo pregada desde os primórdios do capitalismo, passando a ser defendida de forma sistemática a partir da concepção que os economistas da Escola Clássica e outros cientistas sociais tinham das relações que se davam no mercado (séculos 17 e 18).

O principal pregador das idéias liberais no âmbito econômico foi Adam Smith (1723-1790). As idéias defendidas por Smith estão fundamentadas na percepção que este tinha da realidade em que vivia: Inglaterra do século 18; a busca do lucro suplantava qualquer outro objetivo, e junto com esta busca se dava a crescente procura

[1] Este artigo refere-se ao liberalismo econômico, não abordando, especificamente, outras formas de liberalismo, apesar de que, de modo geral, todas as formas de liberalismo interagem no funcionamento da economia, exercendo influência sobre as atitudes dos agentes econômicos, estando, portanto, intimamente relacionadas.

no exterior por produtos ingleses, fato que consistiu no movimento principal das muitas inovações tecnológicas da época, bem como influenciou Smith quando da formulação da sua teoria sobre a divisão do trabalho, a qual passou a ser cada vez mais difundida e aplicada, durante e após o período de revolução industrial.

Em 1776, Adam Smith publica sua principal obra (*A riqueza das nações*), na qual defendia a não-intervenção do governo na economia, alegando ser a única forma possível de a sociedade melhorar sua condição de vida e melhor distribuir os benefícios por ela criados. A intervenção do governo deveria limitar-se a setores ligados à educação, saúde, segurança e outros benefícios à população (praças, etc.), que não implicassem intervenção governamental nas esferas de produção nem de circulação de mercadorias.

As questões econômicas deveriam ser resolvidas pelos agentes econômicos, no mercado. Smith sustentava esta tese argumentando que: embora os indivíduos agissem de forma egoísta, em proveito próprio ou da classe a que pertencessem, não haveria conflitos, apesar de estes aparentemente ocorrerem. Haveria nas "leis da natureza" ou na "divina providência" o que Smith chamava de "mão invisível", a qual consistia basicamente no fato de que, no momento em que as pessoas buscassem seu próprio benefício, elas estariam beneficiando também as demais, mesmo sem se conhecerem. Pode-se ter como exemplo a compreensão de que o capitalista investia com o objetivo de obter lucro e, conseqüentemente, estaria empregando e pagando salários aos trabalhadores; isto levaria a um ciclo, em que o pagamento de salários e a geração de mais lucros levariam não só a um aumento do consumo como a um aumento dos lucros e dos investimentos e, conseqüentemente, a uma melhoria das condições de vida de toda a população, num contexto de pleno emprego.

Devem ser ressaltados dois aspectos importantes desta síntese de parte do trabalho de Smith: a) na época em que escreveu não se poderia pensar, de uma maneira objetiva, em uma crise econômica em plena expansão do capitalismo e b) ele atribui ao mercado também o preço do trabalho (salário), não explicando a forma como era gerado o lucro, nem sequer a acumulação capitalista.

De acordo com a teoria clássica, os empresários obtinham lucro porque combinavam os fatores produtivos de maneira mais econômica, onde procurando o lucro para si mesmos estariam aumentando a eficiência do sistema produtivo.

Para Myrdal (1986, p.96), a obra de Adam Smith está impregnada por um conflito entre dois tipos de liberalismo: "[...]um defende a não-interferência sob as condições presentes, outro proclama a liberdade para o estado natural somente, mas com interferência na situação existente a fim de restaurar a lei natural".

Smith considerava a liberdade um benefício da natureza, e Myrdal considera que aquele foi um "benevolente humanitarista", defensor dos pobres e oprimidos, cujo liberalismo defendido admitia que o homem era bom "no fundo do seu coração".

Dados tais pressupostos, de acordo com Myrdal (1986, p.97), do conflito da obra de Smith, derivam dois tipos de liberalismo: a economia política clássica desenvolveu o tipo conservador, e os socialistas, o tipo revolucionário, sendo que é impossível aos dois permanecerem no mesmo espaço ao mesmo tempo.

A grande dificuldade de aplicação não estaria no liberalismo conservador, mas no revolucionário. Para os conservadores bastaria assumir o pressuposto de que todos são iguais perante a lei e de que a competição, através do mercado, garantiria não só a distribuição da riqueza, bem como o próprio homem "benevolente" ajudaria a garantir a harmonia necessária para que houvesse o bom funcionamento deste mercado. No caso do liberalismo revolucionário, surgiriam basicamente dois problemas fundamentais: a questão da propriedade e de como avaliar até que ponto é necessária a intervenção governamental.

Todavia, as idéias de Smith eram questionadas até mesmo por seus "colegas" da Escola Clássica. O melhor exemplo é David Ricardo (1772-1823), considerado o mais legítimo sucessor de Smith.

Com relação às políticas de produção, Ricardo concordava com seu antecessor, no entanto, não defendia o *laissez-faire* como forma de distribuir a riqueza. Em suma, Ricardo passou a ser visto como "fatalista", por não acreditar na benevolência do homem, e sim numa sociedade onde haveria pessoas com melhores e outras com piores condições de vida. Deve-se ressaltar que Ricardo não aborda questões sobre luta de classes, assumindo as diferenças socioeconômicas como algo natural.[2]

Outro aspecto fundamental da obra "ricardiana" é que nesta fica identificada a forma como eram remunerados os fatores de produção. Para este autor, o proprietário de terras recebia o aluguel, o trabalhador, o salário e o capitalista, o lucro. A grande falha de Ricardo estaria justamente em não explicar como houve a acumulação de capital e, por conseqüência, quem se apropriava do trabalho excedente, confirmando o fato de que os expoentes da Escola Clássica careciam de uma maior explicação sobre como se dava o processo

[2] Questões sobre conflito de classes foram introduzidas por Karl Marx.

produtivo, porque direcionavam suas afirmações para a esfera da circulação, posição típica de quem assume o mercado como fundamental no sistema capitalista, esquecendo-se, desconhecendo ou não acreditando, que a dinâmica capitalista está estabelecida num conjunto de fatores: produção, circulação e realização.

2. 2. A economia da utilidade marginal

Em fins do século 19, os fundamentos da Escola Clássica passaram a não ser mais totalmente compatíveis com os interesses das classes dominantes, havendo a necessidade da busca de uma nova interpretação de uma realidade capitalista em constante evolução. As idéias de harmonia e outras explicações mais filosóficas tinham perdido parcialmente a validade.

A Escola Marginalista era de cunho eminentemente matemático, devido a influências da época, na qual era creditado cientificidade somente aos resultados onde houvesse a utilização de métodos matemáticos.[3]

Os Marginalistas procuravam fundamentar suas afirmações com base na "lei da utilidade decrescente" ou "lei da saciedade das necessidades":

O indivíduo maximizará sua utilidade total quando aplicar seu orçamento disponível na aquisição da unidade daquele bem que lhe proporcione a maior utilidade [marginal] e prosseguir comprando sucessivamente as unidades de mercadoria que lhe dê a utilidade [marginal] maior seguinte (dado que ela é decrescente) até esgotar todo o seu orçamento. (Viotti, 1986, p. 37)

Não menos importante é a interpretação dos Marginalistas que consideravam salários como custos. Para estes, seria necessário o emprego de mais trabalhadores e, conseqüentemente, o pagamento de mais salários, desde que a produção de cada trabalhador adicional fosse traduzida em um ganho adicional por parte do capital. Em síntese, a idéia era de que os salários seriam determinados pela contribuição do trabalho ao produto final na margem do processo de produção, e que imperariam condições de livre concorrência, onde as empresas seriam maximizadoras de lucro ou minimizadoras de custo. Com isto, o preço do trabalho (salário) do último trabalhador a ser empregado seria igual a sua produtividade.

---

[3] Influência das idéias positivistas de Auguste Comte.

Alfred Marshall (1842-1924) não aceitava a idéia de que o salário era determinado pela produtividade marginal. Para ele, a produtividade marginal determinava apenas a demanda por trabalho, sendo que o salário seria determinado pela interação entre demanda e oferta. Apesar da divergência, fica claro nas duas concepções que o trabalho é tido como uma mercadoria e que o mercado deve determinar seu preço, como o faria com todas as outras mercadorias.

Apesar de abandonarem parcialmente as idéias da Escola Clássica, os Marginalistas não conseguiram se desfazer de abstrações que, apesar de tentarem explicar a realidade, estavam longe de fazê-lo. Suas idéias estavam ligadas ao desenvolvimento no curto prazo e, pior ainda, à concorrência perfeita.[4]

Neste contexto, a teoria do consumidor demonstraria que o indivíduo, tendo a liberdade para agir de acordo com a racionalidade que se supõe inerente a ele, atingiria a situação de equilíbrio onde ele conseguiria o máximo de utilidade possível dentro de sua dotação orçamentária inicial.

Ficam evidentes dois aspectos fundamentais da Escola Clássica, defendidos matematicamente pelos Marginalistas: liberdade e harmonia. A idéia de livre circulação dos fatores aliada à concorrência perfeita. Estas concepções, apoiadas no *laissez-faire*, é que levaram os Marginalistas a serem chamados de Neoclássicos.

É necessário perceber-se a diferença do significado da proposta liberal nos Clássicos e nos Neoclássicos. Para os Clássicos, o liberalismo representava uma forma de garantir um crescimento econômico rápido, através da acumulação de capital e do aumento da produtividade proporcionado pela divisão do trabalho e, principalmente, pela ampliação dos mercados. Por outro lado, os Neoclássicos viviam num período em que a industrialização já estava bastante difundida, e por isso davam menos importância ao que foi o objeto por excelência dos Clássicos: o crescimento econômico.

Outra diferença fundamental é que os Clássicos apostavam no liberalismo como meio para modificar a estrutura da sociedade, enquanto os Neoclássicos viam no liberalismo uma maneira de tornar a economia mais eficiente dentro de condições estruturais já estabelecidas. Concebe-se, portanto, que o modelo Neoclássico tinha como uma de suas características a tentativa de preservação do "Estado Burguês", contra as pressões por mudanças na estrutura social.

---

[4] Quatro importantes condições definem a concorrência perfeita: grande número de pequenas empresas; produto homogêneo; livre mobilidade de recursos e perfeito conhecimento do mercado por parte dos agentes econômicos.

Com relação ao mercado, enquanto os Clássicos consideravam a distribuição estabelecida pela oferta e demanda como natural, os Neoclássicos a consideravam também justa. Os Clássicos consideravam o trabalho como único fator de produção, ao passo que os Neoclássicos passaram a considerar capital, trabalho e terra como fatores de produção, numa tentativa de justificar as relações sociais de produção e, por extensão, o sistema.

Deve-se ressaltar que os Neoclássicos, em seu argumento de naturalidade e justiça, não questionavam a propriedade e nem como se dava o uso desta, a exemplo do ocorrido com um de seus antecessores (Smith), que acreditava numa propriedade legítima apenas se fosse um patrimônio mantido no interesse da sociedade. O difícil é saber o que Smith entendia por "mantido no interesse da sociedade", dado que acreditava na "mão invisível", nas leis da natureza e na benevolência do homem.

Para os Neoclássicos, defensores da estrutura social em que viviam, a explicação por não questionarem a propriedade estava no fato de que o trabalhador era concebido como proprietário do seu trabalho, colocando-se, com isto, três categorias de proprietários e um ente superior que, com naturalidade e justiça, determinava como a riqueza se distribuía.

Na tentativa de avançar outro ponto, em relação aos Clássicos, os Neoclássicos tentaram criar uma teoria da produção, mas seu enfoque continuou sendo sobre a esfera da circulação, dado que sua preocupação fundamental continuava sendo a determinação dos preços e quantidades de equilíbrio, demonstrando que as suas concepções estavam tão ou mais ligadas ao mercado do que as dos Clássicos.

Para os Neoclássicos, o bom funcionamento do mercado era a única forma de preservar a liberdade individual, enquanto para seus antecessores, pelo contrário, as liberdades de produzir, vender e comprar é que seriam requisitos para o pleno funcionamento do mercado.

Uma lei fundamental permeou tanto a concepção de uma como de outra "Escola" de pensamento: a "Lei de Say",[5] conhecida também como Lei dos mercados -"toda oferta gera sua própria demanda"-, que perdurou até a crise econômica mundial de 1929, quando passou a ser abandonada, até mesmo por seus seguidores.

David Ricardo foi o maior defensor da "Lei de Say", a qual passou a ser compreendida como um princípio fundamental da Eco-

[5] Jean Baptiste Say- economista francês (1767-1832).

nomia Política Clássica. O mais interessante é que esta lei não só foi prejudicial ao desenvolvimento da ciência econômica, como era conflitante com o mundo real que ela pretendia explicar.

Por que então a "Lei de Say" predominou por mais de um século? Miglioli (1991, p. 11) aponta duas razões, que teriam sido apresentadas por Michal Kalecki (1899-1970). A primeira, e mais importante, é o fato de a "Lei de Say" ter representado o interesse da classe dominante; em segundo lugar, dado o avanço capitalista do período, esta Lei poderia ser confirmada, mesmo que de forma aparente, pelas experiências dos indivíduos no trato de suas economias individuais.

Além das razões apresentadas por Kalecki, Miglioli afirma ter havido uma terceira: o comodismo intelectual, levando à falta de crítica dos princípios estabelecidos.

2.3. O liberalismo de Milton Friedman

Após um período (1930-1945, aproximadamente), em que a grande crise do sistema capitalista tirou de cena alguns princípios liberais, que pouca influência exerceram na tentativa de solucionar esta crise, algumas idéias liberais voltam a ser defendidas, com bem menos penetração mas com pressupostos bastante conhecidos.

Um dos defensores do que passou a ser conhecido como neoliberalismo é o economista norte-americano Milton Friedman,[6] que é o principal teórico da Escola Monetarista (Chicago), para a qual a moeda é o fator principal para garantir o controle do processo de desenvolvimento econômico. Além de monetarista, Friedman assume alguns princípios da Escola Clássica, porém, procurando adequá-los à realidade contemporânea. Coloca o mercado acima do indivíduo, e este acima de sua pátria, numa estrutura que deixa clara a importância fundamental do primeiro e, principalmente, da liberdade. "Para o homem livre, a pátria é o conjunto de indivíduos que a compõem, e não algo acima e além deles."

Considera o governo como um meio de que os indivíduos se utilizam para garantir a liberdade; entretanto, este governo constitui uma ameaça à liberdade, devendo ter seus poderes limitados a um mínimo possível, para não interferir na "natureza" das pessoas, que querem ser livres, acima de tudo.

---

[6] VERGARA (1995) classifica Friedman como ultraliberal.

Haveria basicamente dois princípios pelos quais o governo deveria orientar sua atuação: proteger a liberdade dos indivíduos, preservando a lei e a ordem, e aplicar o poder, quando necessário, de forma descentralizada, o que seria fundamental para preservar a liberdade.

Friedman afirma que o governo jamais poderia possibilitar a variedade e a diversidade da ação humana, algo que seria atingido através do livre mercado. No entanto, admite que é possível o governo melhorar o nível de vida dos indivíduos, mas isto levaria à estagnação e à mediocridade uniforme.

O governo não poderá jamais imitar a variedade e a diversidade da ação humana. A qualquer momento, por meio da imposição de padrões uniformes de habitação, nutrição ou vestuário, o governo poderá sem dúvida melhorar o nível de vida de muitos indivíduos; por meio da imposição de padrões uniformes de organização escolar, construção de estradas ou assistência sanitária, o governo central poderá sem dúvida alguma melhorar o nível de desempenho em inúmeras áreas locais, e, talvez, na maior parte das comunidades. (Friedman, 1985, p.13)

Ao admitir que alguns assuntos não podem ser deixados por conta das leis do mercado, Friedman aponta para a necessidade de intervenção do governo, para que haja uma regulação adequada, com a maior justiça possível.

a) *o governo como legislador e árbitro*

Parte do princípio de que a sociedade deve aceitar regras e árbitro, desde que estas regras sejam feitas pelas partes envolvidas, e o árbitro seja uma escolha comum. Disto depreende-se que o papel básico do governo, em uma sociedade livre, seria prover, da melhor maneira possível, os meios para modificar as regras e garantir o seu cumprimento. "A necessidade do governo nesta área surge porque a liberdade absoluta é impossível." (Friedman, 1985, p. 32)

b) *monopólio técnico e efeitos laterais*

"O papel do governo, até aqui considerado, é o de fazer alguma coisa que o mercado não é capaz de fazer por si só, isto é, determinar, arbitrar e pôr em vigor as regras do jogo." (Friedman, 1985, p. 33)

Quando ocorre o chamado monopólio técnico, definido por ser "tecnicamente eficiente" e haver um só produtor ou uma só empresa, haveria três formas alternativas à disposição, dentre as quais deve-se escolher apenas uma, de preferência a mais eficiente, entre: monopólio privado, monopólio público e regulação pública. Dado que o monopólio é um mal, deve-se escolher o menor dos males.

Para Friedman, com a dinâmica do mercado não condizem o monopólio público nem a regulação pública, por serem mais difíceis de se eliminar, ao passo que o monopólio privado estaria sempre sujeito à "concorrência". Deve-se recordar que mesmo para o caso de monopólio as regras devem ser estabelecidas e acatadas, ou dificilmente acabaria o monopólio.

Sobre efeitos laterais, pode-se dizer que estes aconteceriam quando a ação de alguns indivíduos tivesse efeito sobre outros - como a poluição, por exemplo. O governo deveria agir para garantir que não houvesse prejuízo a nenhuma das partes. No entanto, deve-se ter cuidado com os efeitos laterais provocados pela intervenção do governo, no sentido de não ameaçar a liberdade dos indivíduos.

C) *paternalismo*

O governo deveria atuar para garantir a justiça para crianças e insanos. No entanto, isto incomoda Friedman (1985, p. 38): "A justificação paternalista para a atividade governamental é a mais incômoda para um liberal; ela envolve a aceitação de um princípio - o de que alguns podem decidir por outros."

Em síntese, Friedman admite que é necessário um governo que mantenha a lei e a ordem; defina os direitos de propriedade; sirva de instrumento para a modificação das regras estabelecidas; julgue disputas com base nas regras; evite o monopólio técnico e os efeitos laterais e garanta a proteção ao irresponsável, seja este insano ou criança.

2.3.1. Liberdade econômica e liberdade política

Há uma relação íntima entre economia e política. Para Friedman, somente determinadas combinações de organizações econômicas e políticas são possíveis. Não se pode conceber qualquer estrutura econômica com qualquer regime político. Para ele, o socialismo não pode ser democrático, no sentido de garantir a liberdade individual.

A liberdade econômica é uma parte fundamental da liberdade total e, juntamente com a liberdade política, pode garantir uma melhor adequação da distribuição do poder.

Vista como um meio para a obtenção da liberdade política, a organização econômica é importante devido ao seu efeito na concentração ou divisão do poder. O tipo de organização econômica que promove diretamente a liberdade econômica, isto é, o capitalismo competitivo, também promove a liberdade política porque separa o poder econômico do poder político e, desse modo, permite que um controle o outro. (Friedman, 1985, p. 18)

As dificuldades da liberdade econômica sugerem a necessidade de haver uma coordenação das atividades econômicas, no caso de envolvimento de um grande número de pessoas. Haveria dois meios de coordenar as atividades econômicas: ou por meio da centralização do poder (coerção) de um Estado totalitário, ou através da cooperação voluntária, com base na técnica do mercado.

A compreensão de como se dariam as atitudes coercitivas de um Estado totalitário é bastante simples; mas o que seria, ou melhor, como ocorreria a cooperação voluntária? a) quando as empresas privadas, em última instância, firmassem contratos através de indivíduos; b) quando os indivíduos fossem efetivamente livres para escolherem o que julgassem melhor para si.

A liberdade individual se concretizaria na esfera do mercado, o qual regularia as relações, de forma justa e impessoal, sem necessidade de um poder centralizador. Parte da idéia de que os agentes econômicos se autofortaleceriam, através do mercado. O consumidor se protegeria da coerção do vendedor, buscando negociar com outro vendedor. O empregado se protegeria da coerção do empregador, procurando outro emprego. O vendedor se protegeria de uma possível coerção do comprador, vendendo para outro. O empregador, por sua vez, se protegeria da coerção do empregado, empregando a outro.

O mercado livre, segundo Friedman, não elimina a necessidade de um governo, mas reduz os problemas, diminuindo a interferência política em questões meramente econômicas, sempre com vistas a um maior equilíbrio possível entre os poderes políticos e econômicos. Se ao poder econômico se somasse o poder político, seria inevitável uma concentração de poder ainda maior. Portanto, é necessário garantir uma separação destes poderes, e isto só seria possível se o mercado fosse utilizado ao máximo de suas potencialidades.

2.4. O neoliberalismo na América Latina

Com certeza, Milton Friedman foi o pensador que mais influenciou não só aos intelectuais como aos governantes dos países latino-americanos, na década de 1980 (ainda influencia). O receituário neoliberal passou a fazer parte até mesmo das políticas adotadas por alguns governos da região (p. ex. México, Brasil, Chile e Argentina)

Num contexto de dificuldades provocadas pela crise do capitalismo, os países latino-americanos iniciam a década de 1980 numa difícil realidade, que compreendia políticas recessivas, alto endividamento externo e outros efeitos daí derivados. Em termos gerais, a grande dificuldade das economias latino-americanas, durante a década passada, foi provocada por uma baixa taxa de formação de capital seguida de uma baixa utilização da capacidade produtiva, próprio de economias em recessão.

Para agravar a situação gerada com a crise econômica mundial, os países latino-americanos aplicaram, internamente, políticas redutoras de demanda, acompanhadas da redução do investimento público e da liberalização do mercado financeiro. Apesar dos efeitos terem sido diferentes em cada país, esta diferença se deu basicamente em forma de intensidade. Os resultados de tais políticas, de uma maneira geral, foram os mesmos: desemprego, queda na produtividade, elevação das taxas inflacionárias, além de outros.

A liberalização dos mercados passou a ser aceita na América Latina como uma forma de estimular a poupança, o investimento e a produtividade, com o mercado financeiro ocupando o papel mais importante. Deve-se lembrar que no período em que houve grande crescimento das economias latino-americanas (1950-1970), foram os governos que, através de investimentos públicos, conseguiram fazer com que fosse criada uma infra-estrutura adequada para que fossem feitos investimentos privados nacionais e principalmente internacionais.

Na década de 1980, praticamente anula-se a capacidade de investimento dos governos latino-americanos e juntamente com este fato, o mercado financeiro da região passa a remunerar melhor os capitais investidos, mesmo que com um certo risco. Além disso, enquanto nas décadas de 50, 60 e 70 havia uma demanda em ascensão, o que estimulava os investimentos, na década de 80 esta esteve em constante declínio.

O endividamento externo constitui-se no maior entrave ao desenvolvimento econômico dos países latino-americanos desde a década passada. Após a intensificação da cobrança das dívidas externas dos países da região, sucessivas "políticas de ajuste estrutural"[7] foram implementadas, visando a um aumento das exportações, para a obtenção de saldos positivos na balança comercial, com o objetivo único de cumprir o pagamento dos serviços da dívida externa.

Estreitamente ligado ao "ajuste estrutural" estava uma deterioração ascendente dos termos de intercâmbio. Os países latino-ame-

[7] Políticas impostas pelos países credores, via FMI e Banco Mundial.

ricanos passaram a competir entre si, devido ao fato de exportarem produtos semelhantes, muitas vezes iguais, fazendo com que o esforço para aumentar as exportações fosse debilitado por esta competição. Tendência esta que foi reforçada pelo protecionismo aplicado pelos países do primeiro mundo; estes pressionam os países devedores para que exportem cada vez mais, porém, dificultam a entrada dos produtos em seu território, pressionando os preços para baixo.

Poderiam ser apontadas quatro características que marcaram a gênese da dívida externa da América Latina nos anos 70, bem como aprofundaram esta dívida nos anos 80: a) os agentes econômicos latino-americanos não perceberam que o mercado de capital privado estava ficando restrito; b) a produção e o consumo internos estiveram por muito tempo ligados ao ingresso de capital externo; c) a ocorrência de ajustes cambiais, que obrigava os credores a desvalorizarem suas moedas e d) a tomada de empréstimos externos acreditando-se numa manutenção da taxa de juros favorável aos devedores.

Em síntese, a situação provocada pelo endividamento externo dos países latino-americanos, até o final da década de 80, é a seguinte: a balança comercial obtinha sucessivos superávits, ou seja, as exportações pagavam as importações e uma parte do serviço de capital, aparecendo um financiamento através de empréstimos, que cobria os sucessivos *deficits* da balança de capital, não cobertos pelo saldo positivo da balança comercial.

Dadas tais condições, é possível perceber-se porque as políticas de cunho neoliberal passaram a ser tidas como mais adequadas. Os governos perderam seu poder de investimento, que era a mola propulsora dos demais investimentos; os recursos do exterior não são disponíveis como antes, e com certeza os efeitos da crise foram maiores na América Latina do que no primeiro mundo. Esta situação apontou para a necessidade de uma nova condução das políticas econômicas, que passaram a apostar na liberdade, no privado, por não conseguirem construir alternativas a este modelo.

Neste contexto, as privatizações e a abertura comercial tornaram-se papel fundamental das políticas econômicas governamentais, como se a crise do capitalismo fosse uma crise dos Estados Nacionais, e não do próprio sistema.

3. O CAPITALISMO E SUAS CRISES

Capitalista é conceituado o sistema econômico e social com base nas relações entre trabalhadores juridicamente livres, que vendem sua força de trabalho em troca de salário, e capitalistas, donos dos meios de produção, que contratam e pagam salário aos trabalhadores. É um sistema onde as relações sociais de produção se dão num contexto em que se distinguem os proprietários e os não-proprietários dos meios de produção.

Na concepção marxista, capitalismo é um sistema onde ocorre a exploração dos trabalhadores pelos capitalistas, a que se dá devido ao fato de que somente parte do valor que é produzido pelo trabalho é recebido pelos trabalhadores, o restante é "valor excedente", apropriado pelo capitalista. Este valor excedente, denominado mais-valia, se converte em lucro.

Com o passar do tempo, o sistema capitalista não só foi aprofundado, como se desenvolveu em escala mundial, proporcionando crescimento e desenvolvimento econômicos, possibilitando a concentração de riqueza e poder.

O capitalismo não pode ser compreendido como um mero modo de produção de mercadorias, "[...] ainda que a conversão de todos ou da maioria dos produtos do trabalho em mercadoria só aconteça no regime de produção capitalista." (Souza, 1992, p.16) Os capitalistas buscam, isto sim, a valorização do seu capital, ou seja, a obtenção do lucro que é o resultado do pagamento da força de trabalho em valor inferior ao que esta gerou como mercadoria. É neste sentido que o capital, como materialização do valor, deve ser entendido numa relação social de produção e exploração.

Otávio Ianni (1995) resume a história da globalização do capitalismo em três fases: a primeira teria iniciado com as grandes navegações (séculos 15 e 16), em que, através de descobertas de novas regiões, o capitalismo criou bases para expandir-se num sistema de produção e comércio de mercadorias.

A segunda fase se daria com a revolução industrial: a criação de novas tecnologias, para abastecer o mercado em nível mundial com um menor custo de produção possível. A terceira fase, vigente atualmente, caracteriza-se pelo domínio do capital transnacional. Os aglomerados, que atuam nas mais diversas áreas (produção, financeira, política, comercial, etc.), passaram a investir nos mais diversos países do mundo, principalmente após a Segunda Grande Guerra.

É claro que o contexto capitalista de hoje é diferente daquele de Marx. No entanto, o sistema capitalista preserva suas características fundamentais, mesmo que estas se revelem de maneiras diferentes nos mais diversos países. É difícil falar em capitalismo excludente no Japão, na América Latina não.

O sistema capitalista da atualidade também se diferencia, em seu conteúdo, em relação ao que vigorou até o início deste século. A ótica do mercado, como auto-regulado, passou a "competir" com os mecanismos de intervenção governamental, caracterizando um fortalecimento e um aumento da influência do governo na economia.[8]

Após muitos anos de predomínio da "Lei de Say", a crise econômica mundial de 1929 revela um aspecto importante do sistema capitalista: uma necessidade de haver uma adequação entre a produção, a circulação e a realização de mercadorias. Abandona-se, após tal período recessivo (1929-1933), a idéia de que toda a oferta gera sua própria demanda, apostando-se num mecanismo de regulação do mercado com base na intervenção governamental, sem mudanças nas características estruturais do sistema.[9]

Partindo-se do pressuposto de que o sistema capitalista é concentrador e de que o mercado não é suficiente para garantir a harmonia entre produção, circulação e realização, se torna muito difícil evitar as chamadas "crises cíclicas", que passaram a ser inerentes ao sistema.

Tanto a concentração capitalista quanto o subconsumo não são formas adequadas de explicação para as crises. Estes são manifestações das crises, que seriam provocadas, de acordo com SOUZA (1992), pelo aumento da composição orgânica do capital (substituição do homem pela máquina), e, por conseqüência, pela diminuição da massa de mais-valia e do lucro, reduzindo a capacidade de consumo e de investimento da classe capitalista. Deve ficar claro que esta tendência foi amenizada pelo grande crescimento do setor serviços, principalmente no primeiro mundo; mas isto não resolveu o problema.

Poderia se admitir que a concentração levaria ao subconsumo, e que a alternativa mais viável para evitar tal acontecimento seria uma melhor remuneração dos trabalhadores, ou um aumento da massa de salários precedido do aumento do número de trabalhadores empregados, com uma produção voltada para o consumo popular. Porém, se admitirmos que Kalecki tinha razão, ao afirmar que "os trabalhadores gastam tudo que ganham, enquanto os capitalistas ganham tudo que gastam", é bastante difícil conceber como o sistema capitalista sobreviveria sem acumulação, que é algo inerente a este.

---

[8] Políticas keynesianas, que acabaram por demonstrar a maior eficiência do Estado em relação ao mercado, enquanto provedor do bem-estar social, pelo menos no século 20.

[9] Keynes propôs reformas no sistema capitalista, e não a construção de outro sistema via revolução ou outra alternativa qualquer.

A contradição se estabelece porque por um lado o capital necessita realizar as mercadorias que produz e, por outro, reduz a capacidade de consumo da grande massa, o que limita as possibilidades de realização em escala crescente.

Na América Latina, esta contradição se apresentou de forma bastante aguda. A necessidade de garantir um determinado nível de consumo, de bens não-essenciais, fez com que a excludência socioeconômica fosse atingida e se tornasse algo "normal". A concentração de renda revela a existência de um grande mercado consumidor de bens de consumo duráveis e de luxo, enquanto no outro extremo encontra-se um outro mercado potencial, ainda maior (em quantidade de consumidores), sem condições de consumir, muitas vezes, sequer os produtos essenciais.

3.1. Globalização e crise do sistema capitalista

O processo de transnacionalização (hoje globalização) da economia mundial, revelou um outro aspecto das crises do sistema capitalista: os seus reflexos nas chamadas economias dependentes. O capital se espalhou pelo mundo, em forma de empresas e outros investimentos.

Os grandes aglomerados espalhados pelo mundo, sob a forma de transnacionais, ligações financeiras, comerciais ou tecnológicas, surgiram, entre outros motivos, para tentar amenizar os efeitos das crises através de um crescimento econômico em escala mundial, visando a um ganho que garantisse pelo menos a manutenção dos níveis de acumulação.

A situação de debilidade das economias latino-americanas está sendo presenciada desde o início dos anos 1980. O caso do Brasil (maior país e dívida externa da região) é bem ilustrativo; a crise tomou proporção tal, que uma das poucas esperanças da grande maioria da população, para uma retomada do desenvolvimento - a intervenção governamental na economia -, está sendo vista como uma superdimensão do poder em mãos de poucos, num mundo onde muitos acreditam que o indivíduo deve ser livre, e não coagido, e o mercado, a alternativa mais viável, por ser garantidor da liberdade e da oportunidade que cada indivíduo tem direito.

Não se pode falar em crise do *Welfare State* na América Latina, porque este estágio não foi atingido. Mesmo antes de resolver seus problemas de ordem socioeconômica, os países latino-americanos já estavam profundamente afetados pela crise econômica mundial.

A crise não pode ser vista, pelo menos na atual conjuntura, como o princípio do fim do sistema capitalista, e sim como algo inerente a este sistema. É importante que se ressalte a dimensão desta crise, que faz com que as mais diversas economias do mundo reajam de formas diferentes, dada a posição que cada uma ocupa no contexto internacional. Não se pode esperar uma reação imediata, que reorganize as condições socioeconômicas, em países onde não foi atingida a maturidade econômica, onde a crise cíclica mundial tomou formas de crise estrutural.

No momento em que se discute a aplicação ou não de políticas neoliberais nos países latino-americanos (em alguns já foram aplicadas), está-se assumindo uma postura de não-crítica ao sistema e sim, concebendo-se este como ponto de partida, com base no qual uma melhor ou pior condição futura está ligada tão-somente à política econômica que se aplique no presente, como se a crise econômica pela qual passa a América Latina tivesse efeitos sumários e não tivesse "danificado" a estrutura produtiva e nem as relações sociais de produção.

Decorre desta conjuntura, a intensificação do processo integracionista, onde a superação dos efeitos da crise seria mais provável se algumas atitudes fossem tomadas em conjunto, tendo os governos como agentes principais, do que se as atitudes fossem isoladas.[10]

4. O PROCESSO DE INTEGRAÇÃO ECONÔMICA

Os mais diferentes países do mundo, após atravessarem uma das maiores crises econômicas de que se tem conhecimento (muitos ainda estão atravessando), vêm tentando alternativas para melhorarem as condições de vida de suas respectivas populações. Uma destas alternativas, e a principal no momento, consiste no processo de integração econômica que, apesar de não ter sido um objetivo somente quando da crise econômica recente, pois constitui-se para alguns países do mundo um processo mais antigo, vem sendo intensificado nas mais diversas regiões do planeta, de alguns anos para cá.

Apesar de o processo de integração estar sendo realizado em quase todo o globo terrestre, ele não tem sido isento de polêmicas e controvérsias, principalmente pelas diferentes formas como este passou a ser concebido.

[10] Tome-se como exemplo o processo de evolução da União Européia.

Por um lado, a integração passou a ser vista como perda de soberania, porque exige a partilha de decisões e ocorre devido à necessidade dos Estados, que seria imposta pelas circunstâncias; por outro, a integração é aceita como uma tomada de decisão geopolítica, tanto no interior de cada país e na relação entre os países associados, quanto, e principalmente, nas suas relações externas, bem como uma forma de manter os Estados agregados numa comunidade de interesses.

O processo de integração estaria estritamente ligado, entre outros aspectos, a certas relações, que a princípio apresentam-se de forma paradoxal: globalização x regionalização; protecionismo x livre-cambismo; dependência x interdependência.

a) *globalização x regionalização*

Para Praxedes e Piletti (1994, p.58), regionalização e globalização são dois processos simultâneos que estão ocorrendo no mundo atual. Em síntese, a globalização consiste no processo de dissolução das fronteiras entre os países, para facilitar a atuação das empresas transnacionais. Já a regionalização consiste na "[...] formação de blocos regionais, para defender as empresas já instaladas na região, contra a concorrência de empresas de outras regiões ou países."

De acordo com Thorstensen (1993), o modelo anterior defendia os mercados segmentados, em nível nacional. O contexto atual exige um novo modelo que inclua a globalização da produção, dos investimentos e da tecnologia, permitindo ao consumidor de qualquer país do mundo ter hábitos semelhantes.

Neste modelo anterior, a que se refere Vera Thorstensen, a globalização não tinha somente o objetivo de redução dos custos de produção, como também a introdução ou aperfeiçoamento dos produtos e serviços, possibilitando a competição e a colocação de novos produtos, bem como abertura e dominação de novos mercados.

A regionalização permite a proteção de algumas economias (parceiros), não só no sentido de proteger seu setor produtivo de uma competição mais acirrada em nível mundial, mas por procurar aperfeiçoar e fortalecer o mercado interno, bem como o mercado com outros países, através de um avanço tecnológico e um melhoramento das vantagens comparativas.

Em síntese, pode-se dizer que apesar de estes dois movimentos interagirem, não deixam de ser contraditórios, já que a globalização aposta na livre circulação em nível mundial, enquanto a regionalização une países para os fortalecer, geralmente com práticas protecionistas, quando se trata do comércio exterior.

b) *protecionismo x livre-cambismo*

A atual realidade confirma a idéia de que protecionismo e livre-cambismo são dois processos constantes da globalização econômica. Países que pregam o livre-cambismo em nível mundial, são constantemente processados por praticarem protecionismo.[11]

Apesar das pregações que ocorrem em todo o mundo, tanto em defesa do livre-cambismo quanto do protecionismo, estas duas práticas não trazem bons resultados quando levadas ao extremo, devido ao fato de que os mais diversos países possuem diferentes condições econômicas, o que leva as economias menos estruturadas a uma situação de desvantagem, mesmo no que diz respeito à prática protecionista. Em suma, economias muito dependentes não sobrevivem ao livre-cambismo, bem como entram em um atraso tecnológico muito grande quando são excessivamente protegidas.

Com o acirramento da concorrência em nível mundial, a formação de blocos (efeito da regionalização) tem-se dado como uma tentativa de aumentar a segurança das empresas que atuam no bloco, bem como possibilitar aos governos um maior controle sobre as políticas comuns a serem adotadas, no que diz respeito ao setor produtivo, sem que este sofra uma forte concorrência dos produtos extrabloco.

O papel dos governos na criação de blocos é de fundamental importância, tendo em vista que normalmente a concorrência entre capitalistas, dentro de um mesmo bloco como fora dele, dificulta e às vezes impede um planejamento a médio e longo prazos, pois cada um busca os seus interesses particulares, não tendo a visão do interesse comum do sistema; algo que passa a ser atributo do governo.

A integração econômica, como fator relevante da nova ordem econômica internacional, apresenta uma proposta de livre-cambismo intrabloco contrapondo-se a um protecionismo interblocos. Deve-se ter claro que até mesmo o livre-cambismo dentro de um bloco econômico é exercido com forte regulação governamental, bem como ocorre de acordo com políticas tidas como adequadas para o desenvolvimento econômico de médio e longo prazos. Não é algo semelhante ao proposto por Friedman.

Enquanto dentro de cada bloco há uma busca das "liberdades fundamentais",[12] nas relações entre blocos distintos é bastante difícil falar de liberalização comercial, "[...] quando a realidade apresenta os parceiros internacionais negociando acordos entre empresas,

---

[11] Uma cláusula do NAFTA, para se ter um exemplo, prevê que somente poderão circular livres de tarifas os carros com um mínimo de 62,5% de peças e componentes produzidos em um dos três Estados-Membros.

[12] Livre circulação de mercadorias, pessoas, capitais e livre prestação de serviços.

acordos bilaterais de preferências entre países, acordos de restrições às exportações, acordos de cooperação econômica, acordos de preferências regionais entre países e, finalmente, acordos regionais que delimitam zonas exclusivas de livre comércio contra os demais parceiros internacionais." (Thorstensen, 1993, p. 30)

c) *dependência x interdependência*

Partindo-se do princípio de que não há nenhum país auto-suficiente no mundo e, portanto, todos são dependentes, em maior ou menor grau, a questão que se coloca é: como países como os da América Latina podem diminuir o seu grau de dependência? A integração parece ser a alternativa mais coerente no momento.

Na Europa, onde a União Européia (UE) é o principal exemplo de integração em nível mundial, busca-se, já a algum tempo, formas de garantir uma menor dependência em relação aos países de outras regiões, bem como uma forma de amenizar os efeitos de possíveis crises, que vêm sendo cada vez mais profundas e ocorrendo em escala mundial.[13]

Porém, dado o alto grau de dependência das economias latino-americanas, evidenciado pela forte influência da transnacionalização que estas sofreram durante as últimas décadas, fica difícil estabelecer objetivos, rumo a avanços tecnológicos e desenvolvimento de vantagens comparativas, num contexto em que o capital privado internacional está totalmente incorporado às economias da região.

A globalização trouxe para a América Latina a possibilidade de um crescimento rápido e desestruturado, cujos reflexos estão sendo sentidos há mais de quinze anos. Neste sentido, apresentam-se como de grande importância, políticas econômicas que sejam adequadas a uma realidade de integração regional quase inevitável, bem como a necessidade de o Estado readequar-se a esta realidade.

Faz-se necessário, juntamente com a integração, que os países latino-americanos resolvam seus problemas de interdependência, onde uma enorme massa de excluídos espera que o governo, via políticas econômicas adequadas, amenize suas dificuldades, enquanto este, por sua vez, pretende transferir suas responsabilidades para a sociedade civil, quando não as quer transferir para o mercado.

Não se pode acreditar, como o fazia Adam Smith, que o homem é "bom no fundo do seu coração", e que a sociedade tem o poder de se auto-regular e autodeterminar. O compromisso do indivíduo com

[13] Para se ter uma idéia, em 1958, quando do início da atual UE, as exportações intracomunitárias representavam 37% do total das exportações. Em 1991, estas exportações atingiram um índice de 61%. (THORSTENSEN)

a sociedade e deste conjunto de indivíduos para com o governo deve ser recíproco.

Uma maior interdependência entre os países latino-americanos poderia ser vista como uma forma de diminuir a dependência destes em relação a outros países. O problema se encontraria em como garantir a intensificação da interdependência entre os países da região, sem acentuar a importância do mercado.

5. CONSIDERAÇÕES FINAIS

Pode-se dizer que é bastante difícil analisar a realidade atual sem um retorno, mesmo que sumário, às formas como se manifestam as concepções de como o sistema capitalista se desenvolveu através dos tempos.

Recuperar as idéias liberais, desde seus primórdios, permite uma análise desta "corrente de pensamento" através do tempo e, por conseqüência, a verificação de que seus princípios fundamentais foram mantidos, desde Adam Smith; além disso, possibilita a constatação de que a excessiva preocupação com a esfera do mercado coloca-se como obstáculo em relação ao debate sobre os problemas essenciais do modo de produção capitalista.

Tanto Clássicos como Neoclássicos e neoliberais, assumem o capitalismo como ponto de partida, desconsiderando-se a eficiência de qualquer outra forma de sistema, por acreditarem que a competição que se dá através do mercado é a única forma de garantir a liberdade dos indivíduos. Apesar de estes pensadores terem algumas divergências entre si, concordam sobre a proposição fundamental de que o mercado é impessoal, e como tal garante a harmonia e a liberdade, bem como a interferência do governo deve ser restrita e sem efeitos econômicos relevantes.

Milton Friedman avança em um ponto importante em relação aos Clássicos e Neoclássicos, quando assume que há a necessidade de intervenção do governo para garantir o bom funcionamento das regras do jogo, derrubando os postulados anteriores que acreditam nas leis da natureza e na benevolência do homem como garantidores da harmonia.

O pensamento econômico liberal evoluiu, e com ele cada vez mais foram intensificadas as propostas de diminuição da intervenção governamental na economia; entretanto, esta intervenção aumentou em todo o mundo. Porém, o que deve ser ressaltado é que as intervenções quase sempre foram para garantir um melhor funcionamento do sistema capitalista, tido por aqueles como cenário fundamental.

Quando Friedman alega que a intervenção do governo na economia é uma forma de uniformização dos processos e das pessoas, o que segundo ele levaria a uma conduta medíocre, talvez não tenha refletido sobre a realidade de países do terceiro mundo, onde o que ele chama de mediocridade pode ser uma questão de sobrevivência.

A inerência das crises coloca o sistema capitalista de forma transparente. Os reflexos mais profundos são sentidos nas economias que possuem maior grau de dependência, revelando que o grande mercado (mundo) não funciona bem para todos, assim como qualquer outra forma de manifestação de livre mercado.

As crises do capitalismo e a globalização da economia são processos históricos, inerentes ao próprio sistema; sua solução não passa pela dissolução do Estado, enquanto agente econômico, tendo em vista que estes processos ocorreram mesmo em períodos em que o Estado pouco intervinha na economia.

O capitalismo preserva sua característica fundamental: a alienação do trabalho. No entanto, o avanço tecnológico, que vem se dando de forma cada vez mais rápida, substituindo o homem pela máquina, revela um problema de demanda, para o qual ainda não se apresentaram formas claras de resolução. A substituição do emprego no setor produtivo pela prestação de serviços tem sido a forma mais eficiente de garantir a realização capitalista, porém, pelo menos na América Latina, isto está longe de resolver os problemas gerados pela excludência socioeconômica.

Sobre liberdade, pode-se dizer que a liberdade política está cada vez mais relacionada à liberdade econômica; o poder político, no terceiro mundo, tem demonstrado ser exercido via poder econômico. Neste ponto, Milton Friedman tem razão, quando diz que estes poderes devem ser separados ao máximo. O problema está na forma como ele propõe que isto seja feito e na viabilidade deste tipo de proposta.

Num contexto de integração, onde a liberdade vem sendo concebida como algo fundamental, é importante que seja ressaltado, para quem acredita em perda de soberania, que esta perda poderia se dar muito mais rápido, se as liberdades que se pretende aplicar dentro dos blocos econômicos não restringisse a participação de outros agentes extrabloco. Fica difícil crer em soberania com economias tão transnacionalizadas quanto as latino-americanas, e buscar alternativas para os problemas daí derivados significaria não aplicar políticas neoliberais, a exemplo do que está sendo feito na União Européia.

A forte conotação econômica, muitas vezes mercantil, dada aos processos de integração na América Latina, ocorre porque parte-se do pressuposto de que os problemas sociais se resolvem através do crescimento econômico; isto é fruto de uma concepção que supervaloriza a esfera do mercado.

Neste sentido, temos a situação agravada para os países latino-americanos que ingressaram num processo de integração apostando na eficiência do mercado ao mesmo tempo em que as políticas econômicas governamentais são essenciais para o avanço deste processo.

Dependendo da forma como for conduzido, o processo de integração econômica na América Latina pode ser utilizado como um ensaio para um avanço em direção do liberalismo econômico, ou como um processo que tende a fortalecer a importância dos Estados Nacionais enquanto agentes econômicos.

Numa nova concepção de realidade, onde o fortalecimento das economias regionais passou a ser buscado como uma forma de proteção e regulação, os países latino-americanos acenam para projetos de integração mesclados com políticas neoliberais, como se estes interagissem e um viabilizasse a aplicação do outro. O que se visualiza é justamente o contrário: um receituário neoliberal que, se for seguido à risca, será um ponto fundamental de desagregação das economias da região, que ao invés de formarem uma comunidade de interesses, formarão um espaço de competição.

6. BIBLIOGRAFIA

AZÚA, Daniel E. R. de. *O neoprotecionismo e o comércio exterior.* São Paulo: Aduaneiras, 1986.

DAVIS, Ricardo F. Formación de capital y marco macroeconómico: bases para un enfoque neoestruturalista. In: SUNKEL, Osvaldo. *El desarrollo desde dentro: un enfoque neoestruturalista para a América Latina.* México: Fondo de Cultura Económica, 1991. El trimestre Económico, n.71. p.192-232

FRIEDMAN, Milton. *Capitalismo e liberdade.* São Paulo: Nova Cultural, 1985.

IANNI, Octavio. *A sociedade global.* 3.ed. Rio de Janeiro: Civilização Brasileira, 1995.

MARSHALL, Alfred. *Princípios de economia: tratado introdutório.* 2. ed. São Paulo: Nova Cultural, 1985.

MIGLIOLI, Jorge. *Acumulação de capital e demanda efetiva.* São Paulo: T. A. Queiroz, 1982.

MYRDAL, Gunnar. *Aspectos políticos da teoria econômica.* São Paulo: Nova Cultural, 1986.

PRAXEDES, Valter e PILETTI, Nelson. *O MERCOSUL e a sociedade global.* São Paulo: Ática, 1994.

RANGEL, Ronaldo. *O capitalismo e a nova ordem.* Belo Horizonte: O Lutador, 1992.

RICARDO, David. *Princípios de economia política e tributação.* 3. ed. São Paulo: Nova Cultural, 1988.

SADER, Emir e GENTILI, Pablo (org.). *Pós-neoliberalismo - as políticas sociais e o Estado democrático.* São Paulo: Paz e Terra, 1995.

SMITH, Adam. *A riqueza das Nações: investigação sobre sua natureza e suas causas.* São Paulo: Nova Cultural, !996. (2v.)

SOUZA, Nilson Araújo de. *O colapso do neoliberalismo.* São Paulo: Global, 1995.

——. *Teoria marxista das crises.* São Paulo: Global, 1992.

THORSTENSEN, Vera. *Comunidade Européia - líder do comércio internacional.* São Paulo: Aduaneiras, 1993.

VERGARA, Francisco. *Introdução aos fundamentos filosóficos do liberalismo.* São Paulo: Nobel, 1995.

VIOTTI, Eduardo. *A economia e o Estado capitalista.* Petrópolis: Vozes, 1986.

6. As instituições financeiras internacionais e o comércio entre as nações: uma breve análise

Miguel Esposito Barreiro
Bacharel em Ciências Econômicas, Mestrando em Integração Latino-Americana da Universidade Federal de Santa Maria

Luiz Ataides Jacobsen
Engenheiro Agrônomo, Mestrando em Integração Latino-Americana

1. INTRODUÇÃO

Um dos fatos mais marcantes de um passado próximo, ou seja, a Revolução Industrial, propagada na Inglaterra no século XVIII, deu forma à economia contemporânea e delineou os contornos do embate social na era do capitalismo. Após esse marco histórico, a concorrência se faz cada vez mais presente, acentuando a internacionalização dos mercados. Surge a contradição entre fronteiras geográficas e o incentivo à globalização das economias e dos mercados, tornando-se característica destacada das economias nesse final de século.

A formação de blocos econômicos, como o Mercado Comum Europeu, o NAFTA, o Mercosul, constitui-se processo de mudanças estruturais que leva à mundialização da economia (globalização), características destacadas das economias deste final de século. As grandes empresas, buscando aproveitar os benefícios estáticos e dinâmicos derivados de um comércio mais livre, passam a produzir em escala mundial, estabelecendo-se em função dos custos, mão-de-obra, recursos naturais e infra-estrutura. Negócios são fechados em um país e abertos em outro em função das taxas de juros e dos riscos inerentes ao investimento, podendo-se citar como exemplo a atual crise da bolsa dos países Asiáticos.

Com a redução das barreiras do comércio externo e do fluxo de capitais internacionais, com o desenvolvimento da informática e das comunicações, que permitiram uma maior integração do mercado financeiro internacional, circulam hoje no mundo cerca de US$ 35 trilhões em negócios derivativos, segundo dados (1996) do Banco para Compensações Internacionais (BIS). A maior parte desses recursos financeiros era pertencente a fundos de pensão, fundos mútuos e seguradoras, bancos americanos e europeus.

O México, que estabeleceu sua política de combate à inflação no volume de suas reservas internacionais, sofreu grande crise econômica e política interna quando esses capitais voláteis migraram para outros países, em dezembro de 1994, tendo que recorrer ao auxílio monetário do sistema financeiro internacional, recebendo do Fundo Monetário Internacional (FMI), em fevereiro de 1995, cerca de US$ 17,8 bilhões. Nesse mesmo período (abril 95), o FMI aprovou empréstimos no valor de US$ 6,8 bilhões a título de ajuda à reativação da economia russa.

No Brasil, o Banco Central permite o fluxo desses capitais, mas estabelece restrições quando ocorre incremento acelerado no seu volume, pois, preocupa-se com o aumento da base monetária e a conseqüente inflação. Com altas taxas internas de juros, o Brasil tem atraído esses capitais especulativos, mas com um *deficit* de US$ 5,53 bilhões na balança comercial em 1996 e em dezembro de 97, contabilizando *deficit* de US$ 3,896 bilhões, volta-se para os capitais externos de longo prazo, capazes de financiar os investimentos e, até mesmo, cobrir esses *deficits* da balança comercial.

O Brasil, nos últimos anos, vem alterando a sua participação no comércio internacional, no que diz respeito aos produtos e parceiros comerciais. Os produtos básicos que representavam 41,66% do valor das exportações brasileiras, no período 1978/82, caíram para 24,57% nos últimos 5 anos (92/96), enquanto os manufaturados passaram de 46,88% para 57,41%. Entre 1978 e 1982, as importações de petróleo representavam 41,75% do valor total importado, e as máquinas e equipamentos, apenas 19,75%. Entre 1992/96 o valor das importações de petróleo passou a representar 7,47%, e as máquinas e equipamentos, 55,47% do total adquirido externamente.

Com uma participação de 0,97% no valor das exportações mundiais em 92/95, o Brasil situa-se distante dos principais comerciantes internacionais como Estados Unidos, Japão e Alemanha, países que exportaram respectivamente neste período 12,03%, 9,18% e 10,69% do total mundial (Observe tabela 1). Mas mesmo assim, o Brasil pode ser considerado um *global trader* pela diversidade dos seus parceiros no comércio internacional.

Tabela 1
Comércio externo mundial,
Brasil e países selecionados (US$ bilhões).

Ano	E.U.A	Japão	Alemanha	Brasil	Mundo
1991 Export	421,73	314,79	402,84	31,62	3.478,18
Import	508,36	237,00	389,91	22,95	3.584,95
1992 Export	448,16	339,89	422,27	35,79	3.728,46
Import	553,92	233,25	402,44	23,07	3.839,57
1993 Export	464,77	362,24	382,47	38,60	3.725,94
Import	603,44	241,62	346,03	27,74	3.768,00
1994 Export	512,63	397,01	429,72	43,56	4.236,76
Import	689,22	275,24	385,35	36,00	4.277,24
1995 Export	584,74	443,12	523,74	46,51	5.050,69
Import	770,85	335,88	464,22	49,86	5.108,47

Fonte: Banco Central do Brasil
Dados reagrupados

Diante de um novo cenário, este trabalho, apresentando alguns dos elementos do comércio internacional, mostrando a situação do balanço comercial e de pagamentos do Brasil, pretende tornar um pouco mais familiar a linguagem empregada no sistema financeiro internacional, dando uma visão de seu funcionamento, que tem papel fundamental tanto no comércio e investimento externo como na dinâmica de políticas internas, das diversas economias nacionais.

2. O COMÉRCIO INTERNACIONAL: UMA CONSTANTE EVOLUÇÃO

O Comércio Internacional na antiguidade era inexpressivo e somente na Idade Média, quando aconteceram as Cruzadas, teve impulso, surgindo neste período as primeiras feiras que reuniram comerciantes de diversos países europeus.

Com os descobrimentos de novas terras, o continente europeu passou a conhecer e consumir produtos americanos típicos como o milho, a batata e o tabaco, tornando o comércio com as novas colônias atrativo.

No período mercantilista (1500 - 1750), a idéia de riqueza estava no acúmulo de metais preciosos, como o ouro e a prata, sendo necessário o estimulo às exportações e ao estabelecimento de barreiras às importações, de tal forma que a balança comercial fosse superavitária.

A ascensão do pensamento econômico dos fisiocratas, baseado nas leis naturais e acreditando ser a agricultura o único setor produtivo, enquanto a indústria e o comércio não passavam de um desdobramento desta, trouxe novo impulso ao comércio exterior. Os fisiocratas viam na excessiva regulamentação do Estado um elemento inibidor da produtividade, combatendo a formação de monopólios e legislações que impedissem a livre circulação de mercadorias. O pensamento liberal estava sintetizado na expressão: "*laissez faire, laissez passer*" (deixe fazer, deixe passar).

Mesmo considerando que o trabalho pode ser produtivo fora da agricultura ao gerar valor, Adam Smith herdou algumas das teorias fisiocráticas e construiu as bases teóricas da moderna economia. Sua teoria tinha como "motor do processo" a acumulação de capital via inovação tecnológica e a divisão do trabalho.

A função de produção de Adam Smith, sujeita a rendimentos crescentes, pela ampliação dos mercados, que proporciona maior grau de divisão do trabalho (especialização) e como conseqüência incremento na produtividade, enfatiza a necessidade do transporte marítimo e fluvial para reduzir custos e ampliar o mercado. A legislação do comércio internacional pode beneficiar ou não a produtividade e o desenvolvimento, portanto, as intervenções do Estado devem ater-se a regulamentar a concorrência, mantendo sistemas de educação, saúde e segurança.

Em 1817, David Ricardo apresenta sua função de produção incorporando a hipótese de que o volume produzido está sujeito à produtividade marginal decrescente, não mencionada por Adam Smith, e formula a Teoria das Vantagens Comparativas, oferecendo a explicação básica para o Comércio internacional. De acordo com o princípio das vantagens comparativas, de maneira simplista, pode-se afirmar que os países devem especializar-se na produção daqueles bens que são capazes de fazê-lo com maior eficiência, ou seja, com menores custos relativos. Portanto, é a partir de diferenças relativas nos recursos naturais ou tecnológicos que existem trocas internacionais.

Em razão das críticas apresentadas ao modelo clássico, surge a teoria moderna do comércio internacional (Teoria Sueca), também chamada de Heckscher-Ohlin pelas contribuições desses dois economistas. Segundo este modelo, os países tendem a exportar produtos que utilizam intensivamente o fator de produção mais abundante e importar aqueles que utilizam o fator mais escasso. Desta forma, país com elevada disponibilidade de mão-de-obra em relação ao capital produzirá e exportará preferencialmente bens que empregam maior número de trabalhadores. Da mesma maneira, países em que o capital é abundante se dedicarão a produzir bens que necessitem mais intensamente este fator. A variação no modelo moderno está ligada à dotação dos fatores, enquanto no modelo clássico são as tecnologias diferenciadas que explicam as diferenças de custos e o padrão de comércio.

Também a teoria moderna (Teorema de Heckscher-Ohlin) recebeu críticas pelo seu caráter estático e premissas consideradas restritivas como aquelas feitas em 1953 pelo economista Wassily Leontief (Paradoxo de Leontief) e dos autores do artigo clássico "Proteção e Salário Real", Wolfgang Stolper e Paul Samuelson, além do teorema de Rybezynski, levam a uma nova teoria do comércio internacional com explicações complementares ao modelo Heckscher-Ohlin (comércio entre países ricos e pobres). Busca-se uma melhor compreensão para explicar o comércio internacional atualmente, pelas chamadas economias de escala, lado da demanda (países com estrutura de demanda semelhante, que exportariam produtos inicialmente destinados ao mercado doméstico) e ciclo do produto (vantagens naqueles produtos com inovações tecnológicas).

Como resultado das economias de escala, tecnicamente, surgem retornos crescentes quando os custos médios por unidade produzida diminuem, com o aumento de produção, ao nível de empresas individuais, setores industriais ou ainda da produção agregada da economia. Esta teoria é, portanto, contrária à escola neoclássica, que previa retornos decrescentes (aumento de custos) com a expansão da produção. O conceito de retornos crescentes, recentemente incorporado à economia convencional, sugere que a especialização internacional poderá estar associada às características tecnológicas das indústrias e às vantagens competitivas adquiridas, e não apenas aos fatores capital e trabalho dos quais um país é dotado.

O economista Lester C. Thurow (1997) cita a lista feita em 1990 pelo Ministério do Comércio Internacional do Japão, especulando quais os setores de crescimento mais rápido nos anos 90 e início do século XXI: microeletrônica, biotecnologia, as indústrias da nova ciência de materiais, telecomunicações, fabricação de aviões civis, máquinas operatrizes, robôs e computadores (*hardware e software*). Sobre a lista afirma: "Todos são setores de poder cerebral feito pelo homem que poderiam estar localizados em qualquer parte do planeta (...) A posse de recursos naturais saiu da equação competitiva. Os produtos modernos simplesmente usam menos recursos naturais (...) Os custos modernos de transporte criaram um mundo onde os recursos podem ser levados de forma econômica a qualquer parte em que são necessários. O Japão é um bom exemplo: possui a maior indústria siderúrgica do mundo e não tem carvão, nem minério de ferro".

Dentro desse contexto histórico, o sistema financeiro internacional sempre se fez presente, procurando, dentre outras formas, melhorar a distribuição dos recursos em nível mundial, pondo em marcha os ajustes externos, financiando o crescimento econômico, realizando a negociação de moeda estrangeira, ou ainda, custeando as transações comerciais de bens e serviços.

Para um melhor entendimento da linguagem do sistema financeiro internacional no que se refere à questão monetarista, julga-se importante termos domínio do que vem a ser sistema de taxas de câmbio, os mecanismos que envolvem o balanço de pagamentos e taxas de juros, que será objeto do capítulo abaixo.

3. MARCO TEÓRICO

Este capítulo tem por finalidade fundamentar a temática tratada através da revisão bibliográfica, buscando o embasamento teórico indispensável para melhor interpretar o estudo proposto.

3.1. Câmbio

No mercado doméstico, a compra e venda de mercadorias e o pagamento de serviços são feitas com a mesma moeda nacional. Porém, no comércio internacional, com cada país possuindo sua própria moeda, surge a necessidade de conversão entre estes diferentes valores. Se importarmos trigo da Argentina, o exportador deste país deseja ser pago em pesos, do mesmo modo que ao exportarmos soja para a Alemanha, necessitamos receber o valor em reais, e não em marcos, pois os custos para produzir esta *commodity* foram em moeda brasileira. Assim, para que o comércio internacional aconteça, é necessário a taxa de câmbio, definida como o valor que uma moeda nacional possui em termos de outra moeda, ou a taxa pela qual duas moedas de países diferentes podem ser trocadas (cambiadas). Enfim, é quanto se precisa de uma moeda nacional para "comprar" uma moeda estrangeira.

O ponto de encontro entre compradores e vendedores é o mercado cambial, onde temos de um lado agentes privados ou públicos como importadores, turistas nacionais, devedores de empréstimos externos, por exemplo, que são os demandadores de moeda estrangeira e, de outro, exportadores nacionais, investidores estrangeiros em bolsas nacionais, turistas procedentes do exterior, dentre outros, que ofertam a moeda. O equilíbrio entre a oferta e a demanda das diferentes moedas nacionais, em teoria, estabelece as taxas de câmbio ou os preços relativos, bem como o volume transacionado.

As exportações e as importações são consideradas como principais variáveis que determinam a taxa cambial no mercado, e se preponderantes, a taxa de câmbio de equilíbrio refletirá a competitividade da produção interna frente aos demais países. Esta competitividade pode, entretanto, ser alterada pela taxa de câmbio quando uma desvalorização cambial aumenta os preços (em moeda nacional) dos produtos importados e reduz o preço dos produtos exportados.

Atualmente com maior influência de capitais no mundo, a taxa de juros pode influenciar ou ser influenciada pela taxa de câmbio, pois taxas de juros elevadas atrai capitais estrangeiros, que demandando moeda nacional podem promover sua valorização. Pela importância da taxa de câmbio dentro de uma economia, influenciando o comércio externo, movimentação de capitais, níveis de produção e o processo inflacionário, é natural que o governo procure regulamentar este mercado, fazendo com que, de maneira geral, existam dois grandes tipos de regime cambial: Regime de Taxas de Câmbio Fixas e Regime de Taxas de Câmbio Flutuantes, que serão vistos a seguir.

3.2. Regime de Taxas de Câmbio Fixas

Neste regime, o governo, através do Banco Central, entra no mercado comprando ou vendendo quando há excesso de oferta ou demanda, de modo a retomar o equilíbrio em torno da taxa cambial estabelecida. Desta forma, as oscilações nas demandas e ofertas de divisas não influenciam a taxa de câmbio, mas o volume de reservas internacionais do país e ainda o volume de moeda nacional em circulação.

O sistema de banda cambial, um pouco mais flexível (atualmente adotado no Brasil) permite a oscilação do câmbio em torno da taxa de referência até certo limite, superior ou inferior; além dessa variação, o governo interfere.

3.3 Regime de Taxas de Câmbio Flutuantes

Neste caso, o regime é de liberdade cambial, e o governo participa como ofertante ou comprador em função das suas necessidades, como qualquer outra empresa do setor privado, salvo em situações excepcionais para evitar grandes oscilações. No regime de taxas de câmbio flutuante, o preço da moeda nacional em relação às moedas estrangeiras oscila em função da oferta e da demanda.

O mercado cambial, devido aos fusos horários diferentes, funciona 24 horas por dia, e na abertura os bancos cotam taxas de compra e venda. Quando alguém vende moeda estrangeira a um banco, a taxa é de compra (*bit rate*), e quando compra, a taxa é de venda (*offer rate*), isto porque neste mercado a denominação é em função do banco, e não do cliente. A diferença entre a taxa de venda e compra (*spread*) se constitui no lucro do banco.

Uma operação de câmbio é realizada com taxa pronta (*spot*), quando a entrega e o pagamento da moeda estrangeira são efetuados até 2 dias após formalizada a operação e com taxa futura (*forward*), quando a entrega e o pagamento da moeda estrangeira em moeda nacional são procedidos 30, 60, 90 ou mais dias a contar da data de sua efetivação.

O Brasil, depois de ter equacionado a dívida externa em 1994 através do Plano Brady, com taxas de juros fixas em vez de flutuantes, vem mantendo atualmente a desvalorização cambial próxima à inflação, ao mesmo tempo em que cuida do "cupom cambial", ou seja, o quanto ganha aqui, em renda fixa, o investidor estrangeiro. Este "cupom cambial" não pode ter um nível de juro baixo que afaste o investidor externo e leve poupadores nacionais a buscarem aplicações fora do país, porém, se muito alto pressionará a política fiscal, pois o governo é o maior devedor.

O governo, emitindo títulos da dívida pública,[1] vende-os para investidores estrangeiros e fica com este dinheiro em caixa, ampliando suas reservas, mas fazendo crescer também a dívida interna, porque em determinado momento os juros a serem pagos pelos re-

[1] Título emitido e garantido pelo governo (União, estado, município). É um instrumento de política econômica e monetária que pode servir para financiar um déficit do orçamento público, antecipar receita ou garantir o equilíbrio do mercado do dinheiro. De acordo com suas características, pode ter a forma de apólice, bônus ou obrigações do Tesouro Nacional.

cursos oriundos do exterior passam a afetar o orçamento, tornando necessário reduzir outras despesas, gerando recessão e desemprego.

O persistente *deficit* na balança comercial brasileira somado ao *deficit* da balança de serviços, por onde são pagos os juros da dívida externa, poderão levar a taxas de juros mais elevadas para atrair mais capital estrangeiro, aumentando o risco de um colapso nas contas externas e forçando o governo a frear a taxa de crescimento para não ampliar o volume de importações. A desvalorização cambial reduziria ou até poderia eliminar o *deficit* da balança comercial, mas afugentaria investidores externos se a taxa de juros não se elevasse e tornaria a política cambial do momento inócua como instrumento antiinflacionário.

3.4. Taxas de juros

No momento em que as taxas de juros estão elevadas no mercado brasileiro, aquelas dos mercados internacionais assumem ainda maior relevância, pois favorecem as importações, ampliando o *deficit* da nossa balança comercial.

Nos mercados internacionais, as taxas de juros têm como elemento básico a *prime rate* ou a *libor* e a *spread*. A *prime rate* é a taxa padrão do mercado de Nova Iorque, enquanto a *libor* (*London Interbank Offered Rate*) é a taxa de oferta interbancária em Londres. A *libor* é o elemento básico da maioria dos empréstimos obtidos pelo Brasil. Estas taxas sofrem grandes variações ao longo dos anos. A *libor* em 1993 foi em média 3,4% ao ano e alcançou 6,8% em janeiro de 1995. A *prime rate* neste mesmo período foi 6,0% e 8,5% respectivamente. O *spread* é uma cobrança específica de cada empréstimo, constituindo-se na diferença entre o valor da taxa de captação (*prime rate* ou *libor*) pelos bancos e da aplicação. O *spread* aumenta ou diminui em função da oferta de moeda no mercado internacional, e também em função do risco que o empréstimo oferece. Portanto, o custo dos juros é a soma entre *libor* (*ou prime rate*) e o, *spread*.

3.5. Balanço de pagamentos

Mesmo que nenhum conceito possa ser considerado totalmente satisfatório, é comum considerar o balanço de pagamentos como o registro sistemático de todas as transações econômicas realizadas, durante um certo período (ano), entre residentes (indivíduos ou instituições em permanente associação com o território de um país) num país com residentes em outro (Tabela 2).

Tabela 2
Balanço de pagamentos do Brasil. (US$ milhões)

Discriminação	1994	1995	1996
A. Balança comercial - FOB (a1+a2)	10.466	(3.352)	(5.539)
a1. Exportações	43.545	46.506	47.747
a2. Importações	33.079	49.858	53.286
B. Serviços (b1+b2)	(14.743)	(18.594)	(21.707)
b1. Juros	(6.338)	(8.158)	(9.840)
b2. Outros serviços	(8.405)	(10.436)	(11.867)
C. Transfer. unilaterais (c1-c2)	2.588	3.974	2.899
c1. Receita	2.751	4.225	3.167
c2. Despesa	163	251	268
D. Transações correntes (A+B+C)	(1.689)	(17.972)	(24.347)
E. Capital (F+G+H+I+J+M+N)	14.294	29.359	32.391
F. Investimento líquido	8.131	4.663	15.558
G. Reinvestimentos	83	384	447
H. Financiamentos (h1+h2)	1.939	2.834	4.302
h1. Estrangeiros (h1.1+h1.2)	2.389	3.513	4.405
h1.1. Novos ingressos	2.389	3.513	4.405
h1.2. Refinanciamento	-	-	-
h2. Brasileiros	(450)	(679)	(103)
I. Amortizações (i1+i2)	(50.411)	(11.023)	(14.423)
i1. Pagas	(11.001)	(11.023)	(14.423)
i2. Refinanciadas	(39.410)	-	-
J. Empr.m.e longo prazo(j1+j2+K+L)	52.893	14.736	22.802
j1. Bancos brasileiros (j1.1+j1.2)	5.752	-	-
j1.1. Novos ingressos	5.752	-	-
j1.2. Refinanciamento	-	-	-
j2. Bancos com. estrang.(j2.1+j2.2)	38.758	1.737	811
j2.1. Novos ingressos	2.034	1.426	562
j2.2. Refinanciamento	36.724	311	249
K. Intercompanhias	632	1.133	1.578
L. Demais	7.751	11.866	20.413
M. Capitais curto prazo	909	18.834	3.995
N. Outros capitais	750	(1.069)	(290)
O. Erros e omissões	334	2.093	973
P. Superávit ou *deficit* (D+E+O)	12.939	13.480	9.017
Q. Financiamento (q1+q2+q3)	(12.939)	(13.480)	(9.017)
q1. Haveres	(7.215)	(12.919)	(8.665)
q2. Obrigações - FMI	(129)	(47)	(72)
q3. Obrig. curto prazo (q3.1+q3.2)	(5.595)	(514)	(280)
q3.1. Atrasados	(5.653)	(510)	(286)
q3.2. Outras	58	(4)	6

Fonte: Boletim do Banco Central do Brasil (junho/1997)

Adota-se o sistema de contabilidade normal, porém sem determinar variações patrimoniais, onde todo lançamento de débito corresponderá a um lançamento de crédito (partidas dobradas), com os resultados apresentados em equilíbrio contábil.

O balanço de pagamentos mantém as autoridades devidamente informadas quanto à posição credora ou devedora do país, contribuindo na tomada de decisões sobre a política fiscal, monetária, comercial e de pagamentos internacionais, além do nível de divisas e sua influência sobre a renda nacional.

A situação de equilíbrio ou não do balanço de pagamentos de um país depende do saldo deficitário ou superavitário. Os desequilíbrios deficitários podem ser de natureza conjuntural ou estrutural. Os desequilíbrios conjunturais decorrem das flutuações nas transações. Já os estruturais refletem o processo histórico da formação econômica do país, a disponibilidade de recursos e o estágio de desenvolvimento.

3.5.1. Superávit ou déficit

Em princípio o *deficit* ou superávit não representam o saldo de todos os itens da balança de pagamento (deveria ser zero), mas apenas o de alguns itens selecionados. As outras transações são consideradas como financiamento deste saldo junto a instituições como o FMI para cobrir a diferença no caso de um saldo negativo, por exemplo.

O resultado do balanço de pagamentos de 1997, divulgado pelo Banco Central, tem como resumo as seguintes informações: As reservas internacionais totalizaram US$ 51, 359 bilhões, pelo conceito de caixa, e US$ 52,173 bilhões, pelo conceito de liquidez internacional. O *deficit* em dezembro girou em US$ 3,9 bilhões nas transações correntes com o resto do mundo, e a balança de serviços, um *deficit* de US$ 27,502 bilhões no ano passado.

Visivelmente, no Brasil, atualmente, analisando o balanço de pagamentos, nota-se que o desequilíbrio afeta internamente o país, fazendo com que recorra as instituições financeiras internacionais para, através destas, conseguir maior credibilidade externa e assim tentar sanear os efeitos econômicos e sociais presentes internamente que tanto nos afligem.

4. ORGANIZAÇÕES DO SISTEMA FINANCEIRO INTERNACIONAL

Com o fim da I Guerra Mundial (1914 - 1919), o livre comércio sofreu um revés. Os países envolvidos, com suas economias abaladas pelo endividamento e pela destruição do sistema produtivo, passaram a impor barreiras ao livre comércio e muitos desvalorizaram suas moedas para se tornarem exportadores mais competitivos. Com a inflação, houve falta de ouro, e o sistema monetário mundial, baseado no padrão-ouro, foi aos poucos sendo substituído. Neste sistema, vigente até 1914, as moedas tinham lastro em ouro e eram conversíveis em ouro. Os bancos centrais de cada país trocavam moedas por ouro. A paridade da moeda de um país em relação a de outro era feita de acordo com a quantidade de ouro que elas representavam. As flutuações monetárias eram mínimas e os déficits dos balanços de pagamento eram cobertos com este metal.

As tentativas de resgatar a situação vivida antes da guerra foram interrompidas com a eclosão da crise econômica de 1929. Durante a grande depressão, entre 1929 e 1932, o sistema monetário internacional (padrão-ouro) se desintegrou com os elevados níveis de desemprego, desvalorizações cambiais, para conquistar mercados e políticas protecionistas. As regras para o câmbio estavam fundamentadas na "política de empobrecimento do vizinho" (*beggarthy-neighbor*). A Década de 30 ficou marcada por ser um período de difícil cooperação entre as economias mundiais, destacando-se principalmente as trocas comerciais, nesse período o comércio mundial regrediu cerca de 60%.

Essa crise não deixou de afetar o Brasil, que tinha no café 71% das suas exportações. Os Estados Unidos, principais compradores do nosso produto, reduziram drasticamente as importações, e o preço caiu de US$ 22,5/libra em 1929 para US$ 8,0 em 1931, levando o governo brasileiro a comprar e queimar o café que deixou de ser exportado. A crise do café mostra a fragilidade da economia, e o país procura industrializar-se apoiado no sentimento nacionalista, como expressam as palavras de Getúlio Vargas (*in* Brum, p. 86, 1987) no primeiro ano do seu governo provisório: "De outro lado, impõe-se-nos, como medida natural de defesa econômica, única ao nosso alcance, a redução da importação. Nesse terreno, providências múltiplas são aconselháveis, e o governo não se tem descurado de promover a sua aplicação: procura intensificar o uso do álcool como combustível; conseguir o aumento da produção de trigo, preconizando, mesmo, o fabrico do pão misto e empenha-se por obter melhor aproveitamento do carvão e do algodão nacionais. A par disso, devemos aceitar, como postulado cívico, o compromisso de ampliar as nossas lavouras e aperfeiçoar as nossas indústrias, de forma tal que passe a ser considerado deslize de patriotismo alimentarmo-nos ou vestirmo-nos com tecidos ou gêneros importados (...) Mas o problema máximo, pode dizer-se, básico da nossa economia, é o siderúrgico".

Em todo o mundo, a ideologia do nacionalismo cresce, e a grave crise econômica da época levou à II Guerra Mundial em 1939. Mais uma vez houve a necessidade de planejamento para o pós-guerra e de ampliar o comércio, tornando-o um instrumento da paz entre as nações. Em julho de 1944, antes do final da II Guerra, os aliados se reuniram em New Hampshire, Estados Unidos, na célebre conferência de Bretton Woods (Conferência Monetária e Financeira Internacional das Nações Unidas), acordo assinado por 44 países, dentre eles o Brasil, quando ficou estabelecida a criação do Fundo Monetário Internacional (FMI) e o Banco Internacional de Reconstrução e Desenvolvimento (BIRD) ou Banco Mundial. Havia planos para criar a Organização Internacional do Comércio (OIC), mas não sendo aceita pelo congresso dos Estados Unidos desapareceu em 1950. No seu lugar ficou um acordo para limitar a imposição de maiores restrições ao comércio e estabelecer regras para negociar reduções das barreiras em bases multilaterais, chamado Acordo Geral de Tarifas e Comércio (GATT). O documento teve como principais mentores os Estados Unidos e a Inglaterra, e sua principal finalidade era evitar a fase protecionista que marcou o Comércio Internacional nos anos 30.

Nesse sentido, a Conferência de Bretton Woods estabeleceu os fundamentos do sistema monetário e financeiro internacional pós-Segunda Grande Guerra Mundial e ficou alicerçada em somente duas bases, ou seja, o Fundo Monetário Internacional (FMI) e o Banco Mundial (BIRD), que serão vistos a seguir.

É importante ressaltar que o sistema financeiro internacional tem como principais agentes as agências nacionais de financiamento ao comércio exterior, organismos multilaterais especializados na concessão de empréstimos, os bancos internacionais e as instituições financeiras não-bancárias.

4.1. Fundo Monetário Internacional (FMI)

Com o temor de que a desorganização econômica provocada pela II Guerra Mundial pudesse levar as nações a novos confrontos bélicos, fez-se necessária uma instituição capaz de cooperar para a estabilidade financeira e econômica do mundo. Assim, com o objetivo de estabelecer paridades monetárias rígidas para evitar práticas discriminatórias como as desvalorizações concorrenciais; eliminar os controles cambiais; dar assistência aos países com problemas nos balanços de pagamentos e fornecer recursos monetários aos países-membros, foi criado o FMI, que iniciou suas atividades em maio de 1946, em sua versão preliminar. Os trabalhos dos técnicos do FMI eram isolados e formulados a título pessoal.

Com sede em Washington, é dirigido por 20 diretores, sendo 5 deles nomeados pelos países que detêm o maior número de cotas-parte, e os demais eleitos entre os representantes dos outros países (cada país nomeia um delegado e um suplente para representá-lo). Atualmente são 180 os membros do FMI, que para ingressarem contribuem com cotas-parte, sendo 25% em ouro ou moeda forte e 75% em moeda nacional corrente.

O Fundo nos seus postulados básicos, em Bretton Woods, foi alicerçado na premissa básica de que é livre a circulação de mercadorias e capitais entre os países. Adquirindo seu auge na Década de 50 quando deram forma as primeiras atuações do FMI nos países subdesenvolvidos.

A visão do comércio internacional, segundo o FMI, se apóia na teoria das vantagens comparativas (David Ricardo) que surgem dos diversos custos dos produtos e pela sua relativa abundância ou escassez. O Fundo partiu da idéia de que um alto nível de emprego e de renda só será almejado se houver um grande intercâmbio mundial, e assim todos poderiam auferir resultados. Assim sendo, baseava-se que os desequilíbrios externos de determinado país se equilibrariam ao longo do tempo entre todos, admitindo a hipótese de que as economias nacionais e o sistema internacional tendem ao equilíbrio e à estabilidade.

Nesse sentido, o papel do Fundo seria o de colaborador para o equilíbrio do balanço de pagamentos a curto prazo, evitando medidas protecionistas que afetam o sistema internacional. Para tanto, "o padrão monetário internacional deveria ser regido por paridades relativamente fixas entre as diferentes moedas e um sistema multilateral de pagamentos".[2]

Dentre as principais orientações políticas para se atingir a estabilização, a curto prazo, o Fundo "recomenda" as seguintes: a cambial, a monetária, a fiscal e a salarial. Na visão do Fundo, o equilíbrio

[2] LICHTENSZTEJN & BAER 1987 p. 73.

do balanço de pagamentos e o combate à inflação são pontos-chaves que devem ser alcançados para alicerçar o crescimento econômico de cada nação.

4.1.1. *Políticas de estabilização*

As políticas de estabilização utilizadas pelo Fundo podem ser resumidas em medidas para conter a demanda interna e para ajustar o *deficit* do balanço de pagamentos, assim sendo:

4.1.1.1. Política Cambial - o Fundo "recomenda" a desvalorização do câmbio. A sobrevalorização da moeda nacional agrava o *deficit* do balanço de pagamentos e pesa sobre o desequilíbrio no intercâmbio com o exterior.

4.1.1.2. Política Monetária - a "recomendação" é a contenção do crédito, pois a expansão do crédito pode estimular o endividamento privado, ocasionando inflação, com efeitos negativos junto às contas externas, pelo excesso de demanda.

4.1.1.3. Política Fiscal - "recomenda" a redução do *deficit* fiscal. "O objetivo que se indica como central no campo fiscal é redução efetiva do *deficit* a níveis considerados normais ou aceitáveis do ponto de vista monetário-creditício. O estabelecimento de um *deficit* fiscal máximo (entre 2 e 3% do PIB, aproximadamente) constitui uma proposta tradicional do FMI nesse sentido".[3]

4.1.1.4. Política Salarial - uma das políticas que mais traz efeitos diretos ao trabalhador. O Fundo "recomenda" reajustes pela inflação futura, "os ajustes desse tipo de rendimentos deveriam ser realizados tomando como referência as metas futuras do nível geral de preços, e não os índices da inflação precedente, ou proceder a desvincular ou defasar os salários de uma indexação plena relativa à evolução dos preços."[4]

4.1.2. *FMI: Um breve histórico*

Nos seus primeiros 10 anos de existência pouco realizou, passando a ser mais efetivo em 1956 a partir da saída da Inglaterra e da França de Suez, e em 1958 com os europeus declarando conversíveis suas moedas, quando a economia mundial sofria uma alteração significativa, com a falta de dólares sendo substituída por um excesso. Na década seguinte, alcançou grande sucesso com a redução nos

[3] Ibidem, p. 80.
[4] Ibidem, p. 81.

custos das transações, redução das restrições e riscos, ampliação do comércio e do mercado internacional de capitais.

Na América Latina, através de formulação de políticas econômicas, diagnosticou a persistente inflação e os constantes *deficits* do balanço de pagamentos, como um mal resultante do excesso de demanda, fruto de orientações políticas erradas (políticas cambiais, monetárias, fiscais e salariais). Essa política monetarista se manteve por vários anos, tornando-se de cunho ortodoxo devido aos modos como encarava e procurava conceituar a inflação e o *deficit* externo.

Em 1967, com a desvalorização da libra esterlina, depois de um período de 5 anos e meio no qual nenhuma moeda importante tinha alterado seu valor paritário, decidiu-se criar um mercado duplo de ouro, feito indiretamente através do dólar americano, que era conversível em ouro e merecedor de confiança. O preço para transações entre Bancos Centrais continuou a ser de US$ 35,00 a onça (28,349 gramas), enquanto o preço no mercado privado variava livremente. A partir de 1971, com a queda da cotação das moedas em ouro, o dólar foi desvalorizado em 8,5% (US$ 38,00 por onça) e permitida uma variação de 2,25% para as demais moedas (acordo Smithsoniano). Em 1973 novamente o dólar foi desvalorizado, passando a onça de ouro a valer US$ 42,22. Estas duas crises (1971 e 1973) foram responsáveis pelo fim do sistema de paridades fixas arquitetado (padrão ouro) em Bretton Woods.

Em julho de 1967, para regular os auxílios aos países com problemas nos balanços de pagamento foi criado o Direito Especial de Saque (DES), internacionalmente conhecido como *Special Drawing Rights* (SDR). Isto funcionou como uma moeda escritural, cuja paridade era regulada por um conjunto de 16 moedas (cesta de moedas), simplificada a partir de 1981, passando a ser composta por 5 moedas (42% para o dólar americano, 19% para o marco alemão, 13% para o franco francês, o iene japonês e a libra esterlina) e com revisão a cada 5 anos, de tal forma que nela permaneçam aquelas com melhor desempenho no comércio internacional durante o qüinqüênio anterior.

Os países-membros recebem um montante de DES proporcional às cotas que possuem. Esses auxílios são vinculados à finalidade que será atendida com a quantia e devem ser resgatados em prazos variáveis de 3 a 5 anos. Nos casos de pedido desses auxílios, o FMI oferece sua assessoria, fiel a uma política do tipo monetarista (taxa cambial única e fixa, moeda conversível, corte nos gastos públicos, contenção salarial, etc.) que nem sempre correspondem aos interesses dos países que almejam o desenvolvimento, pois costuma provocar efeitos depressivos na economia com custos sociais elevados, ou seja, o país recebedor dos "auxílios" devem estar dispostos a corrigir, ajustes e remediar as causas dos desequilíbrios financeiros; impor disciplina e austeridade econômica.

A idéia de uma moeda internacional estável e gerida por um organismo internacional deveria proporcionar à economia mundial uma maior segurança, mas a medida que o dólar readquiriu confiança, o DES deixou de ter tão alta importância nos meios financeiros.

Na década de oitenta, devido a uma reorientação do modo de agir fruto das constantes críticas sofridas, o Fundo procurou flexibilizar seus esquemas teóricos e políticos. Mas, sabe-se que essa nova orientação é o "fruto" dos novos padrões da economia internacional devido a seus efeitos oriundos de uma profunda crise que foi fato marcante em todas as economias na década de 80.

Uma análise do histórico do pensamento e estratégias do FMI é sintetizada por Lichtensztejn (1987, pp. 71-72) em três momentos distintos:

"1) os princípios mais gerais que se desprendem desde a sua constituição orgânica em Bretton Woods e que impregnam todas as suas posições acerca da economia internacional e desequilíbrios externos dos países;

2) sua concepção de estabilização como luta integrada contra a inflação e o déficit da balança de pagamentos e suas soluções no âmbito nacional e quantitativo das políticas econômicas a curto prazo;

3) a adaptação que, desde a década de 70 (fins), o FMI imprimiu ao seu modelo convencional de estabilização, incorporando uma visão internacional, qualitativa e de mais longo prazo nas políticas de ajuste."

Em 1985, o FMI e o Banco Mundial apresentaram o Plano Baker, que previa empréstimos no valor de US$ 29 bilhões, entre 1986-89, aos países necessitados, nas condições estabelecidas pelo Fundo. O empréstimo tinha por finalidade o financiamento de projetos, programas de reformas e programas de estabilização econômica. Os demandadores se comprometem através de *cartas de intenções*, ou seja, um conjunto de metas preestabelecidas no sentido de reformas liberalizantes. E em complemento ao auxílio financeiro o complemento do capital com recursos provenientes dos bancos internacionais.

O plano no entanto não logrou êxito, pois não houve a alocação de novos recursos por parte dos bancos internacionais, os recursos do Banco Mundial e do Fundo eram insuficientes, aliado à aplicação de "fórmulas gerais", e não um estudo caso a caso, de reforma estrutural e de ajuste do balanço de pagamentos não almejando resultados satisfatórios.

Visando, novamente, a resolver os problemas da dívida externa, em 1988, o Plano Brady é apresentado, prevendo a possibilidade da renegociação com novo prazo, um período de carência e juros mais flexíveis ao ano. O plano incorporando grande parte do anterior tinha como ponto destacado o alvo principal como sendo o desconto da dívida externa e como base maior o aumento dos recursos oriundos do FMI e do Banco Mundial.

Na América Latina, o México foi o primeiro país a recorrer ao Fundo; com o novo plano, o Brasil também tentou, mas as condicionantes para o respectivo "auxílio" foram vistas pela administração do Presidente Sarney como impraticáveis.

Independente das adaptações que o Fundo sofreu através dos tempos que sem dúvida vieram a melhorar seu papel perante a comunidade internacional porém, sua finalidade e objetivos são questionáveis em diversos pontos, dentre eles se destacam a relação de poder frente aos países em desenvolvimento, suas formas de pressionar ou seus instrumentos de políticas econômicas que nem sempre refletem os anseios da população em geral e não somente a falta de recursos como é usado como justificativa em alguns casos mas, também a falta de flexibilização dos programas de estabilização apoiados pelo Fundo. Nota-se que reformas se fazem urgir principalmente no que tange à relação com os países ditos emergentes.

4.2. Banco Internacional de Reconstrução e Desenvolvimento (BIRD)

O Banco Internacional de Reconstrução e Desenvolvimento, instituição financeira ligada a ONU, também conhecido como Banco Mundial. Com sede em Washington, foi instalado em 27 de dezembro de 1945 e contava em 1995 com 178 países-membros. Teve como objetivo inicial financiar a recuperação econômica dos países atingidos pela guerra, entretanto mais tarde passou a prestar ajuda preferencialmente aos países subdesenvolvidos. Criado portanto como uma instituição irmã do FMI objetivava oferecer financiamentos a longo prazo (15 a 20 anos) para substituir o mercado de capitais privado que havia desaparecido, mercado este cuja finalidade básica é transferir recursos dos poupadores para os investidores, de modo a misturar ativos que correspondam às preferências dos poupadores e permitam investimentos naqueles pontos em que eles prometem os retornos máximos.

O BIRD tem sua estrutura baseada no bicameralismo, "é dirigido por um *Conselho de Governadores* que representa todos os estados-membros e um *Conselho de Administração* composto de vinte e dois membros. Este órgão é, de fato, o braço executivo do Banco. Os cinco países que possuem o maior número de partes do capital do BIRD - Estados Unidos, Alemanha, Japão, França e Grã-Bretanha - indicam seus representantes no Conselho de Administração. Os outros dezessete assentos são eleitos, num sistema de rodízio, pelo Conselho dos Governadores."[5]

O Banco obtém recursos financeiros emitindo obrigações em termos comerciais e os repassa aos países em desenvolvimento em condições um pouco melhores que aquelas as quais o país teria atingido isoladamente. Para prestar assistência subsidiada, em 1960 foi criada uma filial da Associação Internacional de Desenvolvimento (AID), que conta com recursos específicos de países doadores. Tratando-se de recursos com taxas de juros zero e com prazo de carência longo, é natural que a demanda potencial supere as possibilidades de empréstimo, levando o BIRD a dar prioridade ao financiamento de projetos, exigentes em esforço burocrático e que oportunizem à equipe desta instituição detalhados estudos sobre a economia dos tomadores. Outra agência filial do BIRD é a Corporação Financeira Internacional, fundada em 1956, porém, começando a operar somente em 1961.

O programa de ajuste estrutural financiado pelo Banco Mundial envolve um sistema de *condicionalidade* alicerçado na implementação de políticas econômicas orientadas para o funcionamento das livres forças do mercado e seus principais objetivos são eliminação da barreira ao fluxo internacional de bens, serviços e capital e a redução dos gastos públicos. Suas políticas básicas de ajuste estrutural envolvem desvalorização cambial, liberalização comercial, cortes dos gastos sociais (educação e saúde), privatização de empresas estatais, redução salarial, desregulamentação, restrições à expansão do crédito e elevação das taxas de juros.

As políticas do banco têm por finalidade obter saldos positivos na Balança Comercial para então pagar a dívida externa, porém, os programas de cunho global e não direcionado para cada caso têm se mostrado um tanto quanto impopulares junto às diversas camadas da sociedade, aumentando, em muitos casos, a concentração de renda, da pobreza e da miséria nos países ditos emergentes ou em desenvolvimento. Os cortes dos gastos públicos, principalmente em

---

[5] SEITENFUS, 1997, p. 147.

relação a saúde e educação, a queda de poder de compra dos salários, aumento dos preços dos alimentos e do desemprego têm sido seu principal algoz.

Em 1995, o capital total subscrito era de US$ 271,2 bilhões, e o Brasil tinha US$ 3,13 bilhões. Nesse mesmo ano, o BIRD aprovou US$ 27,98 bilhões em empréstimos, dos quais US$ 751 milhões para o Brasil. Para os próximos três anos, os investimentos no Brasil estão previstos em torno de US$ 9 bilhões, dois quais US$ 2,5 bilhões para o corrente ano. No ano passado, os desembolsos para projetos no país giraram em torno de US$ 1,6 bilhão e mais US$ 1,00 bilhão em investimentos. Dentro de uma nova orientação, o Banco está financiando projetos produtivos a longo prazo, destacando-se reforma agrária, educação e meio ambiente. Um dos projetos prevê US$ 90 milhões na área da reforma agrária, com uma contrapartida de US$ 30 milhões das esferas federal e estadual. Esses recursos têm por finalidade financiar projetos comunitários para as famílias já assentadas, inicialmente, em cinco Estados, a saber: Bahia, Ceará, Pernambuco, Minas Gerais e Maranhão.

Em relação à crise da bolsa dos países asiáticos, acredita-se que o banco não deverá reorientar suas projeções, a médio prazo, para o crescimento do Brasil. O Banco acredita que apesar de o crescimento do Brasil se apresentar "modesto", a recuperação econômica dos países em crises financeiras já não é tão demorada como antigamente. Rapidamente são colocadas em práticas medidas econômicas que retomam o crescimento ou atenuam os efeitos das crises. Antes para se sair de uma crise demoravam de cinco a dez anos para que medidas surtissem efeitos.

5. CONSIDERAÇÕES FINAIS

Após uma rápida passada por momentos importantes no contexto mundial, ou seja, após a Primeira Guerra Mundial, a Grande depressão (1929), a Segunda Guerra Mundial (1939-45) e ainda com o início da Guerra Fria em 1946, um novo mapa mundial vem sendo desenhado não só a partir da queda do muro de Berlim e a extinção oficial da ex-União Soviética mas, através da internacionalização da produção e dos mercados. Uma nova ordem internacional é proclamada sobre os alicerces do mercado livre e do mercado sem fronteiras. Nesse contexto, estima-se que nos próximos dez anos, a soma do comércio internacional deverá crescer dos atuais US$ 5,3 trilhões para US$ 8 trilhões e graças ao avanço das comunicações teremos

8 bilhões de consumidores em potencial, porém a participação do Brasil no Comércio Internacional gira em torno de 0,9%.

O Brasil sempre apresentou relações com o sistema financeiro internacional, seja no processo de industrialização via substituições de importações ou ainda no processo de endividamento externo o qual optou-se crescer a qualquer preço para não perder os frutos do período chamado de "milagre econômico". Seu papel de receptor dos fluxos do capital estrangeiro sempre se fez presente, seja por atitudes favoráveis entre Estado e os organismos financeiros, seja pelo potencial de nosso mercado interno.

Sabe-se que o fracasso dos diversos planos de estabilização se deu por falta de vontade política que em muitas vezes prevaleceu interesses particulares, e não a Nação como um todo e também pelo agravamento da crise da dívida externa. Assim, a vulnerabilidade financeira junto à esfera externa compromete a capacidade individual do país em se desenvolver.

Na medida em que os investimentos não se fizeram mais presentes, as condições de vida e a estabilidade política nos países endividados caíram por terra. Nesse contexto, o Banco Mundial passou a entender que havia a necessidade de "ajustamento com crescimento econômico".

Pelo lado do Fundo Monetário Internacional, esse passou a exigir programas de estabilização dentro das exigências do chamado "Consenso de Washington" o qual envolve uma clara orientação liberal e um forte viés recessivo ocorrendo entre outros: queda no nível de vida, maior miséria, contração nos investimentos que resultam em aumento do número de desempregados, aumento do emprego informal, diminuição dos salários, menor distribuição de renda, enfim, conquistas sociais que levaram anos para serem conseguidas estão desaparecendo à luz de nossos olhos, podendo-se citar recentemente a aprovação do contrato temporário de trabalho.

O texto procurou fazer a correlação entre alguns órgãos do sistema financeiro internacional e o comércio entre as nações. Pode-se concluir prematuramente que cada país ao defrontar a sua política econômica, através do setor externo, perante o resto do mundo, nota que o progresso apresenta-se atrelado ao campo das relações de troca. A análise do balanço de pagamentos nos fornece uma visão de como se encontra financeiramente esse país em relação a outros. Essa radiografia justifica algumas das posições tomadas pelos Governos ao aplicarem políticas de reajustes, para atingirem os níveis de eficiência e crescimento propositados pela divisão internacional do trabalho.

Mas, não nos encontramos sós, o mundo cada vez mais se globaliza e portanto as relações internacionais, se fazem cada vez mais presentes, verifica-se maior ou menor dependência entre as nações, as quais procura-se reduzir, pois a satisfação plena dos fatores de produção é uma constante, para alguns países existe maior comprometimento com os organismos financeiros, que auxiliam mas impõem severas regras a seus demandantes.

A auto-suficiência ou o isolamento são "palavras mortas" para os países emergentes ou até mesmo os desenvolvidos, pois está claro que o intercâmbio, pelo fluxo de trocas, torna-se pressuposto básico para o novo milênio, ou mesmo, a satisfação de parcela significativa da comunidade que estão alheias aos fatos que ora se apresentam mas, ansiosas por soluções que minorem a crescente presença de fome e miséria que se instaura pelo mundo.

6. REFERÊNCIAS BIBLIOGRÁFICAS

BOLETIM DO BANCO CENTRAL DO BRASIL. Brasília: Banco Central do Brasil, v. 33, n. 6, 1997.

BACHA, Edmar L. & MENDONZA, Miguel R. (Org) *Recessão ou crescimento: o FMI e o Banco Mundial na América Latina.* Rio de Janeiro: Paz e Terra, 1986.

BRUM, Argemiro, J. *O desenvolvimento econômico brasileiro.* 8. ed. Rio de Janeiro: Vozes Ltda, 1987.

GONÇALVES, Reinaldo. *Ô abre-alas: a nova inserção do Brasil na economia mundial.* Rio de Janeiro: Relume-Dumará, 1994.

GREMAUD, Amaury Patrick. *Economia brasileira contemporânea: para cursos de economia e administração.* São Paulo: Atlas, 1996.

KUNZLER, Jacob Paulo. *Mercosul e o mercado internacional.* 2. ed. São Paulo: Atlas, 1995.

LICHTENSZTEJN, Samuel & BAER, Monica. *Fundo Monetário Internacional e Banco Mundial: estratégias e políticas do poder financeiro.* São Paulo: Brasiliense, 1987.

LOPES VAZQUEZ, José. *Comércio exterior brasileiro.* São Paulo: Atlas, 1995.

MAIA, Jayme de Mariz. *Economia internacional e comércio exterior.* 3. ed. São Paulo: Atlas, 1997.

RATTI, Bruno. *Comércio exterior e câmbio.* 8. ed. São Paulo: Aduaneiras, 1994.

SEINTENFUS, Ricardo A. Silva. *Manual das organizações internacionais.* Porto Alegre: Livraria do Advogado, 1997.

THUROW, Lester C. *O futuro do capitalismo - como as forças econômicas de hoje moldam o mundo de amanhã.* Rio de Janeiro: Rocco, 1997.

WILLIAMSON, John. *A economia aberta e a economia mundial: um texto de economia internacional.* Rio de Janeiro: Campus, 1989.

7. A organização da *urbe*: os códigos de posturas

Beatriz Teixeira Weber
Professora Adjunta da Universidade Federal de Santa Maria, Mestre em História da Universidade Federal do Rio Grande do Sul, Doutora em História Social do Trabalho da Universidade Federal de Campinas

SUMÁRIO: 1. O sentido original dos códigos; 2. Os (des)caminhos da regulamentação.

Um amplo processo de modernização nas maiores áreas urbanas ocorreu em toda a América Latina na segunda metade do século XIX e início do século XX. Esse processo apresentou peculiaridades em várias regiões. Os países da região platina do continente tiveram processos que mereceriam ser analisados de forma mais cuidadosa. São processos que apresentam muitos pontos em comum. Este trabalho procura apresentar parte dessa organização em uma das cidades da região platina, Porto Alegre, através de uma documentação, os códigos de posturas, que tiveram uma certa similaridade em outras áreas urbanas da região, como as "Ordenanzas municipales" na Argentina.[1]

1. O SENTIDO ORIGINAL DOS CÓDIGOS

As transformações que se operaram no Brasil a partir da Independência estabeleceram novas necessidades, não só nos níveis da produção e da política, como também no cotidiano. Para isso, as diversas esferas da sociedade política se estruturaram a fim de permitir um melhor convívio social, que passava pela urbanização no

[1] BENARÓS, León. "Personajes, hechos, anécdotas y curiosidades de la Historia". *In*: *Todo es Historia nº 213. Año XVII*. Buenos Aires, enero 1985. pp. 69-70.

que se refere ao controle do trabalho e da saúde pública. É no bojo da execução deste projeto que surgiram as posturas municipais.

Para entender o processo de urbanização, leva-se em conta que toda a problemática referente à constituição da mão-de-obra, "... da dominação crescente do capital sobre o trabalho e das condições história em que se desenvolve essa dominação, está intimamente imbricada à própria constituição do urbano e do crescimento da vida nas cidades, no caso brasileiro, principalmente Rio de Janeiro, São Paulo, Recife, Porto Alegre e outras que neste século se constituem nos centros urbanos onde o crescimento industrial e urbanização se apresentam como características fundamentais".[2]

Com isto vieram reformas, como a adoção do casamento civil, do registro civil, a laicização dos cemitérios e sua administração pelo poder público, uma nova regulamentação das transações comerciais internas, o que significou a adoção legal e obrigatória de um moderno sistema de pesos e medidas, através do Sistema Métrico Decimal, mecanismos de controle burocráticos, administrativos e fiscais.[3] Essa legislação e a organização desse controle não se estabeleceram de um momento para outro, mas se constituíram em projetos que tinham a ver com a correlação de forças de cada situação e de cada região onde elas precisaram ser implementadas.

Configuram-se, então, os códigos de posturas municipais, primeiramente chamadas "posturas policiais". Estes eram um conjunto de normas que estabeleciam regras de comportamento e convívio para uma determinada comunidade, demonstrando a preocupação com a preservação da ordem e a segurança pública. Esse conjunto de artigos, em cada município, orientava a operacioalização da legislação nacional, refletindo as peculiaridades e interesses de cada região.

Em 1928, foi publicado o Primeiro Regulamento Brasileiro para o Funcionamento das Câmaras Municipais, que orientava as mesmas sobre a forma de eleição e suas funções, dentre elas, a de examinar os Provimento e Posturas e propor ao Conselho-Geral o que melhor conviesse aos interesses do município.[4] O regulamento estabelecia os parâmetros do que devia constar nas "Posturas Policiaes" a partir de então.

Por este regimento, as Câmaras Municipais teriam a seu cargo tudo quanto dissesse respeito à polícia, à economia das povoações e à urbanização, tomando deliberações sobre:

---

[2] FENELON, Déa Ribeiro. "Estado, Poder e Classes Sociais". *In*: *Revista Brasileira de História 7*. São Paulo: Marco Zero. 1984. p. 55.

[3] BERNARDES, Denis. *Um Império entre Repúblicas*. São Paulo: Global. 1983. p. 72.

[4] Leis e Decretos do Império 1828. L042. p. 192-196v. AHRS.

"alinhamento, limpeza, iluminação, desembaraço das ruas, estradas e praças, conservação e reparo das muralhas, edifícios, escavações e precipícios, prisões públicas, calçadas, pontes, fontes, aquedutos, chafarizes, poços, tanques e quaisquer outras construções em benefício comum dos habitantes ou para decoro ou ornamento das povoações, cemitérios fora dos recintos dos templos, esgotamento de pântanos e de qualquer estagnação de águas infectas; sobre a economia e asseio de currais, matadouros públicos, curtumes, depósitos de lixo, tudo quanto pudesse alterar e corromper a salubridade da atmosfera; cautela contra a divagação de loucos, embriagados, animais e outras pessoas, contra incêndios; vozerios nas ruas em horas de silêncio, injúrias e obscenidades contra a moral pública; plantação de árvores, proteção aos criadores, cuidados com limpeza e salubridade dos alimentos e objetos expostos à venda, comodidade das feiras e mercados, padrões de pesos e medidas, tudo que pudesse favorecer a agricultura, comércio e indústria dos seus distritos, cuidados com a venda de gêneros suscetíveis de explosão (pólvora, fogos de artifício), espetáculos públicos".[5]

Como se pode observar, o regimento dava as orientações para as principais preocupações que deveriam ter as Câmaras Municipais nas suas respectivas cidades, preocupações que se intensificaram nas áreas urbanas maiores. Foi, pois, em nível municipal que começaram a se estabelecer mudanças importantes no sentido da definição ética e econômica do trabalho, ambas regulando o dia-a-dia da população.

A historiografia brasileira já se ocupou de estudos que demonstram a adequação do aparato legal que foram as posturas a uma área urbana como o Rio de Janeiro, por exemplo, grande pólo de atração da população originária de outras províncias e do exterior do País. A Câmara Municipal do Rio de Janeiro promulgou, em 1832, um código de posturas elaborado pela Sociedade Nacional de Medicina, que se propunha a ordenar a vida da cidade com o intuito de higienizá-la, refletindo as mesmas preocupações do Primeiro Regulamento Brasileiro para o Funcionamento das Câmaras Municipais.[6]

Os elementos estabelecidos pelo código do Rio de Janeiro são parte da definição ética do trabalho que devia ser incorporada à vida do trabalhador. Esta previa que ele pudesse ser submetido ao mer-

[5] Primeiro Regulamento Brasileiro para o Funcionamento das Câmaras Municipais. Idem, pp. 192-195v.

[6] As informações referentes às posturas no Rio de Janeiro são de PECHMAN, Sérgio & FRITSCH, Lilian. "A Reforma Urbana e seu Avesso: algumas considerações a propósito da modernidade do Distrito Federal na virada do século". *In*: *Revista Brasileira de História v. 5 nºs 8/9*. São Paulo: Marco Zero, 1985. pp. 139-195.

cado, desfazendo-se, com isto, a imagem negativa do trabalho, vinculada ao escravo. Define-se, a partir daí, o trabalho como fonte de toda atividade criadora e de riqueza, sendo a sua "positividade" construída ao longo do século.[7] O "bom trabalhador" deveria ser "... ordeiro, sinônimo de pacato e disciplinado; morigerado, sinônimo de eficiente e sóbrio - não sujeito às concupiscências da bebida e do jogo; e moral - não sujeito às artimanhas da paixão e de seus desvarios...",[8] e higienizado: deveria prezar por aspectos de limpeza de suas roupas, corpo e alimentos; não fugir à vacina; evitar lugares insalubres, como bordéis e cortiços; colocar os dejetos nos lugares indicados pela municipalidade e só ocupar água dos lugares autorizados.

Já havia uma percepção de que a população não podia ser deixada ao seu libre arbítrio porque isso instauraria o caos na cidade, devendo-se dotar medidas preventivas para evitar a desordem, a desestabilização da vida urbana. O código de 1832 impunha ao morador da cidade restrições de natureza higiênica, porque a insalubridade tornava as doenças e epidemias inevitáveis, e também de natureza moral, porque atitudes moralmente condenáveis, como a loucura, a embriaguês, as atitudes indecentes em público, não condiziam com o estilo de comportamento de um morador ou trabalhador da cidade.

Esse processo geral apresentou-se mais acentuado no Rio de Janeiro, com definições mais claras na primeira metade do século XIX, devido ao intenso crescimento populacional e urbano ocorrido naquela cidade, tanto com a vinda da família real portuguesa em 1808 como por ter-se tornado capital do Império em 1822.

Em Porto Alegre, área urbana que só desenvolveu-se mais intensamente na segunda metade do século XIX, as características apresentadas pelo governo federal em 1828 não sofreram uma adaptação tão nítida no sentido da organização de um novo convívio social. Assim sendo, o primeiro código de posturas de Porto Alegre não pode ser entendido da mesma forma que o do Rio de Janeiro, o que reforça as características regionais e locais da concepção e organização do espaço urbano.

Este código de Porto Alegre, surgido após o Regulamento para o Funcionamento das Câmaras Municipais, foi redigido em 1829 com

---

[7] BRESCIANI, Maria Stella. *Londres e Paris no Século XIX: O Espetáculo da Pobreza*. 5. ed. São Paulo: Brasiliense, 1989. pp. 79-80.

[8] CHALHOUB, Sidney *et al*. "Trabalho Escravo e Trabalho Livre na Cidade do Rio: Vivência de Libertos, 'Galegos' e Mulheres Pobres" In: *Revista Brasileira de História* v. 5, n°s 8/9. *Op. cit.* p. 97.

50 "capítulos" (apresentavam-se com a função de artigos). Existe, por parte dos autores que utilizaram a documentação de código de posturas, a interpretação de que a aprovação ou cópia são códigos novos, o que não ocorreu,[9] como se pode verificar pelo esquema a seguir.

1829

Estabelecia os limites da cidade, a altura das calçadas, construções que podiam ser realizadas e em que áreas, o controle que a Câmara deveria exercer a respeito das construções, sobre áreas por edificar, limpeza dos terrenos, largura e condições das ruas e caminhos, escavações na área urbana, depósito de materiais que dificultassem o trânsito, designava lugares para comércio, proibia a circulação de escravos em certas áreas e horários, a realização de quaisquer motins na cidade, etc. Código manuscrito no AHPA.

1831

Cópia manuscrita do código de 1829 no mesmo livro no AHPA. Há o registro da proibição de castigos aos escravos em lugares públicos logo após a cópia.

1837

Aprovação do código de 1829 pela Lei Provincial de 23 de novembro de 1837. Foram suprimidos artigos referentes à inclusão como atravessadores dos carregadores de madeira, tábuas, lenhas e carvão (cap. 15) e à proibição da caça de perdizes e codornizes (cap. 47). Foram feitas alterações de redação dos capítulos 3, 4 e 5 que não afetam o conteúdo dos mesmos. O cap. 19 substituiu o cap. 14 sobre o horário em que seriam considerados atravessadores na venda de produtos no mercado, acrescentando que em tempos de carestia, às penas seria acrescido a obrigatoriedade de vender ao povo os gêneros comestíveis que atravessou pelo preço que fez a compra dos mesmos, podendo qualquer pessoa livre maior de 21 anos requerer diante dos Juízes de Paz o cumprimento dessas posturas. Foi acrescentado o cap. 50 designando os lugares para o despejo de ciscos e imundícies, punindo os que fossem encontrados lançando detritos fora dos lugares indicados com 3 dias de prisão e multa, se fosse livre, e se fosse escravo receberia a punição de 50 açoites.

1842

Revogação do cap. 50 sobre os lugares e punições para os encontrados lançando detritos fora dos lugares indicados (17 nov). Artigo aditivo obrigando os proprietários a aterrarem terrenos pantanosos (17 dez).

1843

Alteração do cap. 24 das posturas de 1829 sobre animais soltos na cidade serem presos e vendidos em leilão ou entregue aos presos (4 jan).

---

[9] Por haver um período de tramitação após a elaboração das posturas, assim como das alterações, observam-se diferenças nos autores a respeito dos códigos que Porto Alegre possuiu. Riopardense de Macedo faz referência a outros códigos de Porto Alegre em 1831, com 48 artigos, e em 1837, com 56 artigos, mas as posturas de 1829 foram aprovadas pela Lei Provincial de 23 de novembro de 1837 e publicadas por Edital em 19 de fevereiro de 1838, o que leva a crer que sejam a mesma legislação, com artigos adicionados ou suprimidos. MACEDO, Riopardense de. "Os Códigos de Posturas na Velha Porto Alegre". *Zero Hora*. 8 out. 1982. p. 10. Ver Livro de Registro das Posturas Municipais de 1829 até 1888. AHPA.

1844

Regulamento para a praça do Mercado. Obriga a venderem carnes verdes, hortaliças, frutas, mantimentos e demais objetos na Praça, permitindo expor ao redor do mercado enquanto não estivesse pronto e que se vendesse nas ruas após as 8 horas, no verão, e após as 9 horas, no inverno, contanto que não demorassem nas ruas. Os que tivessem quartos alugados deveriam manter o asseio dos mesmos e dos alimentos expostos. Proíbe a concentração e acoitamento de escravos e "vadios" nas áreas da praça. Os fiscais que realizariam a fiscalização da área seriam os mesmos que fiscalizavam a cidade, mais quatro guardas municipais de nomeação da Câmara, a quem cabia obedecer o chamamento dos fiscais.

1847

Publicação das Posturas de 1929 com 10 capítulos acrescidos, referentes à proibição da lavagem de roupas em certa área do rio, da recusa de moedas de cobre, o jogo de entrudo e quaisquer outros jogos, o exercício da medicina, botica e manipulação de remédios sem apresentação de diploma. Obrigava os médicos a atenderem prontamente, os vacinados a serem examinados 7 dias após a vacina, para ser recolhido pus para outros vacinados, e organizava o pagamento de impostos na cidade. Fontes cfe.[10]

Em sua essência, o código de posturas de Porto Alegre de 1829 indica a preocupação com a organização urbana, tentativas de regular o comércio informal e atividades dos escravos na cidade. Não explicitou quais deveriam ser os elementos da nova organização das relações de trabalho, mas tentou organizar os que já estavam colocados até então, como o comércio marginal, que atendia certas necessidades da cidade.

Assim, o capítulo 13 do código de 1829 reconhecia como praças do mercado de Porto Alegre a do Paraíso, Porto dos Ferreiras (era o litoral do rio Guaíba desde a atual rua General Câmara até o largo do Paraíso, onde se instalou o Mercado e a praça XV de Novembro), do Pelourinho (na rua da Praia próximo aos prédios em que se encontram instalados o Estabelecimento de Material de Intendência e a Companhia de Comando do 3º Exército),[11] do Hospital Militar e da Alfândega, sendo essas as áreas onde podia ser realizado o comércio de artigos comestíveis, não podendo os vendedores ficar parados nas ruas para a venda dos mesmos. Não era permitido erigir barraca sem licença, nem exceder ao toque de recolher, só podiam manter-se nas praças com luz, medidas que regulavam o funciona-

---

[10] Livro de Registro das Posturas Municipais de 1829 até 1888. 4 dez 1829. "Posturas reformadas, e novamente estabelecidas pela Câmara Municipal desta cidade approvada pela Lei Provincial de 23 de Novembro de 1837, e publicadas por Edital de 19 de Fevereiro de 1838". 17 nov 1842. 17 dez 1842. 4 jan 1843. "Regulamento Interino para a Praça do Mercado approvado pelo Exmo. Pres. da Prov. em officio de 26 de abril de 1844". "Posturas Policiaes da Camara Municipal da cidade de Porto Alegre approvadas pelo Conselho Geral da Província". Porto Alegre: Typ. do Commércio, 1847 (anexadas ao Livro de Registro das Posturas Municipais de 1829 até 1888). AHPA.

[11] FRANCO, Sérgio da Costa. *Guia Histórico de Porto Alegre*. Porto Alegre: Editora da Universidade/UFRGS, 1988. pp. 313-314.

mento da área urbana de comércio para que atendesse às necessidades da população.[12]

Na área urbana, havia a possibilidade de os escravos viverem longe do controle do senhor, criando um ambiente próprio e desfrutando de certos momentos de liberdade. Inexistindo um controle mais direto, era favorecida sua mobilidade, assim como sua fuga e esconderijo, porque os escravos fujidos podiam ser confundidos com os escravos que exerciam suas atividades na área urbana, além de ser possível esconderem-se com o acoitamento da população. Em Porto Alegre, essa situação evidenciou-se numa denúncia feita ao Presidente da Província em que afirmava, em 1855, a existência de certos ranchos de capim na praça atrás do Mercado, que estavam servindo de asilo para escravos fugidos.[13]

"... O vazio deixado pela ausência de fiscalização total do senhor era preenchido pelo poder público, altamente interessado em manter a ordem da cidade e evitar aglomerações perigosas de negros".[14] As instâncias repressivas do Estado procuravam cercear a locomoção favorecida pelo ambiente, através das posturas. Não permitiam que o escravo morasse fora da residência do senhor, não podiam ser encontrados depois do toque de recolher sem autorização, ninguém podia ter porta aberta sem luz. Quaisquer possibilidades de os escravos usarem instrumentos que pudessem ferir ou prejudicar seu senhor, ou outras pessoas, eram vedadas, bem como terem acesso a dinheiro, que podia lhes facilitar a fuga. Designava a função dos capitães do mato para a prisão de escravos fugidos na cidade ou fora dela, recebendo quantias diferentes no caso de os prenderem na cidade, fora das mesmas ou em quilombos, sendo diferente a quantia no caso de três escravos ou mais, quantias pagas pelos proprietários dos escravos.

O carregamento de mercadorias era uma das principais atividades a que se dedicavam os negros, controlá-los, bem como aos que com eles se relacionassem, mesmo não sendo escravos, estava presente na proibição de que dessem assobios, fizessem vozerios, ou motim nas ruas e praças, bem como estoques de taboleiros e o chiar de carros e carretas. Também procurava envolver a população no controle dos escravos quando proibia que proprietários de tabernas,

---

[12] Livro de Registro das Posturas Municipais de 1829 até 1888. "Posturas policiaes estabelecidas pela Comarca Municipal da cidade de Porto Alegre". 4 dez 1829. AHPA.

[13] Correspondência Passiva da Câmara de Vereadores de Porto Alegre. Livro 24. 12 out 1855. AHPA.

[14] ALGRANTI, Leila Mezan. *O Feitor Ausente*. Petrópolis: Vozes, 1988. p. 51.

botequins ou casas semelhantes permitissem escravos parados sem justos motivos, sendo dobradas as penas se isso ocorresse à noite.[15]

Para a compreensão das posturas de 1829, deve-se ter em conta que não há ainda a intenção de regular novas relações de trabalho. As posturas tinham, naquele momento, a função de controle dos escravos enquanto tais, não apresentando intenções de formar mão-de-obra em base de novas relações, mas de controlar os escravos num espaço diferente do das fazendas, onde o controle se dava através da intervenção direta do feitor ou do senhor. Por isso, entende-se necessário analisar as diversas conjunturas em que foram elaborados os aditivos e reformas nas posturas, pensando cada uma no seu contexto. Ao contrário do que uma análise apressada pode levar a pensar, as mesmas não apresentaram idêntica intenção de regulamentar a mão-de-obra ao longo de todo o século XIX.

As posturas também tentavam solucionar vários problemas, entre eles, por exemplo, os oriundos da concentração da população na península onde se localizava o centro da cidade. Nos períodos em que foi sitiada pelas tropas revoltosas do conflito farroupilha (entre 1835-1845), houve a preocupação com a carestia em 1837/1838, e, com ela, a necessidade de regular o fornecimento de alimentos à população, tentando evitar especulações.

Devido ao não-restabelecimento da ordem pública em 1847, esta preocupação ainda era evidente através da proibição da saída de gêneros comestíveis da cidade (logo revogado) e o desígnio do lugar para esquartejar gado no restrito espaço da península onde se concentrou a população. Foram denunciadas pessoas que iam ao mercado intermediar a compra de aves e outros gêneros para depois vendê-los por preços muito altos.[16] Quando a cidade ainda não possuía um sistema de fornecimento de alimentos regular e que atendesse às necessidades, a administração procurava evitar e regular as atividades de atravessadores, que aproveitavam essas necessidades e a escassez dos gêneros para estabelecer preços elevados.

A situação de sítio da cidade trouxe à tona um dos problemas constantes nas cidades no século XIX, e, no caso, em Porto Alegre, que era o dos despejos do lixo e imundícies, através da regulamentação dos lugares para o lançamento de detritos (1837/38). Apesar de este artigo ter sido revogado em 1842, esta preocupação continuou aparecendo através das posturas na segunda metade do século.

---

[15] Livro de Registro das Posturas Municipais de 1829 até 1888. "Posturas policiaes estabelecidas pela Comarca Municipal da cidade de Porto Alegre". 4 dez 1829. AHPA.

[16] Correspondência Passiva da Câmara de Vereadores de Porto Alegre. Livro 24. 7 dez 1855. AHPA.

Com a instalação da Praça do Mercado, em 1844, uma legislação específica foi necessária para controlar a existência dessa nova área de comércio.[17]

No desenvolvimento da pesquisa, ficou claro que Porto Alegre não possuiu outro código de posturas até 1892, quando ocorreu o registro do último conjunto de artigos aditivos ao código de posturas da capital. Não é correta, portanto, a afirmação que diz que em 1889 houve um novo Código de Posturas Municipais, "..., que buscava imprimir na cidade um novo ideal de urbanidade".[18] Até 1892, as medidas estabelecidas pelas posturas foram as únicas utilizadas pela Câmara Municipal e pela Presidência da Província.

2. OS (DES)CAMINHOS DA REGULAMENTAÇÃO

A demora na discussão, aprovação e transformação de um projeto em lei é comum até hoje nas instâncias do Poder Legislativo. À época, as posturas propostas em 1829 só foram aprovadas em 1837.

Um novo código de posturas, ou um novo artigo (ou artigos) podia ser elaborado, primeiramente, pela Câmara de Vereadores Municipal que o enviava à Assembléia Provincial, onde era analisado por uma Comissão de Posturas, dentre as quatorze comissões permanentes.[19] Após, era levado ao plenário para aprovação, alteração ou rejeição, o que podia levar algum tempo. De acordo com a urgência na implantação da postura, a Câmara Municipal podia solicitar ao Presidente da Província que a aprovasse provisoriamente, até poder ser analisada pela Assembléia Provincial e, então, entrar em vigor definitivamente.[20] Era comum acontecer de a Câmara pedir

---

[17] "Regulamento Interino para a Praça do Mercado approvado pelo Exmo. Pres. da Prov. em officio de 26 de abril de 1844". Livro de Registro das Posturas Municipais de 1829 até 1888. AHPA.

[18] PESAVENTO, Sandra Jatahy. *Memória Porto Alegre. Espaços e Vivências*. Porto Alegre: Ed. da Universidade/UFRGS, Prefeitura Municipal de Porto Alegre, 1991. p. 24. A pesquisa indicou, isto sim, que em 1889 há um artigo aprovado em 28 de junho sobre depósitos de pólvora ou matéria explosiva proibidos dentro dos limites urbanos, e um conjunto com 7 artigos aprovados pela Lei nº 1888, de 23 de julho de 1889, que são artigos aditivos ao Código de Posturas de 1829, referentes ao trato de couros e existência de curtumes na área demarcada pela Câmara Municipal, sobre vasilhas de leite para consumo público, atestados da Junta de Higiene aos proprietários de vacas que forneciam leite e a quantidade dos barris usados para venda d'água das fontes. Coleção de Leis e Resoluções da Província do Rio Grande de São Pedro. Porto Alegre: Off. Typ. da Livraria Americana, 1889. p. 34. pp. 202-204.

[19] Lei nº 459, de 5 dez 1860. Regimento Interno da Assembléia Legislativa Provincial. Coleção de Leis e Resoluções da Província de São Pedro do Rio Grande do Sul.

[20] Correspondência da Câmara Municipal. Lata 135. Maço 141. Câmara Municipal de Porto Alegre. Correspondência Expedida. 1 jul 1861. 21 ago 1862. Correspondência das Câmaras

para estender o período de vigência provisória das posturas porque a Assembléia Provincial não as tinha analisado dentro do prazo (de um ano) no qual podiam vigorar legalmente.[21]

A decisão da urgência da medida era incumbência dos membros da Câmara Municipal, como também o era a pertinência da solicitação de elaboração de uma postura. É possível que tais solicitações fossem feitas verbalmente a membros da Câmara, pois há poucos pedidos feitos por escrito e, os que existem são da parte do próprio Presidente da Província.[22] Os dados coletados indicam a ingerência que o governo central, através da figura do Presidente da Província, que era nomeado, tinha até mesmo na organização e execução de uma legislação específica nos municípios. Tem-se conhecimento de um só momento em que a Câmara Municipal discutiu o pedido do Presidente da Província de elaborar uma postura por entender não estar na sua alçada a confecção do artigo referente a obrigar os donos de carroças que vendiam água na cidade a comprar no lugar onde se manifestasse incêndio.[23] Quando os Presidentes da Província eram da mesma orientação partidária que os membros ou pelo menos parte da Câmara Municipal, não havia maiores discussões. Quando representavam interesses partidários diferentes, o Presidente da Pro-

---

Municipais. Lata 137. Maço 148. Câmara Municipal de Porto Alegre. Correspondência Expedida. 26 maio 1886. AHRS. Pedido de aprovação porque estavam pendentes na Assembléia. Correspondência das Câmaras Municipais. Lata 137. Maço 150. Câmara Municipal de Porto Alegre. Correspondência Expedida. 12 jun 1889. AHRS. Apenas para citar alguns exemplos. Baseavam-se no art. 2º do decreto de 25 de out de 1831 e art. 12 da lei de 3 de out de 1834. Em alguns dos documentos aparece que a prerrogativa do Pres. da Prov. de aprovar posturas provisoriamente devia-se ao art. 20 do decreto de 25 de out de 1832 e art. 12 da lei de 3 de out de 1834. Correspondência Passiva da Câmara de Vereadores de Porto Alegre. Livro 26 e 27. 12 out 1859. AHPA. Entende-se que todos esses regulamentos permitiam essa prerrogativa, possibilitando ao Presidente aprovar provisoriamente posturas municipais sempre que não estivesse funcionando a Assembléia Provincial. Correspondência das Câmaras Municipais. Lata 137. Maço 148. Câmara Municipal de Porto Alegre. Correspondência Expedida. 26 mai 1886. AHRS.

[21] Correspondência das Câmaras Municipais. Lata 135. Maço 141. Câmara Municipal de Porto Alegre. Correspondência Expedida. 21 jul 1862. AHRS. O prazo de vigoração era de um ano enquanto não fossem confirmadas, devendo passar pela Assembléia Provincial. Primeiro Regulamento Brasileiro para o Funcionamento das Câmaras Municipais. Leis e Decretos do Império. 1828. L042. p. 195v. AHRS.

[22] Correspondência Passiva da Câmara de Vereadores de Porto Alegre. Livro 22, 13 maio 1852. Livro 24, 27 fev 1855. Livro 29, 9 jun 1863. AHPA. Há uma solicitação com o timbre "confidencial" do Presidente da Província para que a Câmara elaborasse um edital sobre armas proibidas, conforme mandava o art. 299 do Código Criminal, sendo que o Presidente mandou a redação do que devia constar no edital já pronto, sendo logo aprovado. Livro 28, 28 jan 1862, 14 abr 1862. AHPA.

[23] Correspondência das Câmaras Municipais. Lata 135. Maço 142. Câmara Municipal de Porto Alegre. Correspondência Expedida. 16 out 1863. AHRS.

víncia não poupava críticas à administração da Câmara[24] ou a Câmara Municipal não atendia as solicitações feitas pelo Presidente.[25]

A documentação indica o uso do poder pessoal nos pedidos de alteração das posturas. Pode-se citar como exemplo um ofício do Tenente Coronel Comandante do 4º Batalhão, que solicitava mandar tapar um terreno, para o qual o Presidente da Província pedia que fosse aprovado um artigo de postura.[26] Esse poder pessoal aparece também em algumas outras situações, como a disputa do Comendador Manoel Ferreira Porto com a Câmara Municipal sobre a direção de uma estrada que passava em frente a sua chácara. O fiscal responsável foi desconsiderado nas suas funções, dizendo o comendador "... que o melhor era deixar-se d'estas causas, porque ele já tinha consultado as autoridades, e estas eram a seu favor". À solicitação feita ao Subdelegado do 2º Distrito, próximo à chácara, para ajudar o fiscal a executar a deliberação da Câmara sobre a passagem da estrada, o Subdelegado respondeu não se julgar habilitado. Na documentação compulsada, não aparece uma solução para a disputa, a não se o fato de a mesma se estender por dois anos.[27] Pelo exposto, entende-se que só tinham chance nas disputas com a Câmara Municipal os que tinham "as autoridades a seu favor", ou seja, uma outra instância administrativa que mandasse a Câmara obedecer, o que só acontecia sendo uma "figura proeminente" na cidade. Dona Rafaela Pinto Bandeira, provavelmente uma das mulheres mais ricas da cidade, entrou na Câmara com pedido para não ser obrigada a trocar a cerca de tábuas de seus terrenos por muro, conforme intimação recebida. Como a Câmara recusasse o seu pedido, a proprietária recorreu à Presidência da Província. A Câmara, por sua vez, respondeu a mesma com um longo documento sobre a justiça da sua intimação, negando o argumento de que Dona Rafaela cumpria as posturas tendo os terrenos cercados por tábuas ou que perderia sua propriedade se substituísse as cercas por muro. Isto ocorreu em março de 1882 e em outubro a Câmara recebeu a aprovação da postura que permitia mandar substituir por muro as cercas de tábua

[24] Correspondência Passiva da Câmara de Vereadores de Porto Alegre. Livro 29, 31 jan 1863, 16 jan 1863, 4 dez 1863, 18 set 1865 (o Presidente é bastante direto).

[25] Como no caso citado, quando o Presidente dirige três ofícios à Câmara. Correspondência Passiva da Câmara de Vereadores de Porto Alegre. Livro 29, 9 jun 1863, 19 set 1863, 14 out 1863. AHPA. A resposta: Correspondência das Câmaras Municipais. Lata 135. Maço 142. Câmara Municipal de Porto Alegre. Correspondência Expedida. 16 out 1863. AHRS.

[26] Correspondência das Câmaras Municipais. Lata 135. Maço 141. Câmara Municipal de Porto Alegre. Correspondência Expedida. 7 out 1862. AHRS.

[27] Correspondência das Câmaras Municipais. Lata 135. Maço 142. Câmara Municipal de Porto Alegre. Correspondência Expedida. 20 jan 1863. 14 maio 1864. AHRS.

ou espinhos, "sempre que achar conveniente". A partir daí, a Câmara garantiu seu direito de intervir na organização da área urbana segundo sua conveniência.[28]

Há vários pedidos de esclarecimento da população sobre as posturas:

a) devido à amplitude de suas proibições. Em 1857, há um pedido do Presidente da Província para esclarecer proibição de embarque e desembarque de quaisquer volumes, à exceção das bagagens dos passageiros, nas escadas do cais, para que pudesse aprovar provisoriamente o artigo. Argumenta que se a intenção era prevenir que transitassem nas escadas grossos volumes, que as deteriorariam, deveriam enumerar quais os volumes proibidos;[29]

b) devido a equívocos e interesses pessoais em jogo. Em 1861, a Câmara aprovou licenças contrárias às suas posturas, como a abertura de casas de jogo de víspora, proibidas anteriormente na cidade;[30]

c) devido a questões não constantes no Código. Em 1862, teve de publicar postura para esclarecer as medidas a que obrigava o artigo, mas não constavam na postura, sobre altura/largura das portas, janelas e pé direto.[31]

Em outros momentos, a Câmara apresentou artigos substitutivos às posturas, aprovados por lei pela Assembléia, que eram substitutivos ao regimento interno da Câmara, e não às posturas.[32]

Reclamações de várias épocas revelam a defasagem das posturas, que nunca foram substituídas enquanto código, ou seja, na sua totalidade. Em 1847, a Assembléia Provincial devolveu à Câmara Municipal, através da Presidência da Província, um conjunto de novas posturas a ela encaminhado porque continham disposições sobre matérias de que tratava o Código Criminal e de que tratavam outras leis, sujeitando o cidadão a sofrer duas penas pelo mesmo delito: porque estabeleciam a pena de prisão inúmeras vezes, sem proporções; porque estavam malcolocados alguns de seus artigos, além de

[28] Correspondência das Câmaras Municipais. Lata 135. Maço 141. Câmara Municipal de Porto Alegre. Correspondência Expedida. 9 jan 1862. 5 mar 1862. 7 out 1862. AHRS.

[29] Correspondência Passiva da Câmara de Vereadores de Porto Alegre. Livro 25, 18 abr 1857. AHPA.

[30] Correspondência Passiva da Câmara de Vereadores de Porto Alegre. Livro 28, 2 set 1861. AHPA. Correspondência das Câmaras Municipais. Lata 135. Maço 141. Câmara Municipal de Porto Alegre. Correspondência Expedida. 28 ago 1861. AHRS.

[31] Correspondência Passiva da Câmara de Vereadores de Porto Alegre. Livro 28, 8 nov 1862. AHPA. Correspondência das Câmaras Municipais. Lata 135. Maço 141. Câmara Municipal de Porto Alegre. Correspondência Expedida. 1 jul 1861. 31 out 1862. AHRS.

[32] Correspondência das Câmaras Municipais. Lata 137. Maço 150. Câmara Municipal de Porto Alegre. Correspondência Expedida. 22 fev 1888. AHRS. Correspondência Passiva da Câmara de Vereadores de Porto Alegre. Livro 41. 28 fev 1888, reconhecendo o "equívoco". AHPA.

serem pouco claros, "... dificultando sem dúvida a inteligência de uma lei, de que o povo deve ter o mais pleno e perfeito conhecimento, ...", devendo a Câmara organizar outra de acordo com a legislação da época e evitando os defeitos "... que a simples leitura basta para fazer conhecidos".[33] A partir desse ano, a necessidade de corrigir as defasagens fez com que houvesse uma série de aprovações provisórias de vários artigos.[34] Posteriormente, só de 1859 a 1869 houve uma intensidade de aprovações semelhantes, o que demonstra a necessidade de novos artigos, adequados ao desenvolvimento urbano e populacional que começava a ocorrer naquele momento.[35]

Assim sendo, encontram-se mencionadas referências à defasagem nos relatórios da Câmara Municipal de Porto Alegre à Assembléia Legislativa Provincial,[36] e inclusive nos anos de 1866 e 1867 reclamações de que o código tem lacunas, que convém serem reparadas.[37] Em 1871, o relatório apresentava artigos de posturas para serem aprovados, denunciando que a demarcação dos novos limites da cidade alteravam e dificultavam a execução de alguns artigos.[38]

Em 1874 e 1875, apresentam posturas para a Assembléia aprovar definitivamente, argumentando que alguns artigos deixaram de ter razão de ser e outros precisavam ser confirmados, já que tinham apenas aprovação provisória do Presidente da Província.[39] Em 1876,

---

[33] Correspondência Passiva da Câmara de Vereadores de Porto Alegre. Livro 19, 29 out 1847. AHPA.

[34] Substitutivos dos arts. 7º ao 10 em 23 abr 1850. Correspondência Passiva da Câmara de Vereadores de Porto Alegre. Livro 21. AHPA; do art. 60 em 3 jan 1850 (idem); em 10 jan 1851, 6 abr 1851. Correspondência Passiva da Câmara de Vereadores de Porto Alegre. Livro 22. AHPA; em 17 fev 1853, 27 jun 1853, em 27 jul 1853 há a aprovação dos artigos 11, 16, 25 a 27, 29, 30, 34, 36 a 38, 41, 44 a 47, 55, 76, 82, 92, 96, 114, 116, 119 a 130 a 132 do projeto das posturas, mais substitutivo do art. 7º. Correspondência Passiva da Câmara de Vereadores de Porto Alegre. Livro 23. Não consta a redação dos artigos, assim como não há uma cópia do projeto de 1847.

[35] Ato nº 57, de 9 mar 1859, aprovando 11 artigos e Ato nº 70, de 12 out de 1859, alterando o art. 28 do código de posturas de 1º abr 1858 (?). Coleção dos Atos, Regulamentos e Instruções expedidos pela Presidência da Província de São Pedro do Rio Grande do Sul em 1859, pp. 156-157. Ato nº 118 em 1861. Ato nº 154 de 29 ago 1862. Lei 533 de 15 abr 1863. 13 artigos pela Lei 555 de 30 maio 1863. Coleção das Leis e Resoluções da Província de São Pedro do Rio Grande do Sul de 1863. Atos 234, 235 e 236 de 30 out 1866. Coleção de Atos, Regulamentos e Instruções expedidos pela Presidência da Província de São Pedro do Rio Grande do Sul no ano de 1866, pp. 20-21. Lei 602, de 10 jan 1867. Lei 608 de 1867. Coleção das Leis e Resoluções da Província de São Pedro do Rio Grande do Sul. 1867. Lei 675 de 1869. BAL.

[36] Não se encontraram todos os relatórios: constam de 1866, 1867, 1871, 1873, 1875 a 1881, 1884, 1887 e 1888. Reunidos no AHPA.

[37] Relatório da Câmara Municipal da cidade de Porto Alegre apresentado à Assembléia Legislativa Provincial 1866 e 1867. Porto Alegre: Typ. do Jornal do Commercio, 1867. pp. 4-5, respectivamente. AHPA.

[38] Relatório apresentado pela Câmara Municipal à Assembléia Legislativa Provincial. Manuscrito de 1871. AHPA.

[39] Relatório da Câmara Municipal da cidade de Porto Alegre 1874 e 1875. Porto Alegre: Typ. do Jornal do Commercio e Typ. do Mercantil, respectivamente, 1874 e 1875, p. 3 (ambos). AHPA.

aparece no relatório a preocupação com as condições de salubridade da cidade, vinculada ao pedido de aprovação de artigos das posturas, para "... acabar com o perigosos abuso da aposentadoria de uma parte da população em habitações insalubres, sem ar, nem luz, nem a ventilação indispensável".[40] Em 1877, afirmavam que o código de posturas é "... deficiente e omisso em alguns pontos, difuso e redundante em outros", devendo ser reformado, ao que pede aprovação.[41]

Em 1878, a Câmara argumentava que criou artigos das posturas frente às necessidades de regular o serviço da matança de carne em estabelecimentos particulares, às habitações denominadas cortiços dentro de uma área da cidade, e à moradia em porões insalubres, ao que pedia que a Assembléia aprovasse definitivamente e afirmava que seriam elaboradas posturas "à proporção que as necessidades públicas aconselharem a adoção de qualquer medida, ser-vos-á ela oportunamente apresentada, e assim irá a Câmara pouco a pouco reformando seu código...".[42] Essa frase resume como foi possível a Porto Alegre não ter um novo Código ao longo de quase um século: resolviam-se os problemas atendendo as deficiências com medidas provisórias ou adendos. Em 1884, a Câmara pediu novamente aprovação de artigos para "... cessar os abusos" que prejudicavam o embelezamento da cidade e comodidade pública.[43] O ano de 1887 foi marcado pelo pedido de um novo Código, de acordo com a legislação moderna, aproveitando o que havia no antigo e preenchendo as lacunas. Dizia terem feito uma nova impressão, na qual foram codificadas as posturas esparsas, para facilitar a consulta.[44]

Evidencia-se com isto a necessidade da Câmara de usar a reforma como estratégia para atender as reclamações e solicitações da população. No período de 1847 e 1853, pela quantidade de artigos alterados, pode-se afirmar que foi aprovado um "novo código", num período quando houve intensificação da ocupação urbana. De 1859 a 1869, também pela quantidade de alterações, foi reformado o código de posturas de Porto Alegre, apesar de não constarem muitas reclamações de que precisassem ser alteradas, o que pode ser justi-

[40] Relatório da Câmara Municipal da cidade de Porto Alegre apresentado à Assembléia Legislativa Provincial na sessão de 1876. Porto Alegre: Typ. Jornal do Commercio, 1876. p. 7. AHPA.

[41] Relatório da Câmara Municipal da cidade de Porto Alegre 1877. Porto Alegre: Typ. do Jornal do Commercio, 1877. p. 6. AHPA.

[42] Relatório da Câmara Municipal da cidade de Porto Alegre 1878. Porto Alegre: Typ. do Jornal do Commercio, 1878, pp. 8-9. AHPA.

[43] Relatório da Câmara Municipal da cidade de Porto Alegre 1884. Porto Alegre: Typ da Reforma, 1884. pp. 3-4. AHPA.

[44] Relatório apresentado pelo Sr. Vereador A. Soares Amaya de Gusmão. Porto Alegre: Typ. do Jornal do Commercio, 1887. p. 10. AHPA.

ficado devido às lacunas na documentação ou devido à estratégia adotada para as alterações. Tais reformas podem ter feito alguns autores acharem que existiram outros Códigos a partir de 1829.

Para organizar o processo de crescimento/urbanização da cidade de Porto Alegre ao longo do século passado, a classe dominante regional utilizou vários mecanismos para implantação de sua visão de como devia funcionar a sociedade, sendo uma delas a legislação municipal, restrita à participação do restante da população. Pela documentação estudada, as posturas eram elaboradas a partir de propostas elitistas de indivíduos que viam atingidos seus interesses particulares, ou de representantes na Câmara Municipal. O conjunto da população não parece ter sido levado em conta para propor ou discutir a legislação a que devia obedecer.[45] Por outro lado, apresentou aspectos modernizantes, pois havia como meta a inserção na sociedade industrializada. A legislação municipal procurava conduzir a sociedade para a modernização de forma coercitiva e organizativa.

Nesse sentido é que um organismo da sociedade política, como o direito, pode ser concebido como "educador", tendendo a difundir costumes e hábitos condizentes com uma nova organização das relações de produção, em processo de difusão ao longo do século XIX, principalmente na segunda metade. Assim, o Estado é um instrumento de "racionalização", de aceleração das transformações. Atua segundo um plano, pressiona, incita, solicita e "pune".[46]

Ao mesmo tempo que a legislação faz parte de um plano mais abrangente de organização do convívio social, a montagem de uma rede de fiscais e guardas municipais é que estabelecia a execução desse plano.

O Regulamento Interino para a Praça do Mercado, de 1844, estipulava que devia ser feito o controle nessa área. Estabelecia mais um fiscal para o serviço na praça, alternando semanalmente com o fiscal que já havia, sendo efetivos até o meio dia e exercendo suas funções na fiscalização da cidade e seu termo, recebendo um ordenado pago pelo cofre da Câmara. Suas atribuições eram a fiscalização do cumprimento das posturas gerais e do regulamento para a Praça do Mercado. Havia quatro guardas municipais de nomeação

[45] Interessante seria poder traçar um perfil das atividades particulares dos membros da Câmara Municipal ao longo do século XIX, mas não existe sequer uma listagem de quem foram os membros da mesma.

[46] Criada as condições de um determinado modo de vida, a "ação ou omissão criminosa" deve receber uma sanção punitiva de alcance moral, visando a definir o espaço possível de locomoção dentro de um novo modo de vida. GRAMSCI, Antonio. *Maquiavel, a Política e o Estado Moderno*. 6. ed. Rio de Janeiro: Civilização Brasileira, 1988. p. 96.

da Comarca, que deviam obedecer e executar as ordens dos fiscais, rondar as praças e ruas da cidade e denunciar a um dos fiscais as infrações das posturas que observassem. Os guardas municipais recebiam uma gratificação mensal, paga pelas rendas da Câmara, mais metade de todas as multas julgadas por infrações das posturas por eles denunciadas, mas no caso de os infratores serem absolvidos, as multas eram pagas pelo guarda denunciante. Os fiscais podiam requisitar às autoridades civis e militares todo o auxílio que julgassem preciso para a execução da lei, bem como convidar qualquer cidadão para os "coadjurar" em alguma diligência. Também estavam autorizados a pôr em custódia, sob sua ordem, até a satisfação, os infratores das posturas que fossem desconhecidos, suspeitos de fuga ou escravos.[47]

Visando ao controle no espaço urbano na década de 1860, a Câmara organizou um regulamento para os seus fiscais. Estabelecia que os fiscais dos três distritos deviam apresentar-se diariamente aos vereadores inspetores dos respectivos distritos, informando o estado de asseio do mesmo, o das construções e suas condições no que se referia aos regulamentos estabelecidos pelo município; as infrações de posturas que tivessem ocorrido, dia, nome e pena aplicada e o estado das ruas ou estradas. Nos distritos mais distantes, podiam apresentar-se aos inspetores uma vez por mês. Cada fiscal devia receber uma carroça e um servente do administrador das obras municipais, fazendo-se acompanhar por um guarda, a quem devia dar as instruções que julgassem conveniente para o bom desempenho e completa observação da limpeza, devendo o serviço ser feito até o meio dia. O fiscal que estivesse de serviço na Praça do Mercado na semana, devia continuar a entregar um relatório por escrito ao vereador presidente da Câmara, devendo obrigar o guarda que estivesse no seu dia de serviço a executar o regulamento da praça e as ordens da Câmara.

Este regulamento estabelecia punições aos fiscais e guardas que abandonassem o serviço, negligenciassem suas obrigações ou deixassem de cumprir as ordens que lhes fossem transmitidas, podendo pagar multa, ser advertidos ou a Câmara deliberar como entendesse a bem do serviço público.[48] Não há registro da implantação desse regulamento, pelo menos não são encontrados os relatórios escritos

[47] Livro de Registro das Posturas Municipais de 1829 até 1888. Regulamento interino para a Praça do Mercado aprovado pelo Exmo. Pres. da Província em officio de 26 de abril de 1844. arts. 10 ao 16. AHPA.

[48] Livro de Registro das Posturas Municipais de 1829 até 1888. Acto da Câmara Municipal de 23 out 1862, de conformidade com o disposto no artigo 138 do Regimento Interno. AHPA.

que deveriam ser entregues, nem há outras referências sobre relatórios da situação dos distritos. A existência desse regulamento, entretanto, indica que nesse período, década de 1860, começou a ser montada de forma organizada uma rede de controle da população, que iniciava pelos fiscais.

Além dos fiscais da Câmara e guardas municipais, o primeiro elo dessa rede de controle, em nível municipal, eram os Inspetores de Quarteirão, nomeados pelo Subdelegado de Polícia de cada distrito. Conseguir este efetivo era difícil porque não podia haver obrigatoriedade de os cidadãos exercerem o cargo e aceitavam o mesmo os que ainda não tinham sido isentados do serviço ativo da Guarda Nacional. Havia reclamações, portanto, da falta de pessoas para a função.[49] Apesar desta afirmativa, encontrou-se um mapa, datado de 1882, que aponta a ausência de Inspetores em somente cinco dos trinta e quatro quarteirões existentes.[50]

Apesar de a execução das posturas ser prioritariamente exercida pelos fiscais e guardas municipais, o Corpo Policial, em suas rondas, também podia prender por infrações das posturas, mesmo que raramente usassem essa denominação como motivo de prisão nos seus relatórios.[51] Todas as instâncias do sistema policial podiam exercer o controle sobre as posturas, apesar de serem raras as prisões por esses motivos.[52]

Todas essas instâncias significaram uma rede de controle na cidade, onde fiscais, guardas municipais, autoridades civis e militares e membros da comunidade deviam participar da organização do espaço urbano para que se mantivesse uma determinada "ordem".

---

49 Delegacia de Polícia. Maço 12. Correspondência. 1855. AHRS. A Delegacia de Polícia afirmava que os Subdelegados do 1º e 2º distritos tinham dificuldades de encontrar, na reserva da Guarda Nacional, quem aceitasse servir. Afirmava que os nomeados que aceitavam eram omissos e negligentes por falta de interesse ou conveniência própria, tornado nula sua ação "no efeito moral e no cumprimento dos seus deveres". Os nomeados da Guarda Nacional da ativa encontravam na escusa do serviço da Guarda Nacional, que "detestavam", o mais forte incentivo para serem solícitos a bem do serviço público, auxiliando as autoridades na preservação dos delitos e "... em outros atos policiais freqüentemente reclamados entre uma população numerosa como a desta Capital".

50 Subdelegacia de Polícia. Maço 05. 1º distrito de Porto Alegre. Correspondência Expedida. 1882. AHRS.

51 No relatório diário do Corpo Policial de 1859, só aparecem 11 prisões por infrações de posturas, sem constarem os artigos, apesar de serem presas pessoas por despejos em lugar proibido (2), tabernas abertas fora de hora (3), pessoas na rua fora de hora (37), só para citar alguns exemplos de infrações de posturas que não constam como tais. Corpo Policial. Maço 02. Relatório Diário. 1859. AHRS.

52 De forma explícita, só foram encontrados 3 "autos de infração ds posturas da Câmara". Subdelegacia de Polícia. Maço 05. 1º distrito de Porto Alegre. 1842. AHRS.

Nesse contexto, infração às posturas municipais trata-se de contravenção, que é transgressão ou infração a disposições estabelecidas, no sentido mais geral. Não aparecia no Código Criminal em vigor no período estudado, mas constou a partir do Código Penal de 1890 em título separado.[53] Assim, era considerado ato ilícito menos importante que o crime e que só acarretava a seu autor a pena de multa ou prisão simples. Pelo exposto, infração às posturas não se trata como crime ou delito, que era toda a ação ou omissão voluntária contrária às leis penais,[54] nem os códigos gerais estabelecidos no Brasil eram usados no trato das contravenções, nem às contravenções cabiam processos.[55] Isso pode justificar a escassez de registros específicos de infrações de posturas.

Entretanto, pelas reclamações, pelas diversas reformas, pela existência de multas cobradas[56] e pela organização de uma rede de controle que obrigasse a população a obedecer às posturas, é possível verificar o quanto tal legislação foi importante para o processo de ordenamento da sociedade que se desenvolvia e urbanizava. São campos de pesquisa que se abrem para pensar a organização da *urbe*.

---

[53] PIERANGELLI, José Henrique. *Códigos Penais do Brasil. Evolução Histórica*. Bauru: Jalovi, 1980. Ver Livro III do Código de 1890: Das Contravenções em Espécie, p. 312, art. 364 em diante.

[54] Idem. p. 167, art. 2º.

[55] ZENHA, Celeste. "As Práticas da Justiça no Cotidiano da Pobreza" In: *Revista Brasileira de História* v. 5, nº 10. São Paulo: Marco Zero, 1985.

[56] Nos Relatórios da Câmara Municipal de Porto Alegre à Assembléia Provincial há tabelas do orçamento presumível da receita, com valores das arrecadações das multas por infrações de posturas e de licenças concedidas pela Câmara por lei ou posturas, mas são valores presumíveis que a Câmara receberia ao longo dos anos, não havendo dados sobre quanto foi realmente cobrado, nem que critérios levaram a esses valores presumidos. Eles não permitiram avaliar quantitativamente o cumprimento das posturas, apenas a constatar a entrada de verbas por cobrança de multas devido à infração das posturas.

8. A ocupação luso-brasileira no Rio Grande do Sul em oposição ao colonialismo espanhol

SIMONE MARIA ZAGO
Bacharel em Direito, Mestre em Integração Latino-Americana da Universidade Federal de Santa Maria, acadêmica do Curso de História – Licenciatura Plena, Universidade Federal de Santa Maria.

1. BANDEIRAS *x* MISSÕES

Pelo Tratado de Tordesilhas, em 1494, Portugal e Espanha viram divididas entre si as terras do Novo Mundo, encontradas por Cristóvão Colombo. As novas possessões, limitadas a 370 léguas a partir das Ilhas de Cabo Verde, passaram a pertencer a ocidente para a Espanha e a oriente para Portugal.

A disputa entre as duas potências ibéricas começou já no século XV devido a interesses mercantilistas na região da bacia do Rio da Prata.

No processo de ocupação do território banhado pelo Prata e seus afluentes, envolveram-se, além de portugueses e espanhóis, ingleses, africanos, brasileiros, criollos, piratas, Papas, padres da Companhia de Jesus, charruas, guaranis, holandeses e franceses.

A configuração da posse desse território deu-se por expedições marítimas e terrestres; levantamentos; negociações; tratados; comércio; contrabando; tráfico; captura de gado e de nativos; fundações de cidades, construções de fortes; e, principalmente, muitas lutas.

A região entre São Vicente, no sul do Brasil, e a foz do Prata, território do atual Estado do RS, no início do século XVII, foi visitada por jesuítas portugueses. A catequização dos indígenas não logrou muitos resultados, pois os jesuítas se depararam com grandes dificuldades, principalmente, o tráfico de escravos indígenas feito pelos vicentinos.

Mesmo sendo aspiração portuguesa, a fixação do Rio da Prata como limite sul do Brasil, isto se dará somente no final do século XVII.

Foi de fundamental importância a contribuição que os jesuítas deram, principalmente os espanhóis e também os bandeirantes paulistas, no processo de expansão portuguesa além do limite de Tordesilhas.

Os missionários vieram a convite de Hernandarias, governador da Província do Paraguai, onde hoje corresponde ao sul da Bolívia, ao Paraguai, e à Argentina e pelas regiões do Guaira, em território brasileiro.

Em 1610, a Cia. de Jesus estabeleceu-se à margem esquerda do Rio Paranapanema, onde constituíram as primeiras aldeias, também chamadas Reduções, iniciando assim, a conquista espiritual do selvagem.

A unificação das monarquias de Portugal e Espanha, no período de 1580 e 1640 contribuiu para que os litígios fronteiriços entre as duas colônias fossem desconsideradas pelo rei Felipe IV da Espanha.

Os portugueses, através do sistema das Bandeiras, adentravam-se em território espanhol ignorando os limites das possessões espanholas e portuguesas impostas pelo Tratado de Tordesilhas.

Os índios reduzidos constituíram uma presa tentadora para os bandeirantes, pois já tinham sido pacificados e aculturados pelos jesuítas.

Reduzidos, os guaranis eram organizados e treinados para as atividades agropastoris, o que os tornou ainda mais desejados não só pelos paulistas como também pelos *encomenderos* espanhóis.

Os bandeirantes incursionavam por terras da Coroa de Castela com certa facilidade, pois as guarnições militares eram poucas, uma vez que concentrava suas atenções para o Peru, que era importante zona de mineração.

A expansão paulista fez com que os jesuítas, por medo, descessem o Rio Uruguai e, entre 1626 e 1638, nas bacias dos rios Ibicuí e Jacuí, construíssem as Reduções do Tape.

Porém, quando os paulistas voltaram a atacar, em 1641, liderados por Jerônimo Pedroso de Barros e Manuel Pires, sofreram um revés dos clérigos e indígenas, que estavam armados e preparados não só para a defesa, mas também para o ataque.

Mesmo tendo derrotado os paulistas, os jesuítas decidiram se estabelecer na parte ocidental do Rio Uruguai, território da atual República Argentina.

Os paulistas, após essa derrota, não retornaram mais ao Rio Grande mesmo porque, não seria mais necessário, pois o tráfico negreiro tinha voltado à normalidade depois que os holandeses haviam sido expulsos da África.

Além do mais, era muito mais lucrativo o comércio do escravo negro, que valia até cinco vezes mais que o escravo indígena.

O bandeirismo teve importância fundamental na expansão territorial portuguesa na área que corresponde à margem esquerda do Paraná e ao território do atual Rio Grande do Sul. Através do devassamento do interior, tornou mais fácil o povoamento ao mesmo tempo que, impossibilitou a expansão espanhola promovida pelos jesuítas rumo ao Atlântico.

1.2. A preia do gado xucro

Uma nova disputa, porém, ocorreu entre as monarquias ibéricas.

Os jesuítas, ao mudarem-se, deixaram o gado abandonado. Este reproduziu-se e formou grandes rebanhos.

O gado, então, passou a definir a vocação econômica da região platina, surgindo um novo tipo de atividade, a preia do gado bravio, com um novo tipo de trabalhador, sem terra e sem nação, misto de guerreiro, mercenário e contrabandista: o gaúcho.

"Para promover o crescimento célere da criação, impuseram os missionários de começo a proibição de matar as vacas e com o decorrer do tempo estabeleceram vacarias em determinados sítios [...] De sorte que, pelo espaço de cinqüenta anos ficou o gado inteiramente livre, procriando-se e avançando paulatinamente para leste e para o sul. Expandindo-se a princípio pelos campos do vale do Jacuí e do seu principal afluente da margem direita – Vacacaí, transporia depois o gado as Coxilhas de Santana, Serrilhada e Aceguá e penetraria afinal em pleno território da atual República do Uruguai". (Abreu e Silva, 1848 sp)

Os rebanhos foram crescendo, chegaram às margens da Lagoa Mirim, a Maldonado e alcançaram o Mar del Plata, formando assim o maior rebanho chimarrão conhecido na época, de onde veio a denominação de Vacaria do Mar. E, à medida que foram se esgotando os rebanhos, cresceu, a nordeste do Rio Grande, a Vacaria dos Pinhais.

Os jesuítas retornaram à margem oriental do Rio Uruguai recuperando um espaço geográfico que haviam perdido e, em 1682, começam a construir os Sete Povos das Missões: São Nicolau, São Luís, São Lourenço, São Miguel, São João, Santo Ângelo e São Borja.

Os missionários levaram alguns rebanhos da Vacaria do Mar para os Campos da Serra para deixá-los longe do alcance dos portugueses, paulistas e lagunenses, perto das missões paraguaias, e para abastecer suas recém-fundadas aldeias: os Sete Povos. Essa região abundante de gado foi denominada Campos de Vacaria.

O aumento populacional de outras regiões do país, como Minas Gerais, aumentou o consumo de carne e conseqüentemente intensificou-se a atividade da preia. Para assegurar uma rota comercial, foi necessária a criação de armazéns e núcleos de povoamento para dar apoio às tropas.

Muitos autores consideram esse fato como início da ocupação portuguesa no território entre São Vicente e a foz do Prata, o que ocorreu bem antes da criação do Presídio de Rio Grande, em 1737.

Por volta de 1720, instalaram-se os primeiros sesmeiros nos campos de Viamão, perto do lugar onde mais tarde seria fundada a capital. Pouco depois, em 1737, José da Silva Paes fundou a comandância do Rio Grande, no lugar da futura cidade de Rio Grande, ocupando o litoral sul e fechando a navegação pela Laguna dos Patos.

Tropeiros, paulistas e lagunenses se estabeleceram nas Vacarias, reunindo o gado para a retirada do couro, formando-se as primeiras estâncias portuguesas.

Portugal queria manter a rota comercial entre o Rio da Prata e Laguna e garantir o tráfico do couro da Vacaria del Mar aos mercados setentrionais da colônia do Brasil.

Os espanhóis não ficaram esperando os portugueses tomarem conta do território.

Os jesuítas doaram terras aos guaranis e espanhóis com a finalidade da criação de gado já antes do final do século XVII, portanto, foram os espanhóis, antes dos portugueses, que promoveram a ocupação econômica do território.

Gomes Freire veio à América para organizar o enfrentamento português ao domínio espanhol. Doou sesmarias aos criadores de gado, construiu o forte de São Gonçalo para a defesa de Rio Grande, no canal que liga as lagoas dos Patos e Mirim e, construiu o forte de Rio Pardo em 1752, no Tape, região de influência missioneira.

Os portugueses distribuíram terras a militares no vale do Rio Jacuí, próximas ao forte de Rio Pardo e Viamão, procurando ocupar porções de terras cada vez maiores onde, anteriormente, pertencia aos espanhóis.

A demarcação dos limites entre Portugal e Espanha provocou a Guerra Guaranítica em 1754, que durou até 1756.

A política espanhola consistia em diminuir a influência e a expansão portuguesa no Prata.

Em 1759, Pombal expulsou os jesuítas dos domínios portugueses e em 1760 Lisboa criou o governo militar do Rio Grande de São Pedro.

Sucessivos conflitos e tratados aconteceram entre as duas Coroas na intenção de solucionar as disputas territoriais.

Em 1801, porém, Borges do Canto e Manuel Pedroso iniciam a ocupação portuguesa das Missões, território que pelo Tratado de Santo Ildefonso, pertencia à coroa espanhola.

A partir da tomada das Missões, a criação de gado pode estender-se e intensificar-se, aumentando ainda mais o contrabando de gado.

A fronteira meridional define-se com a Guerra da Cisplatina e a Independência do Uruguai, em 1828.

1.2. Colônia do Sacramento: uma ousadia portuguesa

No início do século XVIII, tropeiros e soldados luso-brasileiros percorriam o litoral rio-grandense em direção ao Rio da Prata transportando mercadorias e dando apoio militar à Colônia do Sacramento, fundada em 1680, por Manuel Lobo.

Antes da fundação da colônia, os portugueses fizeram algumas investidas na tentativa de ampliar seus domínios em direção ao Prata. Em 1658, Salvador Correia de Sá recebeu uma capitania que ia de São Vicente ao Prata. Em 1677, a bula *Romani Pontificis* estipulou o Rio da Prata como limite da diocese do Rio de Janeiro.

Os portugueses queriam chegar até o porto de Buenos Aires e para isso instalaram-se, não na ilha de São Gabriel, como anteriormente se havia decidido, mas bem em frente a Buenos Aires, na margem esquerda do Rio da Prata.

Dom José Garro, governador de Buenos Aires, mandou os espanhóis atacarem a colônia e apoderarem-se de tudo. Um ano depois, pelo Tratado Provisional, de 1681, a Colônia do Sacramento foi devolvida aos portugueses com a restituição de armas e prisioneiros; em contrapartida, Portugal se obrigava a não atacar as Missões.

Segundo o padre Diego Altamirano, procurador-geral da Companhia de Jesus nas províncias do Rio da Prata, em 1683, era certa a intenção dos portugueses de apoderarem-se das províncias acima citadas e do Paraguai e chegarem até as minas de Potosi.

Aliás, em 1699 tem-se como fundamento do pedido de expulsão dos portugueses alojados em São Gabriel, à Sua Majestade Católica, a necessidade de opor o crescimento sob pena de se tornar uma das maiores povoações da América.

"y de pequeña sentella no apagada em principios pasará al rayo que ensienda y devore todo este Reyno dele Peru".

O estabelecimento platino teve um efeito positivo sobre a expansão geográfica do sul.

Apesar dos litígios e cessões territoriais feitas pela Espanha em 1750, canceladas em 1761, e asseguradas a partir de 1801, serviu de estímulo para conservação, alargamento e povoamento de um território conquistado pela audácia de aventureiros.

Os portugueses promoveram sua ocupação avançando em direção ao sul em busca de nativos, dos rebanhos e do comércio do Prata. Atrás das manadas, veio a ocupação do território com a preia do gado xucro, o estabelecimento dos povoados, a estância com a doação das sesmarias e a fixação da fronteira lusa.

2. BIBLIOGRAFIA

FLORES, Moacyr. *Revolução dos Farrapos*. São Paulo: Ática, 1995.

GUTIERREZ, Ester J. B. *Negros, charqueadas e olarias: um estudo sobre o espaço pelotense*. Pelotas: Ed. Universitária UFPel, 1993.

HOLANDA, Sérgio Buarque. *História geral da civilização brasileira*. Tomo I. São Paulo: Ed. Difel, 1985.

TORRONTEGUY, Teófilo O. V. *As origens da pobreza no RS*. Porto Alegre: Ed Mercado Aberto, 1994.

9. As ciências sociais no próximo milênio - o estudo das relações internacionais

MARIA IZABEL MALLMANN
Professora da Pontifícia Universidade Católica do Rio Grande do Sul, Doutora em Ciências Políticas da Universidade de Paris III.

SUMÁRIO: 1. Introdução; 2. O estudo das Relações Internacionais; 3. A crise dos postulados; 4. As novas teorias; 5. Contribuições da Sociologia da Globalização; 6. Considerações finais; 7. Bibliografia.

1. INTRODUÇÃO

Na história das ciências sociais, talvez sejam raras as situações em que uma especialidade tenha seu campo de observação tão profundamente subvertido como é o caso das relações internacionais neste final de século, o mesmo século, aliás, que presenciou o surgimento de seu estudo sistemático.

A existência econômico-social, até recentemente circunscrita em termos territoriais-nacionais, favoreceu a concepção das relações políticas como relações domésticas entre Estado e Sociedade - âmbito de estudo da Sociologia e da Ciência Política – e em termos de relações entre Estados soberanos – esfera afeta à disciplina das Relações Internacionais.

Nenhum dos fundadores clássicos da sociologia deu atenção sistemática à dimensão internacional, o que, segundo Giddens, é indicativo da idéia de que a ordem da modernidade, então emergente, seria essencialmente pacífica (Giddens, p. 18). Essa omissão favoreceu o posterior desenvolvimento relativamente autônomo da disciplina das relações internacionais, dedicada à busca de uma lógica explicativa para as relações essencialmente conflituosas entre os Estados.

Essa disciplina, tendo sido estimulada pelas demandas dos governos centrais, necessitados de melhor conhecerem o mundo crescentemente interdependente e belicoso do século XX, para nele atuarem com maior eficácia, praticamente monopolizou, durante décadas, a produção de conhecimento sobre a política internacional. Essa situação deteriorou-se com a acelerada diversificação das relações internacionais, observada nas últimas décadas, cujas novas temáticas escapam ao alcance explicativo das teorias até então desenvolvidas e prenunciam a necessidade de novas contribuições.

2. O ESTUDO DAS RELAÇÕES INTERNACIONAIS

O estudo das relações entre unidades soberanas foi originalmente objeto tanto do Direito quanto da História e da Filosofia. Desta partiram as contribuições mais profícuas no que diz respeito à elaboração de uma teoria política das relações internacionais. Refiro-me ao aporte da Teoria do Estado de Natureza, de Thomas Hobbes (*O Leviatã*, 1651).

Segundo Hobbes, os homens, na ausência de um poder que os constrangesse, teriam vivido originalmente em estado de natureza, em permanente luta contra seus semelhantes. A superação dessa situação belicosa teria sido viabilizada pelo contrato social, através do qual cada indivíduo teria alienado sua liberdade em benefício de uma instância superior garantidora da convivência pacífica entre todos. Os homens teriam, assim, instituído o Estado, com poderes soberanos sobre a sociedade, constituída a partir do contrato. Entre tais unidades soberanas, os Estados, perduraria o estado de natureza, ou seja, a tensão de guerra permanente, pois entre elas não teria havido acordo sobre a constituição de uma ordem supranacional que se impusesse a todos.

Do tipo ideal formulado por Hobbes, extraíram-se alguns postulados básicos que balizaram o estudo das relações internacionais até muito recentemente e que, apesar da crise sofrida em função das novas problemáticas globais que de certa forma desautorizariam esse tipo de abordagem, mantêm-se ativos.

O primeiro deles é de que há esferas distintas de relações políticas, uma regrada pela lei, interna aos Estados nacionais, e outra, externa, afeta às relações anárquicas e conflituosas entre eles. O segundo postulado, decorrente do primeiro, percebe os Estados como atores internacionais privilegiados, ou como as unidades básicas do sistema internacional. O terceiro acentua a natureza bélica, conflitiva, da relação entre eles que, à semelhança dos indivíduos em estado de natureza, perseguiriam permanentemente a maximização de seus poderes individuais. O meio internacional seria, portanto, animado pela ação de unidades soberanas básicas, os Estados, que entreteriam permanentemente entre si relações de poder conflituosas.

A teoria hobbesiana do estado de natureza foi, durante séculos, evocada para caracterizar as relações internacionais. Pensadores tão diferentes quanto Kant e Clausewitz são representativos de divergentes interpretações da mesma. Estas forneceram o substrato para as principais correntes teóricas que dominaram o pensamento sobre relações internacionais no século XX.

A primeira, fundamentada na concepção kantiana (*Ensaio sobre a Paz Perpétua*, 1795) da indissociabilidade entre moral e política, percebe como possível a adesão racional dos Estados a tratados e instituições em benefício da paz internacional. Segundo essa perspectiva, o estado de natureza reinante entre os Estados seria intencionalmente superado pelos mesmos em prol de um objetivo maior, compartido por todos, o de assegurar a paz mundial. Esse pensamento teve grande repercussão no pós-Primeira Guerra Mundial, sobretudo quando, em 1919, foi criada a Liga das Nações com o intuito de evitar novo conflito de grandes proporções, tendo o ex-presidente americano Woodrow Wilson como um de seus maiores entusiastas. A aliança assim constituída demonstrou seus limites ao não conseguir evitar a Segunda Guerra Mundial, abrindo espaço para uma interpretação radicalmente oposta às teses de inspiração kantiana, a denominada teoria realista das relações internacionais.

Essa interpretação, ativa entre os anos 30 e 60 deste século, fundamenta-se em outra versão das teses hobbesianas, cuja obra de Carl von Clausewitz (1780-1831) é representativa. Essa vertente considera que a lógica que norteia as relações entre os Estados é amoral, não havendo princípio comum que submeta as vontades individuais dos atores. Os Estados estariam, como os homens, em estado de natureza, permanentemente em guerra uns contra os outros, contexto em que a única garantia de sobrevivência seria a maximização do próprio poder. Essa leitura das relações internacionais balizou, durante décadas, a corrida armamentista e é o substrato teórico das análises desenvolvidas pelos autores contemporâneos da escola realista (Hans Morgenthau, Henry Kissinger, Raymond Aron), por oposição àqueles de inspiração kantina, cujas interpretações das relações internacionais foram, por estes, consideradas idealistas e normativas. Nos anos 1930, quando corrente realista ganha impulso, dizia-se que apelar pela paz, como faziam os idealistas, não preveniria a guerra. Para isto, seria necessário retomar as idéias vinculadas com a segurança nacional e com o equilíbrio de poder, conceito-chave do pensamento realista (Russell, p. 11).

Idealismo e realismo diferem fundamentalmente no que diz respeito a três aspectos básicos. A concepção antropológica otimista dos idealistas contrasta com o pessimismo dos realistas que, a partir de uma visão determinista do mundo, contemplam poucas margens de ação transformadora aos homens, contestando as expectativas idealistas de que o Estado, como os homens, poderia agir racionalmente em defesa de interesses compartidos. Para os realistas, não há interesses compartidos entre os Estados, mas uma situação de competição constante (Russell, 1986, p.12).

Essas duas correntes principais dividiram espaço, nos anos 60, com a chamada escola behaviorista, extremamente crítica aos métodos por elas empregados e exigente em termos de verificação científica.

A relativa estabilidade internacional do segundo pós-guerra, assegurada pela supremacia inconteste dos Estados Unidos, associada ao desconhecimento aprofundado dos mecanismos de ação política, levaram ao desenvolvimento de estudos especializados, ancorados em métodos matemáticos e extremamente críticos às abordagens anteriores, consideradas vagas e pouco científicas. Para essa vertente de análise tratava-se de descrever, verificar e explicar os fatos, deixando de lado tanto a prescrição do realismo, quanto as indagações éticas do idealismo. Para os behavioristas, o objeto das relações internacionais é o estudo do comportamento internacional. Os enfoques que aí se enquadravam são, por exemplo, as teorias dos sistemas e dos jogos; os autores são Karl Deutsch, Morton Kaplan, Nicholas Spykman e David Singer, entre outros. A superação dessa fase deu-se com a necessidade de produzir estudos compreensivos da ordem mundial, cuja transformação acelerada tornou-se claramente perceptível a partir dos anos 70.

Assim, relativa simplicidade do meio internacional que viabilizara até então essas abordagens, ou seja, as que privilegiavam os Estados como atores internacionais, foi subvertida por acontecimentos que têm favorecido a revisão e até a constestação das mesmas. A crescente interdependência internacional, viabilizada pelos avanços tecnológicos na área das comunicações e transportes e pela acentuada concentração do capital em mãos privadas que permite o controle, por parte de poucas grandes corporações, de parcelas significativas da produção e circulação da riqueza, tem introduzido no cenário até há pouco dominado pelas potências estatais, novos atores e novas problemáticas que subvertem a ordem anterior e os postulados que balizavam a compreensão da mesma.

3. A CRISE DOS POSTULADOS

Desde o surgimento dos Estados nacionais não houve transformação no meio internacional que desautorizasse significativamente os postulados da teoria do Estado de Natureza, como tem acontecido nas últimas décadas do século XX. Neste período, os avanços cumulativos do progresso técnico têm permitido a atuação de atores não estatais que compartem com os Estados nacionais o espaço mundial. O erupção desses novos atores (corporações transnacionais, organizações não-governamentais, etc.) introduzem outras variáveis na política internacional e subvertem a ordem anterior pautada na primazia do Estado sobre a Sociedade. Na ordem atual, as ações dos atores privados passam a ser tão determinantes quanto a ação pública dos Estados. Nesse sentido, convém não esquecer que o meio internacional é uma esfera relacional, e não geográfica, portanto, refere-se a relações entre atores. Até muito recentemente as únicas entidades que reuniam as condições materiais para existirem em plano global eram quase exclusivamente os Estados nacionais, o que tem mudado significativamente nas últimas décadas.

Pelas razões acima aventadas, a segmentação da política em esferas interna e externa, como detentoras de lógicas diferentes, tem sido dasautorizada. Os meios doméstico e internacional encontram-se emaranhados por conta da acelerada expansão capitalista que vivenciamos neste final de milênio. Por obra das transformações daí decorrentes, importantes segmentos sociais têm reunido condições suficientes para existirem mundialmente, proscrevendo a correspondência territorial entre Estado e Sociedade.

Além disso, a proliferação de tratados e regimes internacionais (meio ambiente, comércio, etc.) tem tornado o meio internacional tão ou quase civilizado quanto o meio interno. Este, que deveria ser, do ponto de vista da Teoria do Estado de Natureza, o império da lei, tem demonstrado claros sinais da incapacidade de muitos Estados em assegurá-la. As violências nas suas mais variadas formas e as guerras étnicas são exemplos contundentes de que o pacto social tem deixado amplos segmentos a descoberto da proteção estatal. Portanto, os cortes verticais que pertimitiam conceber lógicas políticas internas e externas distintas desapareceram, e essas realidades embaralham-se, inviabilizando o discernimento entre ordens políticas excludentes.

Finalmente, os recursos de poder têm mudado significativamente. Os trunfos no jogo atual são sobretudo econômicos, sendo, nesse contexto, a guerra um desfecho improvável, embora possível. Em outros termos, na ordem internacional desse final de século, a lógica do privado tende a impor-se à estatal, embora convenha ressaltar que, apesar da proliferação de novos atores, os Estados guardam a característica singular de serem os únicos a deter o monopólio do uso legítimo da força, conforme, aliás, já havia ressaltado Raymond Aron, no final dos anos 70. Além disso, são os Estados que pactuam acordos internacionais, aderindo ou não aos diversos regimes de gestão das questões mundiais. Apesar de coagidos pela expansão global do privado, os Estados têm sido ativos na gestão política interna e externa. Continua a justificar-se, portanto, o estudo especializado das relações entre os mesmos, embora num contexto onde usufruem de menor autonomia.

Essa situação de complexidade internacional crescente, em que o surgimento do novo não proscreve necessariamente o velho tem expressão em esforços analíticos, onde novas teorias têm buscado dar conta dessa realidade sem, contudo, nem sempre romper com as matrizes clássicas.

4. AS NOVAS TEORIAS

Nos anos 70 surge uma espécie de reação aos limites dos resultados obtidos e à neutralidade valorativa dos métodos ditos científicos da escola behaviorista. Assim, após a fase de mapeamento matemático e estatístico da realidade que dominou os anos 60, foram retomadas as preocupações teóricas mais abrangentes, num esforço para formular uma teoria normativa que inspirasse a compreensão do novo contexto internacional. Além disso, havia um consenso nessa época de que outras categorias de análise deveriam ser criadas para a apreensão da nova ordem internacional, cujos primeiros contornos eram, então, visíveis.

A noção de interdependência complexa, desenvolvida por Robert Keohane e Joseph Nye, busca, nesse contexto, dar conta da estrutura do sistema internacional. São três seus aspectos principais: 1) multiplicação e diversificação dos canais de comunicação entre as sociedades nacionais: às clássicas relações interestatais, juntam-se as relações transnacionais (privadas) e as transgovernamentais (públicas) que se desenvolvem entre agências governamentais de diferentes países, isso proscreve a eleição do Estado como um ator internacional coeso; 2) supressão das hierarquias que organizavam a agenda internacional entre temas de alta política (questões militares e político-ideológicas) e baixa política (questões econômicas e culturais) e 3) perda relativa da força militar na conquista de resultados em política. (Russell, pp. 18-19) A teoria da interdependência, assim formulada, erode os postulados clássicos do estudo das Relações Internacionais e propõe uma análise multifacetada que dê conta da complexidade do mundo contemporâneo.

Observa-se, a partir do final dos anos 70, uma reação por parte daqueles autores que, embora admitindo as transformações internacionais e adaptando-se a elas, não abandonam alguns preceitos clássicos. Surge, então, a escola neo-realista que divide o debate, durante os anos 80, com aqueles que se ocupam prioritariamente de atores e problemáticas não estatais.

Os autores neo-realistas (Waltz, Gilpin) mantêm o Estado no papel de ator principal. Para Waltz, a justificativa para qualquer esforço de elaboração teórica na área internacional consiste em "identificar como variam as possibilidades das grandes potências de governar de forma construtiva os assuntos internacionais", ou seja, os neo-realistas buscam nos novos fatores da política mundial os "sustentáculos para um novo equilíbrio" entre os Estados (Vigevani, 1994, pp. 6 e 9).

Outros autores, chamados globalistas ou internacionalistas (Richard Rosecrance, *The rise of trading state*. New York: Basic Books,1986) enfatizam a internacionalização econômica total como a tendência irreversível e elevam a economia como fator explicativo básico das relações internacionais.

Segundo Vigevani, tanto neo-realistas quanto globalistas valorizam as dimensões econômicas para maximização da eficiência. A diferença entre eles reside no fato de que os neo-realistas, ao contrário dos globalistas, têm em mira a distribuição do poder, e não o livre mercado, como dimensão básica das relações internacionais. Portanto, para esses autores, mesmo que o nível das trocas mundiais seja significativo, o livre mercado resulta de arranjos de natureza política entre Estados, uma vez que o mercado não pode emergir espontaneamente (Vigevani, 1994, p.9).

O acalorado debate sobre a natureza da futura ordem internacional gira de fato em torno de saber se a sociedade sob a égide do livre mercado pode ou não prescindir de uma instância reguladora ou de distribuição de poder. A situação de interdependência internacional, a proliferação de Tratados e Acordos entre os Estados e o surgimento de inúmeras instituições intergovernamentais e não-governamentais complexifica o debate e alimenta estudos sistemáticos sobre as obrigações assumidas por diferentes atores em torno de problemas comuns, diversificando o debate em torno dos chamados regimes internacionais.

Regime internacional surge como conceito teórico em 1982, em um número especial da revista americana International Organization (Vigevani, 1995, p. 51). Desde então, tem alimentado inúmeros estudos sobre a estrutura e o funcionamento dos arranjos internacionais que conformariam as ações externas dos atores, instaurando uma ordem internacional razoavelmente regrada.

No entanto, a definição do que seja um regime internacional permanece imprecisa. Em estudo sobre a temática, Pierre de Sernaclens procura discernir seu significado a partir das bem-difundidas definições de Krasner e Young. Para o primeiro, os regimes são um "conjunto de princípios, normas, regras e procedimentos de decisão em relação aos quais as expectativas dos atores convergem, num domínio específico," enquanto que para Young os regimes internacionais são "instituições sociais que governam as ações daqueles que estão implicados em atividades específicas ou em um conjunto de atividades". Reunindo as duas definições, Sernaclens busca entender os regimes como tendo por características próprias os princípios e as normas, enquanto as convenções e os procedimentos de tomada de decisões, ou seja, a institucionalização, seriam elementos subsidiários, podendo evoluir sem alterar a essência dos mesmos (Sernaclens, p. 530).

Vigevani ressalta que embora regimes internacionais já existissem desde épocas pretéritas, em torno da gestão das águas territoriais, do preço do café, do comércio e das finanças internacionais, por exemplo, o desafio que se coloca, hoje, para os teóricos dos regimes é a construção de regras de funcionamento supranacionais, num contexto em que persistem valores nacionais (Vigevani, 1995, p. 52).

Os regimes existem devido à capacidade que alguns atores têm de elaborar procedimentos para a resolução de problemas que, por consenso ou por coação, acabam sendo reconhecidos como de interesse geral, fazendo surgir, assim, os grandes problemas coletivos, como, por exemplo, o ambiental.

A imprecisão do termo tem gerado críticas sobretudo da parte de teóricos franceses das relações internacionais, em especial pelo fato de que essa perspectiva teórica não explicita os elementos constitutivos dos regimes, tornando esse conceito extremamente amplo.

Outra crítica enderessada à Teoria dos Regimes é que, talvez pelo fato de ter sido concebida em reação à Teoria Realista, ela acentua demasiadamente os aspectos cooperativos nas relações internacionais, em detrimento das dimensões de conflito que são marcadamente presentes. Oran Young, por exemplo, admite a existência de regimes impostos, além dos espontâneos e dos negociados. Igualmente, outros teóricos dos regimes, ao admitirem a necessidade da estabilidade hegemônica, isto é, a necessidade da existência de um ator com ascendência sobre os demais que assegure a persistência dos regimes, contemplam igualmente a dimensão conflitiva das relações internacionais (Lamazière, p. 85).

Desse modo, seria demasiado precipitado aproximar definitivamente a teoria dos regimes de uma ou de outra matriz teórica das relações internacionais, uma vez que ela reúne elementos de ambas. Se, por um lado, o concerto internacional em torno de problemas comuns pode encaminhar o mundo para uma situação de redução das soberanias nacionais, diminuindo a conflituosidade e aproximando a ordem internacional do que poderia vir a ser um modelo kantiano ou grociano, por outro lado, o fato de esse concerto internacional ser forjado, em muitos aspectos, pela imposição, onde diferentes capacidades nacionais são decisivas, contempla a presença, nesse âmbito, de elementos relativos à concepção hobbesiana das relações internacionais. Observa-se, assim, que as mais recentes teorizações sobre as relações internacionais reeditam conceitos que estão na base da contribuição filosófica para o pensamento nessa área.

Da mesma forma que a Teoria dos Regimes, as teses de Samuel Huntington sobre o choque de civilizações não escapam às amarras dos parâmetros teóricos clássicos. Como bem demonstrou Novaes Chiappin, Huntington reproduz o paradigma realista ao substituir o Estado pela civilização nas relações internacionais. Estas permaneceriam relações entre unidades básicas antagônicas, cujo equilíbrio seria assegurado pela dissuasão armada do conflito.

Como esses, certamente outros exemplos poderiam ser alinhados para exemplificar as dificuldades encontradas pelos analistas das relações internacionais para produzirem fora dos parâmetros teóricos clássicos. No entanto, a proliferação de estudos nessa área, desenvolvidos nos marcos de outras disciplinas, deve ser considerada. Nesse sentido, contribuições teóricas não desprezíveis devem ser recolhidas na chamada Sociologia da Globalização.

5. CONTRIBUIÇÕES DA SOCIOLOGIA DA GLOBALIZAÇÃO

Os acontecimentos atuais favorecem a percepção da desnecessária conexão territorial entre Estado e Sociedade, entre público e privado, entre política e economia. Essas relações desterritorializam-se, tornando evidente a necessidade de repensá-las teoricamente.

Como foi mencionado acima, a omissão dos teóricos clássicos da sociologia em relação a temas estratégicos das relações internacionais preservou esse campo de observação a uma disciplina específica desenvolvida, como dissemos, a partir das contribuições político-filosóficas clássicas. Este quase monopólio foi suprimido, nos últimos anos, face às dificuldades de apreensão da complexidade da política internacional por uma única disciplina.

Recentemente, sob o impulso das transformações mundiais, tem surgido uma sociologia da globalização cujas reflexões contribuem para a compreensão da ordem internacional. Antes disso, apenas três ramos da sociologia dedicaram-se a pensar questões mundiais: a sociologia da modernização, as teorias da dependência e os estudos sobre o sistema mundial (Domingues, pp. 279-280). Essas iniciativas concentraram-se em dimensões econômicas, ao contrário das atuais que têm dado crescente ênfase a aspectos culturais, e dos estudos de relações internacionais que sempre enfatizaram temas político-estratégicos.

A principal contribuição dos teóricos da globalização para a compreensão das relações internacionais neste final de milênio tem sido a sistemática demonstração do descolamento e da desnecessária correspondência territorial entre Estado e Sociedade, tida como perene no pensamento social moderno. O Leviatã encontra-se recorrentemente dasafiado, não mais necessariamente por um congênere, mas pela sociedade à qual deveria impor-se, vive-se uma situação próxima à *revanche do privado sobre o público*. Essa situação consiste na diversificação e no robustecimento de segmentos da esfera privada que passam a existir globalmente, além e apesar das circunscrições territoriais estatais. Ocorre o que Giddens denominou de *desencaixe*, ou seja, a subtração da atividade social dos contextos localizados, e a reorganização das relações sociais através de grandes distâncias tempo-espaciais (Giddens, p.58). A constituição de redes de comunicação planetárias favorece as trocas materiais e culturais e a articulação de interesses fazendo surgir uma espécie de existir social global sobre o qual não há poder regulador que se imponha.

Ao pensar-se a ordem mundial em termos de uma sociedade global, percebe-se o Estado - central para o estudo clássico das relações internacionais - apenas como mais uma dimensão da vida social. Faz sentido, portanto, a crítica de Giddens à literatura das relações internacionais por ela referir-se unicamente à dimensão que envolve a coordenação internacional dos Estados, porque ela torna "difícil lidar com relações sociais que não estão entre ou fora de Estados, mas simplesmente cortam de forma transversal as divisões dos Estados" (Giddens, pp. 71-72).

Convém lembrar que o desenvolvimento dos Estados soberanos ocorreu simultaneamente à constituição do sistema de estados-nações, ou seja, a correlação de forças entre unidades políticas em formação levou ao reconhecimento mútuo, de fora para dentro, das respectivas soberanias sobre os territórios. Assim sendo, a soberania dos Estados adveio mais do reconhecimento externo do que do efetivo controle interno (Giddens, p. 72). Sugere-se, com isso, que as relações privadas, o domínio da economia, guardam uma relativa autonomia em relação à organização política. A teoria do sistema mundial desenvolvida por Wallerstein fez ver que com o advento do capitalismo e da modernidade ocorreu a separação entre as unidades econômicas mundiais e os grandes estados imperiais que caracterizaram as economias mundiais antigas. O elemento de integração da economia capitalista são as conexões fabris e comerciais, e não os centros políticos. Daí Giddens afirmar que : "a modernidade é inerentemente globalizante", confirmando-se em Wallerstein, para quem "o capitalismo foi desde o começo um assunto da economia mundial e não dos estados-nação" (Giddens, p. 73).

Ao admitir-se, portanto, esse *desencaixe,* admite-se também a relativa autonomia do privado, da sociedade em relação ao Estado e a possibilidade de constituição de esferas privadas internacionais e do surgimento de mecanismos políticos apropriados a sua gerência. Diz-se, com isso, que a organização política muda, mas não acaba.

Segundo Gómes, "estamos diante de uma disjuntiva crescente entre a idéia de uma comunidade política capaz de determinar seu próprio futuro e a dinâmica das relações e forças da economia mundial." O que não significa o fim do Estado (Gómes, p. 24).

O desempenho estatal é decisivo para o processo de globalização, como indicam os argumentos que demonstram a complementaridade entre regionalização e globalização (Oman, pp. 161-162), e afirma concomitantemente as especificidades nacionais. Por mais frágeis que se encontrem os Estados, "os governos não perderam completamente sua capacidade de optar em matéria de política econômica e de definir as prioridades dos projetos de sociedade que orientam sua ação" (Gómes, p. 24).

Em se tratando de Estados poderosos, essa capacidade é ainda maior, os governos têm implantado mecanismos de regulação com o intuito de assegurar a reprodução do sistema mundial. Como foi mencionado, os próprios teóricos dos regimes, cujas teses induzem a pensar as relações internacionais através de fórmulas supranacionais, admitem o peso político dos Estados na conformação dos regimes internacionais.

A regionalização, entendida como uma reação política dos Estados à ofensiva privada da globalização, demonstra, através da formação dos blocos comerciais, a capacidade reguladora desses atores, embora os blocos impliquem, simultaneamente, perda relativa da soberania dos mesmos.

Talvez os regimes internacionais devam ser examinados nessa perspectiva, não tendendo a significar a supressão ou substituição dos Estados, mas um arranjo possível para gerir problemas comuns por atores públicos e privados cujos interesses não são necessariamente os mesmos, mas cuja estreita convivência torna a cooperação incontornável.

6. CONSIDERAÇÕES FINAIS

A industrialização e a urbanização engendraram o objeto das ciências sociais e as condições para que o indivíduo, buscando separar-se da totalidade social, pudesse tomar a sociedade como campo de observação (Domenach, p. 97), que foi, durante séculos, identificada com o Estado-nação. As transformações atuais, ao subverterem essa relação, desafiam o indivíduo a pensá-la em termos globais.

Os desafios daí decorrentes apontam para a necessidade de novas matrizes teóricas, o que passa pelo entrelaçamento das especialidades afins existentes. A produção de conhecimento no âmbito das relações internacionais lançou, freqüentemente, mão da matemática na sofisticação dos métodos, como é o caso das contribuições behavioristas, por exemplo. No entanto, a realidade mundial atual lança desafios que ultrapassam as questões metodológicas, exigindo um novo pensar teórico, para o qual a sociologia da globalização pode estar apta a contribuir.

7. BIBLIOGRAFIA

CHIAPIN, José Novaes. *O Paradigma de Huntington e o Realismo Político.* Lua Nova. São Paulo, n. 34, 1994, p.37-53.

DOMENACH, Jean-Marie. *Approches de La Modernité.* Paris: École Polytechnique, 1986, 208 p.

DOMINGUES, José Maurício. *Globalização, Sociologia e Cultura.* Contexto Internacional. Rio de Janeiro, v.15, n. 2, jul./dez. 1993, p.279-294.

GIDDENS, Anthony. *As Conseqüências da Modernidade.* São Paulo: Unesp, 1991, 177 p.

GOMES, José María. Globalização Política: mitos, realidades e dilemas. IRI-Textos. Rio de Janeiro, n. 19, jul. 1997, 45 p.

LAMAZIÈRE, Georges. *O Conceito de Regime Internacional e o Regime de Não Proliferação de Armas de Destruição em Massa.* Política Externa. São Paulo, v.4, n.4, mar. 1996, p. 83-109.

OMAN, Charles. *Globalização e Regionalização nas Décadas de 1980 e 1990. In:* VELLOSO, João Paulo dos Reis *et all.* A Nova Ordem Internacional e a Terceira Revolução Industrial. Rio de Janeiro: José Olympio, 1992, p.155-180.

RUSSEL, Roberto. *Teorías Contemporáneas en Relaciones Internacionales. In*: RUSSELL, Roberto *et all.* Temas de Política Exterior Latinoamericana. Buenos Aires: GEL, 1986, p. 9-25.

SERNACLENS, Pierre de. *La théorie des régimes et l'étude des organisations internationales.* Revue Internationale des Sciences Sociales. Paris, n. 138, nov. 1993, p. 528-537.

VIGEVANI, Tullo.*O Contencioso Brasil Estados Unidos da Informática.* **São Paulo: Alfa Omega, Edusp, 1995, 349 p.**

PARTE II

ANAIS DO SEMINÁRIO INTERNACIONAL SOBRE TRABALHO E SOCIEDADE NO MERCOSUL

10. Globalização: significado e conseqüências

RICARDO SEITENFUS
Professor Titular do Departamento de Direito da Universidade Federal de Santa Maria, Doutor em Relações Internacionais da Universidade de Genebra, Suíça

DEISY VENTURA
Professora do Departamento de Direito da Universidade Federal de Santa Maria, DEA em Direito comunitário e europeu da Universidade de Paris I, Panthéon-Sorbonne, Mestre em Integração Latino-Americana da UFSM

As expressões *globalização* (anglo-saxã) ou *mundialização* (de origem francesa) são oriundas do meio jornalístico e não possuem significado jurídico. Trata-se de expressões que traduzem um fenômeno econômico, conseqüência inevitável do liberalismo que faz emergir um mercado mundial interdependente.

A globalização pode ser percebida como um *instrumento de descrição* de uma suposta realidade, ou ainda ser utilizada como *valor ideológico* para justificar a *acracia* governamental. Em qualquer situação, constata-se a construção de uma ordem econômica mundial cuja filosofia e estrutura prescindem, transcendem e se contrapõem ao Estado.

Após um sucinto percurso histórico até a globalização, suas características poderão ser apresentadas para que, em seguida, proceda-se ao balanço de suas conseqüências. Especial atenção merecem as complexas relações entre o fenômeno estudado e o direito internacional, a fim de que algumas linhas possam ser esboçadas a título de conclusão.

1. UMA BREVE EVOLUÇÃO HISTÓRICA

A globalização é a *etapa* mais recente da história das relações entre os homens e suas organizações coletivas. Precederam-na o bilateralismo, o multilateralismo e o transnacionalismo.

1.1. Bilateralismo

Compreende do século XVI até as vésperas da Segunda Guerra Mundial. Trata-se de um longo período, considerado pelos historiadores, inclusive econômicos, como sendo da *história lenta*. Surge com a consciência do mundo finito resultante das descobertas marítimas (séc. XVI). Estende-se até as vésperas da Segunda Guerra Mundial, com grandes e definitivas descobertas. Suas principais características: *economia* - o mercantilismo, o sistema colonial, a primeira revolução industrial; *política* – a guerra como instrumento exclusivo do poder dos Estados; *direito* – somente o costumeiro; *relações internacionais* – exclusivamente bilaterais, apesar das tentativas de um ordenamento oriundo das experiências da Santa Aliança no século XIX e da Liga das Nações no entre-guerras (1919-1939).

1.2. Multilateralismo (1940-1960)

Marcado por uma *aceleração da história,* o período se caracteriza pelos esforços para o ordenamento das relações internacionais através de organismos complexos e permanentes. A paz mundial deveria ser alcançada graças a três centenas de organizações internacionais, encarregadas de operacionalizar a cooperação entre os povos. A estrutura multilateral recebe delegação de poderes mínimos por parte dos Estados, os quais conservam larga autonomia, eis que as organizações internacionais estão restritas à dimensão intergovernamental.

1.3. Transnacionalismo (1960-1980)

Repetem-se duas características da fase anterior: multilateralização e rapidez das transformações. No entanto, surge uma diferença fundamental: a expansão das empresas produtoras de bens das economias centrais, sobretudo do setor secundário, e sua instalação nos mercados consumidores. Trata-se de investimentos produtivos através do sistema de usinas do tipo *chave na mão*, trazendo conseqüências diferenciadas segundo o tamanho do mercado consumidor. O Brasil é um significativo exemplo desta fase, sobretudo com a indústria automotiva, cujo investimentos estrangeiros propiciavam a entrada de divisas em razão do perfil exportador dos bens produzidos.

2. AS CARACTERÍSTICAS DA GLOBALIZAÇÃO

Verificada a partir dos anos 80 até os dias atuais, a globalização revela-se nos domínios financeiro, das telecomunicações, do comércio, nas relações de trabalho, entre outras manifestações.

2.1. A globalização financeira

Marcada pela expansão da liquidez, ela multiplicou o grau de autonomia dos fundos e dos operadores financeiros, diminuindo o poder de regulação dos governos. Atualmente, somente os Estados Unidos podem intervir de forma eficaz, em razão do privilégio para emitir o principal ativo internacional: o dólar.

O movimento diário dos fundos (*hedges*) é de US$ 1 trilhão de dólares, sendo que menos de 10% refere-se a operações reais de comércio de bens e serviços ou pagamentos de fatores de produção. Portanto, US$ 900 bilhões de dólares circulam diariamente nos mercados financeiros, de forma especulativa, em busca de maiores taxas de juros e apostando em expectativas de mudança na paridade cambial. Os investimentos especulativos nos Estados Unidos (3%), Alemanha e Japão (10%) são marginais. Todavia, a volatilidade destes capitais atinge as economias dos países periféricos e emergentes em proporção inversa (90 a 95%) em razão dos acentuados desequilíbrios macroeconômicos. Estes mercados dependem do capital especulativo, também chamado volátil. A situação agrava-se quando tais economias apresentam fortes desequilíbrios na balança de transações correntes e os financiam com os capitais voláteis.

A recente estrutura dos investimentos estrangeiros mostra que estes dirigem-se cada vez menos para o setor manufatureiro. Tratase de setores não voltados à exportação e que exigem o aumento das importações, provocando um *deficit* comercial externo crônico. O Brasil fornece exemplo significativo com a transferência dos investimentos do setor produtivo para o especulativo.

Divisão dos investimentos estrangeiros por setor no Brasil

Ano	% secundário	% serviços
1995	55,0	43,4
1996	22,7	75,0
1997	13,3	83,0

2.2. A revolução tecnológica das comunicações

Está estreitamente vinculada à expansão da liquidez, pois promove a integração dos mercados através das bolsas de valores (BV). Há BV em funcionamento 24 horas por dia. A telemática e a informática permitem a transferência instantânea dos investimentos. As economias baseadas no setor primário agrárias e na produção de matérias-primas fracassaram. Por um lado, as economias dos países centrais tornaram-se, através de um eficiente sistema de proteção alfandegário, auto-suficientes e inclusive exportadoras de bens agrícolas. Por outro, a informática demonstrou que a produção de bens com alto valor agregado tornou-se o elemento-chave de seus sucesso.

No que atine à cultura, à informação e ao entretenimento, a idéia da aldeia global foi introduzida pelo canadense McLuhan. As informações passaram a ser instantâneas, mas nem sempre isto é garantia de que elas não são filtradas ou deformadas. Há uma evidente concentração da mídia, com um monopólio do Norte sobre as Agências de notícias. Uma maior circulação quantitativa de informações representa, de fato, uma melhor consciência sobre a realidade?

2.3. O globalismo comercial

Após a Segunda guerra mundial, tratou-se de liberar o comércio de bens entre os Estados, através da aplicação o princípio da cláusula incondicional da nação mais favorecida e da criação do GATT. Houve um aumento extraordinário do comércio mundial, mas não se deve alimentar ilusões. O Brasil, por exemplo, contribui com menos de 1% do total do comércio mundial. Durante este período, o comércio entre as nações cresceu quatro vezes mais do que o Produto Mundial Bruto.

Deve ser ressaltado o papel desempenhado pela Organização Mundial do Comércio (OMC), pela solução imperativa de controvérsias comerciais, através do sistema de *panel*), mas sobretudo pela perspectiva de extensão da política de diminuição tarifária do comércio mundial para outros setores, como os serviços. Destaca-se ainda a tentativa de introduzir princípios a aplicar-se não aos bens, mas à *forma* de produzi-los (regras ambientais, selo verde, *dumping* laboral, etc.)

2.4. Relações de trabalho

A mudança introduzida pela globalização no mercado de trabalho é profunda e se caracteriza pelos seguintes fenômenos: fim das correntes migratórias; impossibilidade de mobilização laboral, a não ser no âmbito do processo de integração europeu; controle extremo da mobilização dos trabalhadores (fortaleza européia, muro da vergonha na fronteira sul dos Estados Unidos); criação de uma elite trabalhadora apta a participar da nova tecnologia de produção; cristalização de altos índices de desemprego estrutural, inclusive nas economias avançadas (12%) e particularmente nas economias marginais; fortalecimento do mercado informal, sem a presença da força reguladora do Estado.

2.5. Outras formas de expressão do globalismo e algumas questões

No que tange ao *consumo* de caráter homogêneo, os parâmetros culturais do Ocidente foram universalizados através do *marketing* e da propaganda. Trata-se de uma melhor integração através do conhecimento mútuo, ou de uma pasteurização dos costumes?

Quando se trata do novo *sistema de valores*, constata-se que com o fim da Guerra Fria, apontado erroneamente por alguns como o fim da História, a democracia representativa, do ponto de vista político, e o liberalismo, sob o ângulo econômico, marcam o fim do século. Entretanto, a realização de eleições regulares, hoje quase generalizada, difere significativamente da alternância no poder. A manipulação das eleições pela mídia compromete igualmente a idéia de que a democracia é um ideal conquistado neste fim de século.

No plano do *direito*, discute-se o surgimento de um *direito* ou mesmo um *dever de intervenção* (ou ingerência) nos assuntos até então de competência exclusiva dos Estados, baseado nos valores fundamentais da humanidade.

A imposição do denominado *bom governo* (*good governance*), inspirada pelo Fundo Monetário Internacional e pelo Banco Mundial, introduz o *princípio da condicionalidade*. Trata-se do vínculo impositivo entre a ajuda consentida e o comprometimento do Estado em adotar uma política econômica que resolva ou atenue os problemas ligados aos pagamentos externos e à administração interna. As principais questões introduzidas pelo princípio da condicionalidade são as seguintes: reformulação do sistema de crédito interno; eliminação do *deficit* do setor público; manutenção de reservas internacionais; estabilidade da paridade cambial; pagamento da dívida externa; repartição da renda nacional e estrutura do sistema de emprego.

3. UM BALANÇO DAS CONSEQÜÊNCIAS DA GLOBALIZAÇÃO

A interconexão das bolsas de valores, alcançada graças à informática, é acompanhada pela difusão de valores culturais ocidentais e pela predominância do capital financeiro de cunho especulativo sobre o capital produtivo.

Contrapondo-se à intervenção do Estado na economia, a globalização, como valor ideológico, pretende eliminar o protecionismo das economias nacionais e instaurar a livre circulação de bens, serviços e capitais. Ao contrário destes, os outros fatores de produção, como a tecnologia e a mão-de-obra, são excluídos da liberalização e se transformam em objeto de rígido controle, coletivo ou individual, por parte dos Estados.

O aumento dos juros para atrair os capitais voláteis implica a diminuição da atividade produtiva e o aumento do desemprego. Trata-se de cruel círculo vicioso que faz com que um Estado, ao aceitar ou favorecer estas perversas regras do jogo, compromete sua autonomia administrativa e restringe sua *independência secundária* ou *operacional*, na medida em que se torna refém de decisões tomadas alhures, sobre as quais não possui interferência. Todavia, do ponto de vista do direito internacional clássico, tal Estado mantém sua *soberania primária* na medida em que o governo que o representa manifestou seu *consentimento*, embora este possa vir a ser obtido através de pressões.

Uma limitação suplementar de soberania secundária se manifesta através das regras ditas de *condicionalidade* emitidas pelas instâncias de cooperação econômica e financeira internacionais, como o FMI e o Banco Mundial, que atestam o chamado bom governo (*good governance*). Para que um Estado-Membro se candidate a receber auxílio destas instituições é necessário que ele adote uma política econômica que resolva ou atenue os problemas vinculados aos pagamentos externos e à administração interna.

Finalmente, surgiram nestes últimos anos instâncias privadas, aparentemente independentes, de controle e de acompanhamento da saúde financeira e administrativa dos Estados. São as *agências de notação* (*Moody's, Standard Poor's*, etc.), cujos conceitos que fazem variar o valor dos papéis de lastro emitidos pelos Estados segundo seu grau de *confiabilidade*. Trata-se de um serviço privado internacional, oferecido aos investidores, orientando-os na busca do binômio *segurança e rentabilidade*. Não é necessário enfatizar a importância psicológica destas avaliações para o surgimento ou o agravamento de uma crise financeira do Estado objeto destas notações.

4. A GLOBALIZAÇÃO E O DIREITO INTERNACIONAL

A importância do direito internacional esteve sempre vinculada ao seu grau de universalidade. A aceitação dos princípios, regras e normas pelo maior número possível de grupos humanos organizados consiste na garantia de sua perenidade e condição indispensável ao seu fortalecimento. Ao colocar em xeque o papel desempenhado tradicionalmente pelo Estado, a globalização questiona o direito internacional público e identifica seus limites.

A percepção dogmática da soberania deve ser descartada. O estudo das relações internacionais já havia apontado os limites externos da soberania estatal, na medida em que cada uma delas confrontava-se com duas outras centenas de entidades que reivindicavam o direito soberano. A globalização coloca em evidência que, internamente, dentro de seus limites territoriais, o Estado tampouco desfruta da autonomia e independência consagrados pelo direito internacional. Trata-se de fato novo que foge ao costume ou ao *jus cogens*. No entanto, é imperativo para os Estados que pretendam desfrutar das relações internacionais concebidas pelo sistema econômico internacional.

Duas características da globalização devem ser ressaltadas: por um lado, é de sua própria essência que o processo desconheça fronteiras nacionais, introduzindo a *desterritorialização* das atividades de produção e de consumo. Por outro lado, as decisões do mundo global decorrem de centros de interesses privados, independentes, autônomos e dotados de um poder real cuja natureza e intensidade transcende o tradicional poder dos Estados.

Internamente, a globalização contesta a exclusividade do exercício da soberania do Estado sobre um território delimitado. A *lex mercatoria*, os códigos de conduta e os acordos multilaterais para a proteção de investimentos e de patentes estrangeiras, por exemplo, podem impor-se, na prática, a todos os Estados, inclusive àqueles que não participaram de suas feituras.

Externamente, a globalização obriga o Estado a adotar uma agenda distinta para suas atividades internacionais. O Estado, segundo o modelo clássico, representava *politicamente* o país. Ao conceder exclusividade ao *econômico* e privatizar as atividades produtivas remanescentes dos Estados, a globalização conduz às relações externas de competição, de cooperação ou de afrontamento, para uma arena onde as forças privadas predominam.

5. CONCLUSÃO

Nas três fases mencionadas anteriormente, o Estado desempenhou papel primordial: no *bilateralismo* ele foi o único sujeito de direito; no *multilateralismo* ele decidiu criar órgãos intergovernamentais que se mantêm sob sua conduta; no *transnacionalismo* ele decidiu acolher empresas estrangeiras em seu território.

A atual fase de globalização, ao descartar o Estado, sugere uma natureza distinta. O direito internacional, concebido como sendo o direito dos Estados, é marcado por fronteiras estanques onde os poderes se dividem e repartem-se em espaços delimitados. Esta ordem herdada de *Vestefália* vê-se confrontada à globalização, que busca unificar os espaços, diminuir as distâncias, eliminar os entraves à circulação, integrar os mercados, desregulamentar e uniformizar as regras, impor valores, tornar homogêneos os gostos dos consumidores, fazer com que o capital se transforme em objetivo, e não em meio de trocas, tornar a comunicação permanente e sem controle do Estado, criar estruturas de produção empresarial de forma transnacional. Trata-se de um mundo desordenado e descentralizado. Portanto, ou um mundo sem direito, ou de um *mosaico* de direitos.

A globalização está sendo marcada pela utilização fugaz e abrangente de um conceito que se transforma em instrumento ideológico do discurso político tentando justificar a *acracia*, que pode ser traduzida como a debilidade ou ausência de governo. Assistimos ao fim da idéia revolucionária e ao surgimento dos Estados condenados à marginalização, ou mesmo a ser *Estados párias* no confronto com o governo mundial *de fato* que exerce o poder através do Grupo dos 7 (G7).

Se a primeira metade do século XX pode ser considerada como a época da mundialização das guerras, a segunda metade deve sê-lo como a confrontação entre dois modelos e a vitória do capitalismo liberal.

Deve-se esperar que o século que se inicia não se transforme numa vitória definitiva do egoísmo sobre a solidariedade. É preciso decodificar os fatores da globalização para que estes elementos que romperam as barreiras da distância para uma parte privilegiada dos seres humanos. A capacidade de criar, de comunicar e de interagir deve ser posta a serviço de um novo humanismo, cuja construção é urgente.

6. BIBLIOGRAFIA

DUPUY, R.-J., "Le dédoublement du monde", *Revue Générale de Droit International Public*, abril – junho de 1996, nº 2, pp. 313-321.

FARIA, J.E. (org.), *Direito e Globalização econômica*. São Paulo: Malheiros, 1996, 180p.

FLORY, M., "Mondialisation e droit international du développement", *RGDIP*, julho - setembro de 1997, nº 3, pp. 609-633.

JACKSON, R. H., *Quasi-States: Sovereignty, International relations and the Third World*. Cambridge: University Press,1993, 225 p.

MAHMOUD, M. S. M., "Mondialisation e souveraineté de l'Etat", *Journal de Droit International*, nº 3, 1996, pp. 611-662.

SCARLATO, F. C. *et alii*, *Globalização e espaço latino-americano*. São Paulo: Hucitec, 1994, 302 p.

STERN, B., "Vers la mondialisation juridique? Les lois Helms-Burton et d'Amato-Kennedy", *RGDIP*, outubro - dezembro de 1996, nº 4, pp. 979-1003.

VERHOEVEN, J., "L'Etat et l'ordre juridique international", *RGDIP*, julho - setembro de 1978, nº 3, pp. 1-26.

11. Nova dinâmica produtiva, emprego e sindicato na constituição do Mercosul

MARCIO POCHMANN
Professor do Instituto de Economia (IE), pesquisador e diretor executivo do Centro de Estudos Sindiciais e de Economia do Trabalho (CESIT) da Universidade Estadual de Campinas (UNICAMP).

SUMÁRIO: 1. A experiência do Mercosul; 2. O movimento de desestruturação do mercado de trabalho no Mercosul; 3. O sindicalismo no Mercosul: sinais recentes de alterações; 4. Considerações finais. 5. Referências bibliográficas.

A experiência recente de integração regional, promovida através do Mercado Comum do Sul, tem sido levada avante simultaneamente com transformações significativas nos mercado de trabalho e nas formas de atuação sindical dos países-membros. Com o objetivo de tratar dos desafios atuais do sindicalismo, busca-se discutir o curso de constituição do Mercosul e as novas dinâmicas produtivas e do emprego.

Para isso, dividiu-se o estudo em três partes. Na primeira parte, procura-se discutir o processo de integração regional, enquanto na segunda parte busca-se caracterizar o comportamento geral de desestruturação do mercado de trabalho nos países do Mercosul.

1. A EXPERIÊNCIA DO MERCOSUL

Ao final do século XX, Argentina, Brasil, Paraguai e Uruguai deram um passo importante rumo à construção do Mercado Comum do Sul, sobretudo com a entrada em vigor da tarifa externa comum. Desde março de 1991, quando da aprovação do Tratado de Assunção, esses quatro países do Cone Sul iniciaram a mais nova etapa de integração latino-americana, após uma série de tentativas estabelecidas a partir dos anos 50.

Deve-se destacar, no entanto, que desde a segunda metade dos anos 80 – período reconhecido como década perdida para os latino-americanos – ocorreu o desenho de algumas estratégias de integração regional. Sob a marcha forçada das políticas macroeconômicas de ajuste orientadas pelo Fundo Monetário Internacional, os países latino-americanos tiveram que, sem acesso a recursos externos, gerar saldos comerciais crescentes e positivos para servir de pagamento ao serviço da dívida externa acumulada desde a década de 70.

Apesar dos resultados apresentados de elevação das exportações e redução das importações, as economias da região passaram por forte elevação na taxa de inflação e baixo crescimento econômico. Não obstante o agravamento do quadro socioeconômico nacional, os sindicatos souberam fortalecer suas lutas, ganhando importante dimensão nas agendas governamentais. Em parte, a recuperação do poder dos sindicatos se deu a partir das lutas de defesa das liberdades democráticas, após uma longa fase de ditaduras militares nos países latino-americanos.

Nesse cenário, as possibilidades de integração regional discutidas por governos recém-eleitos apareciam como uma alternativa supranacional frente às imposições de políticas macroeconômicas de ajustes por parte das agências multilaterais. Todavia, a imposição dos acordos da dívida externa (exportar muito mais do que importar) e os desajustes econômicos internos (altas taxas de inflação e baixo crescimento) limitavam a construção de estratégias saudáveis à integração regional nos países latino-americanos.

Somente nos anos 90, com o retorno de recursos externos aos países da região, foi possível conduzir as políticas de estabilização monetárias mais eficazes. Mas o ataque à inflação ocorreu a partir da adoção de um modelo de reorganização econômica estabelecido pelo Consenso de Washington, que sugeria a redefinição do papel do Estado, a privatização do setor produtivo estatal, a desregulamentação financeira, comercial e trabalhista, a valorização cambial e a elevação das taxas de juros.

Todas essas medidas impuseram profundas alterações econômicas, ao mesmo tempo que abriram novos espaços e oportunidades para os países do Cone Sul da América Latina avançarem em algumas estratégias de integração regional. Isso porque a permanência de um cenário de incertezas econômicas e de inseguranças sociais, num mundo cada vez mais internacionalizado, tornou o Estado nacional um espaço frágil para a adoção de medidas mais eficazes de reversão dessas tendências.

As regras definidas no plano supranacional têm sido identificadas como alternativas mais eficazes no controle da competição desregulada e na redução das desigualdades sociais. Mas essas medidas ainda estão para serem melhor conduzidas nos países do Mercosul, pois a adoção do modelo de estabilização monetária, sobretudo em países como Argentina e Brasil, induz à integração regional sustentada basicamente sobre o comércio.

Nesse particular, parece inegável o avanço do comércio entre os países membros do Mercosul. (Stolovich, 1994; Sunkel, 1993). Prova disso foi o rápido crescimento do comércio entre os quatro países, que dobrou nos últimos quatro anos. Entre 1988 e 1997, por exemplo, o valor das exportações entre os países do Mercosul cresceu a uma taxa média anual de 18%, alcançando o volume de cerca de 20 bilhões. Esse total representa quase 50% das vendas realizadas externamente entre os países latino-americanos.

Como característica da integração das economias do Mercosul, destaca-se a redução dos entraves à maior movimentação de serviços e mercadorias entre fronteiras, o que termina sendo estimulado pelo movimento de desregulamentação dos Estados Nacionais. O comércio supra-regional, por exemplo, registra nos anos 90 forte elevação nas taxas de crescimento, superiores à década passada. Entretanto, os dados sobre o desempenho do comércio externo não expressam plenamente o aprofundamento do fenômeno da integração regional. Também estão associadas ao movimento de constituição do Mercosul a ampliação e a interligação dos mercados comerciais e financeiros, que favorecem a rápida difusão e interconexão dos fluxos financeiros, de novos produtos e de alguma tecnologias de informação.

Da mesma forma, o processo de reestruturação das atividades produtivas, com novas formas de organização empresarial e de gestão da mão-de-obra, apresenta-se como uma constante exigência da integração comercial. Tudo isso ocorre de maneira assimétrica e descontínua entre os países da região, pois a desregulamentação e o acirramento da concorrência intercapitalista têm ocorrido diante da subordinação mais geral das empresas às políticas macroeconômicas de deflação e valorização financeira.

De maneira geral, a visão dominante sobre o tema da integração regional tende a apresentar a empresa moderna dependente completamente do padrão internacional de produção, de investimento, de consumo e de incorporação tecnológica. Acontece, todavia, que a empresa, do ponto de vista macroeconômico, encontra-se situada no espaço nacional, cujo ambiente definido pelo modelo de estabilização monetário impõe diversas restrições competitivas.

Por conta disso, as estratégias de concorrência, ao invés de seguirem o paradigma da competição sistêmica, terminam orientado mesmo as ações empresariais de modernização restrita e de redução de custos de produção. As mudanças organizacionais ocorreram em profusão, mesmo na ausência de grandes esforços em difusão tecnológica, impondo, como conseqüência, fortes custos sociais aos trabalhadores e fragilização nas formas tradicionais de atuação sindical.

2.O MOVIMENTO DE DESESTRUTURAÇÃO DO MERCADO DE TRABALHO NO MERCOSUL

Dentro do contexto de promoção comercial recíproca, o projeto do Mercosul, como processo de integração sustentado pela redução dos custos domésticos e direcionado para o acesso aos mercados regionais, constitui uma realidade distinta da originalmente prevista em momentos históricos anteriores. O processo de integração regional posto em marcha através do Mercado Comum do Sul assenta-se mais nas metas de natureza comercial que na promoção da integração inter-regional dos países propriamente dita. Há, de fato, ausência de mecanismos supranacionais direcionados para a promoção da integração política e econômica.

Através deste perfil básico de construção do projeto Mercosul, amplamente amparado pelo movimento de internacionalização das economias e de desregulamentação dos mercados de produtos e financeiros, o mercado de trabalho tem uma atenção cada vez maior. Por conta disso, o enfrentamento dos problemas tradicionais do mercado de trabalho em países periféricos não é contemplado plenamente na agenda atual do projeto de integração regional (desemprego, baixos salários, informalidade no uso da mão-de-obra, subemprego etc.),[1]

Assiste-se simultaneamente ao desenvolvimento do Mercosul, um movimento de desestruturação do mercado de trabalho, identificado através de três características fundamentais: (i) ampliação do desemprego; (ii) redução da participação relativa do emprego assalariado no total da ocupação e (iii) geração de ocupações precárias.

[1] Sobre situação do mercado de trabalho, ver: Pochmann, 1997; Garcia, 1994.

- *A ampliação do desemprego*

O aumento na quantidade de pessoas desempregadas nos anos 90 representa uma das principais características do movimento mais geral de desestruturação do mercado de trabalho ocorrido nos países do Mercosul. A presença de altas taxas de desemprego revela o aparecimento de um elemento novo nas economias, que não chegaram a apresentar elevado nível de estruturação do mercado de trabalho, conforme a experiência das economias avançadas.

Gráfico 1

Evolução dos índices de desemprego nos países do Mercosul, 1989/97 (1989 = 100,0)

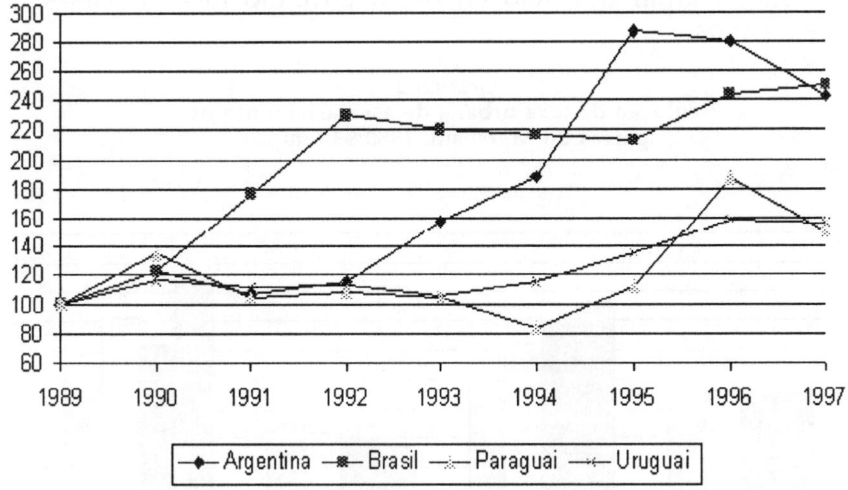

Fonte: OIT, 1997

A partir da década de 1980 e sobretudo nos anos 90, países como Argentina, Brasil e Uruguai passaram a registrar taxas crescentes de desemprego, alcançando o dobro do que eram no final dos anos 80. Mesmo o Paraguai, que possui um mercado de trabalho menos urbano, aponta para taxas de desemprego 20% superiores às do final dos anos 80. Deve-se destacar que também há um problema metodológico na aferição do que seja desempregado, pois as pesquisas existentes nos países da periferia do capitalismo são, em geral, cópias das pesquisas aplicadas em países capitalistas com mercados de trabalho estruturados. Diante disso, as informações oficialmente apresentadas pelos países periféricos devem subestimar a dimensão quantitativa do problema do desemprego.[2]

Com a geração de um excedente adicional de mão-de-obra nos países do Mercosul durante os anos 90, o desemprego assume maiores proporções, indicando a incapacidade dos segmentos não-estruturados e informais de continuar absorvendo parcelas crescentes da força de trabalho. Com isso, ampliam-se as condições de discriminação e precarização do padrão de uso e remuneração da mão-de-obra.

- Redução dos empregos assalariados no total da ocupação

Uma segunda característica marcante do comportamento geral nas formas de inserção da população ativa nos países do Mercosul está associada à diminuição da participação relativa dos empregos assalariados no total da ocupação. O desassalariamento parece ser um fenômeno atual que não encontra paralelo nesses países nos últimos 50 anos.

Gráfico 2
Evolução da taxa urbana de assalariamento nos países do Mercosul, 1980/93 (em %)

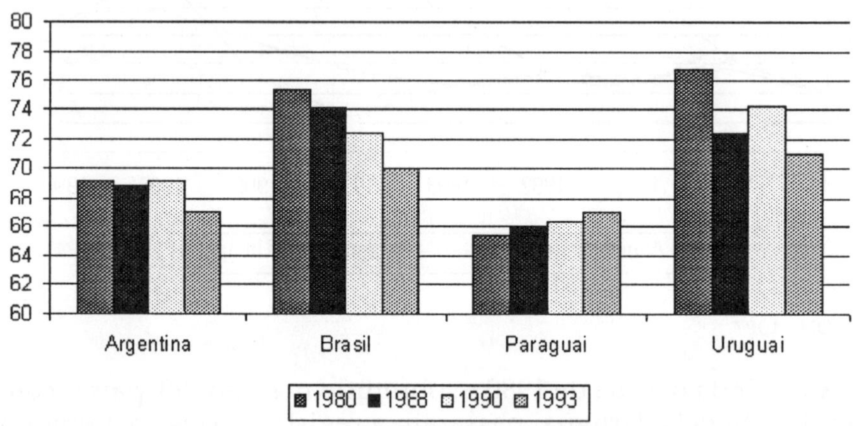

Fonte: OIT, 1996

[2] Um exemplo disso ocorre nas identificações sobre o desemprego no Brasil, pois quando se comparam as pesquisas realizadas pelo IBGE com as do DIEESE, verificam-se diferenças extraordinárias. Para a região da grande São Paulo, a taxa de desemprego medida pelo DIEESE/SEADE alcança 16,6% da PEA e apenas 6% pelo IBGE. Sobre as diferenças metodológicas na medição do desemprego, ver: Hoffmann & Brandão, 1996.

Dos quatro países que constituem o Mercado Comum do Sul, o Brasil é o que registra mais claramente o movimento de desassalariamento. Para Argentina e Uruguai também há queda na participação dos empregos assalariados no total da ocupação, ainda que de forma não contínua. Somente o Paraguai apresenta *performance* distinta, com pequenos avanços na taxa de assalariamento, que é, por sua vez, a mais baixa entre esses países.

Paralelamente, constata-se também uma diminuição dos postos de trabalho formais. De forma geral, os países do Mercosul apresentam uma tendência de redução na participação relativa dos empregos formais no total da ocupação. O Uruguai é o país que registra uma menor redução no emprego formal nos anos 90.

Gráfico 3

Evolução da participação dos empregos formais no total da ocupação nos países do Mercosul, 1990/96 (em %)

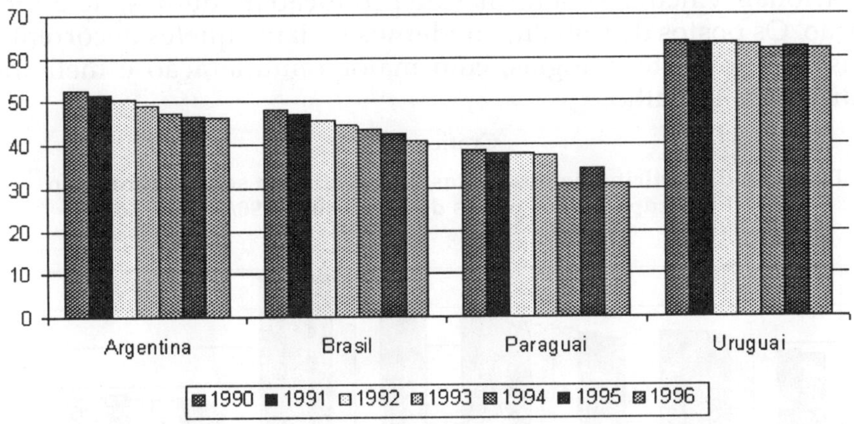

Fonte: OIT, 1996

A redução na taxa de assalariamento formal não é homogênea entre os países do Mercosul. Enquanto no Uruguai há uma certa estagnação na situação do emprego formal, os demais países registram uma tendência decrescente na participação dos assalariados com registro no total do emprego assalariado.

- *A expansão das ocupações precárias*

Além da ampliação do desemprego e do desassalariamento, constata-se a elevação de postos de trabalho precários e, na maioria das vezes, de baixa produtividade, como uma terceira característica do movimento de desestruturação do mercado de trabalho nos países do Mercosul. São, em geral, postos de trabalho que revelam mais uma estratégia de sobrevivência do que a geração de empregos segundo a lógica capitalista.

Indistintamente, entre os países do Mercosul, observa-se a expansão de postos de trabalho que dizem respeito ao trabalho por conta própria e serviço doméstico. Estes postos de trabalho vinham reduzindo sua participação relativa no total da ocupação, porém, com o movimento de desestruturação do mercado de trabalho nos anos 90, apresentam situação de crescimento.

Em relação ao trabalho por conta própria, por tratar de um segmento muito heterogêneo, muitas vezes assemelhando-se a situações de empregador, trabalho independente, autônomo para o público, autônomo para empresa, pode-se encontrar segmentos ocupacionais vinculados a formas de produção modernas, de última geração. Os postos de trabalho modernos seriam aqueles decorrentes do uso de novas tecnologias, com maior remuneração e melhores condições de trabalho.

Gráfico 4

Evolução da participação dos postos de trabalho no setor informal no total da ocupação nos países do Mercosul, 1990/96 (em %)

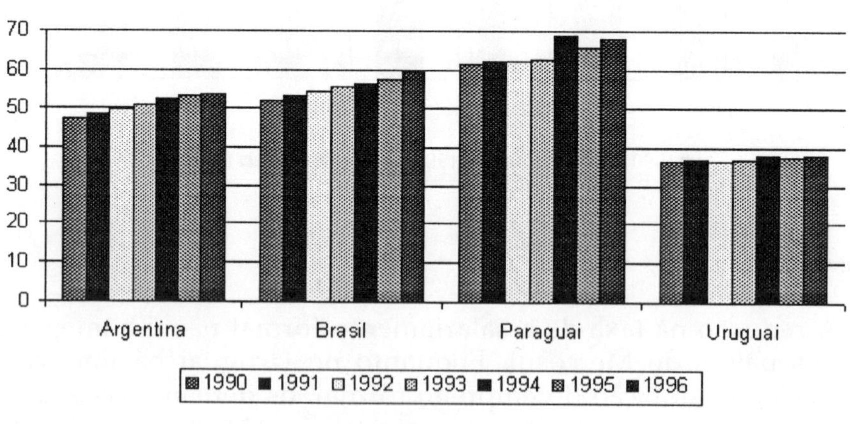

Fonte: OIT, 1996

Todavia, essa realidade não pode ser generalizada. Pelo contrário, os postos de trabalho por conta própria continuam representando, na maioria das vezes, alternativas de sobrevivência daqueles que se encontram excluídos dos empregos assalariados. Portanto, ocupações com baixo rendimento, instabilidade, precariedade e reduzidas condições de trabalho, o que influenciam diretamente nas condições de produção e reprodução da pobreza.

Não sem motivo, as ocupações que mais crescem são aquelas que se referem ao setor informal. Em outras palavras, segmento ocupacional que não possui geralmente a proteção dos direitos sociais e trabalhistas. Salvo a situação do Uruguai, os demais países do Mercosul registram uma crescente participação das ocupações no setor informal nos anos 90.

3. O SINDICALISMO NO MERCOSUL: SINAIS RECENTES DE ALTERAÇÕES

A atuação sindical nos países do Mercosul possui grandes diferenças. Todavia, nos anos 90, com as transformações ocorridas no curso da economia, podem ser verificados sinais de mudanças que apontam para, pelo menos, 4 características distintas do padrão sindical estabelecido desde o segundo pós-guerra: (i) queda nos conflitos trabalhistas; (ii) diminuição na taxa de sindicalização; (iii) descentralização das negociações coletivas e estancamento das cláusulas nos acordos/convenções de trabalho e (iv) maior participação dos sindicatos nos fóruns de políticas públicas. Essas novas características da atuação sindical serão apresentadas a seguir de forma simplificada.

- *Queda nos conflitos trabalhistas*

Com o restabelecimento dos regimes democráticos, a partir dos anos 80, houve uma tendência de fortalecimento das entidades de representação dos interesses do conjunto dos trabalhadores nos países do Mercosul. A greve, sem dúvida, transformou-se num dos principais instrumentos de vocalização dos interesses coletivos dos trabalhadores, sempre presente para demonstrar o grau de insatisfação sobretudo com a realidade socioeconômica.

A partir dos anos 90, contudo, o movimento sindical registrou uma desaceleração na realização dos conflitos trabalhistas. Em parte, a condução de políticas macroeconômicas de ajustes restringiu as bases materiais de ação tradicional dos sindicatos. Isto é, a forte presença do desemprego, a geração de novos postos de trabalho em pequenas e microempresas e no chamado setor informal, terminaram por influir nas oportunidades de realização dos conflitos trabalhistas.

Gráfico 5

Evolução da participação relativa dos postos de trabalho nas empresas de até 5 empregados nos países do Mercosul, 1980/93

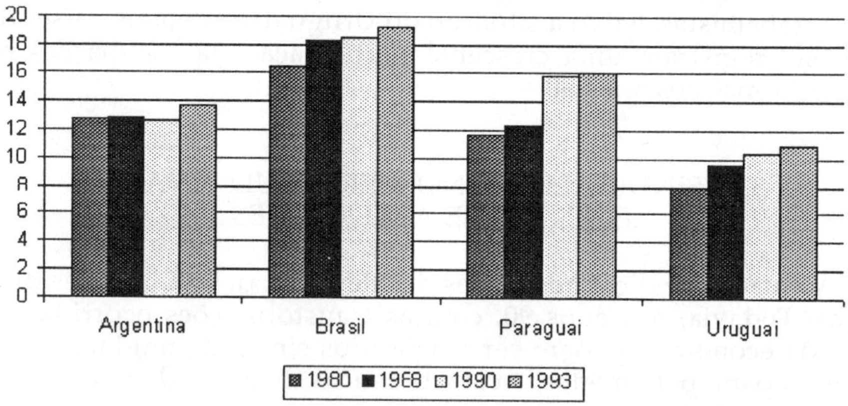

Fonte: OIT, 1996

Como a reestruturação empresarial ocorre sobretudo nas grandes empresas - as maiores responsáveis pela adoção de programas de inovação organizacional (gestão da produção e da mão-de-obra) e tecnológica -, tem havido menor capacidade de ampliação do emprego assalariado. Ao mesmo tempo, o movimento de desverticalização da produção e de terceirização da mão-de-obra (externalização de partes das atividades produtivas e do emprego para empresas menores) contribui para comprimir o volume da ocupação ao núcleo duro de trabalhadores utilizados pelas grandes empresas. Nesse caso, a situação dos empregados tende a ser melhor do que a dos trabalhadores localizados nas empresas menores.

As micro e pequenas empresas passam a aumentar, em contrapartida, a participação relativa no total da ocupação, muitas vezes, responsáveis pelas ocupações sem registro formal. Para essa parcela da mão-de-obra assalariada, a ocupação tende a ser mais precária, com menores salários. Observa-se, portanto, que, durante os anos 90, os países do Mercosul registraram um aumento na participação do emprego pertencente às empresas com menos de 5 empregados. Em compensação, ocorreu o inverso em relação ao emprego nas grandes empresas.

Nessa situação, com maior heterogeneidade, as relações de trabalho, a realização de greves implica maiores riscos para os trabalhadores, principalmente nas grandes empresas que operam com menor número de empregados. Para os trabalhadores das pequenas e microempresas, onde as condições de trabalho e remuneração são precárias, as dificuldades para a organização sindical são ainda mais reduzidas, dificultando a mobilização dos empregados.

Nos países com experiência recente de estabilização monetária, como no caso da Argentina e do Brasil, a motivação da organização dos trabalhadores através da indexação salarial tendeu a perder importância, restringindo, por conseqüência, parte dos conflitos trabalhistas. Apesar disso, os conflitos não deixaram de existir, como os movimentos reconhecidos por *puebladas* na Argentina e por *sem-terras* no Brasil.

- Diminuição na taxa de sindicalização

Os indicadores existentes nos países do Mercosul para avaliação da taxa de sindicalização não são muito precisos. Não obstante as dificuldades para medir o movimento de adesão dos trabalhadores aos sindicatos, pode-se observar que nos anos 90 parece haver um certo enfraquecimento no número de sindicalizados *vis-à-vis* a quantidade de trabalhadores urbanos.[3]

Esse movimento de desaceleração na sindicalização reflete uma situação geral das entidades de representação de interesses dos trabalhadores. Embora possam ser identificados alguns exemplos de sindicatos que ampliaram o número de associados no período recente, isso parece não se aplicar à grande maioria.

Em parte, os países da região estariam refletindo uma certa tendência internacional, na medida em que a taxa de sindicalização cai mais no setor privado que no setor público. Como tem ocorrido um forte ajuste no nível de emprego concentrado sobretudo nas empresas privadas - base de atuação dos sindicatos - a sindicalização tendeu a cair.

[3] Sobre as alterações na ação sindical e nas taxas de filiação ver: OIT, 1997; Hyman. 1996; Abramo, 1991; Campero & Cuevas, 1991.

Gráfico 6

Brasil: evolução da taxa de sindicalização de trabalhadores urbanos (em %)

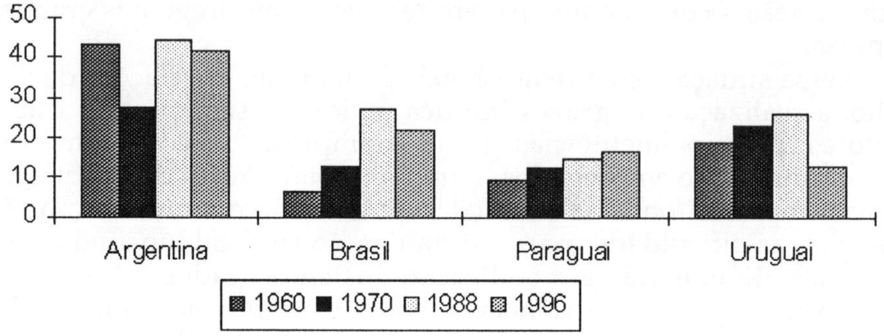

Fonte: FIBGE, OIT, 1997; Córdova, 1985
Elaboração do autor

Além disso, convém destacar que a posição muitas vezes *anti-labor* adotada por governos termina reforçando as dificuldades ainda maiores de sindicalização. Em parte, o movimento de desregulamentação do mercado de trabalho torna o sindicato mais fragilizado, retirando as normas de institucionalização que tradicionalmente existiam nos países da região. O fortalecimento de medidas governamentais favoráveis à maior flexibilização das relações de trabalho no período recente ainda mais frágil a ação sindical, o que parecem indicar as reformas trabalhistas realizadas até agora.[4]

A própria tendência de desestruturação do mercado de trabalho enfraquece a sindicalização, retirando a capacidade de o sindicato realizar suas atividades de forma generalizada para todos os trabalhadores. Os autônomos, os assalariados sem registro e os desempregados ficam de fora da ação sindical, o que reduz a possibilidade de vocalização dos interesses do conjunto dos trabalhadores por intermédio do próprio sindicato.

Por outro lado, a grande empresa (privada, estatal e privatizada), ao introduzir novos métodos de gestão da mão-de-obra, termina por individualizar ainda mais as relações de trabalho, passando a disputar com o sindicato o domínio do trabalhador empregado. Nessas condições, o sindicato termina sendo visto como instituição que pode desagregar o comprometimento direto dos empregados para com as metas de produção da empresa.

[4] O tema da flexibilização do trabalho pode ser melhor encontrada em: Toledo, 1997; Novick, 1996; Bronstein, 1995.

- Descentralização das negociações e estancamento das cláusulas contratuais

A dinâmica do sindicalismo durante os anos 80 nos países do Mercosul resultou na ampliação do número de cláusulas negociadas, fruto da intensificação das negociações coletivas de trabalho. Ao contrário da década de 70, quando a presença do regime autoritário impedia a realização plena de negociações de trabalho.[5]

Nos anos 90, há sinais tanto de refluxo na realização de acordos coletivos quanto de descentralização cada vez maior das negociações coletivas. Isto é, cada vez mais elas são realizadas ao nível da empresa, com sérias implicações para as antigas ações que envolviam acordos coletivos por ramos ou categorias profissionais. Dessa forma, há dificuldades de generalização de cláusulas acordadas em uma empresa para outra e em uma categoria sindical para outra, conforme a experiência dos anos 80.

Gráfico 4

Número médio de convenções realizadas nas décadas de 1970 e 1990

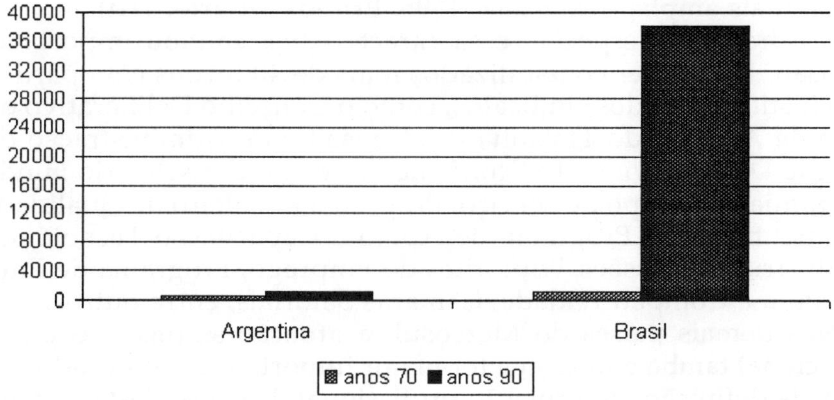

Fonte: Córdova, 1985, OIT, 1997

Outra novidade nos anos 90, sobretudo na Argentina e no Brasil, diz respeito às cláusulas negociadas. Por conta da estabilidade

[5] Sobre o padrão de ação sindical, ver: Zanola, 1994; Gódio, 1989; Zapata, 1986; Kaztman & Reyna, 1979.

monetária, várias cláusulas dos acordos e convenções de trabalho que tratavam da indexação de salários foram substituídas por cláusulas referentes à remuneração variável, como participação nos lucros e resultados (PLR). De outro lado, o centro das negociações coletivas parece localizar-se cada vez mais nos temas do emprego e das condições de trabalho.[6]

Em virtude disso, registram-se experiências em que o sindicato aceita a retirada de alguns benefícios em troca da garantia, mesmo que temporária, do emprego. Há também exemplos de ações voltadas para a negociação de cláusulas de fiscalização da introdução de novas tecnologias e de difusão de qualificação profissional.

- Maior participação dos sindicatos nos fóruns de políticas públicas

Não representa uma novidade para o movimento sindical dos países do Mercosul a participação em fóruns institucionais. Desde o seu surgimento, os sindicatos tiveram várias experiências nacionais de atuação em órgãos institucionais.

Superada a fase de autoritarismo, os sindicatos foram novamente recuperando espaços nos fóruns institucionais. Mas observa-se que, na década de 1990, a participação nos fóruns de definição das políticas públicas transformou-se em um dos poucos espaços de ação sindical mais ampla. (Bronstein, 1995; Ermida Uriarte, s/d)

No Brasil, em especial, essa característica ganhou importante dimensão. Podem ser contabilizados mais de 40 fóruns com participação institucional dos sindicatos, como o Conselho Deliberativo do Fundo de Amparo do Trabalhador, Conselho de Administração do Banco de Desenvolvimento Econômico e Social, Conselho do Fundo de Garantia do Tempo de Serviço, Programa Brasileiro de Qualidade e Competitividade, Programa de Apoio à Capacitação Tecnológica da Indústria, Comissões Tripartites de Emprego, Programa de Educação para a Competitividade, Câmaras Setoriais, entre outros.

Nos demais países do Mercosul, a atuação sindical no plano institucional também passou a ter maior importância, sobretudo nos fóruns de definição da formação profissional. Deve-se destacar também o empenho sindical no que diz respeito às ações da Coordenadora das Centrais Sindicais, especialmente na atuação dos subgrupos supranacionais e na definição de uma Carta Social de defesa dos interesses dos trabalhadores no âmbito do Mercosul. Há também experiências recentes de ação coordenada por alguns sindicatos no espaço supranacional, o que representa uma inovação na

[6] Sobre as alterações nas negociações coletivas de trabalho ver: Malbrán & Veja-Ruiz, 1997; Wachendorfer & Castro, 1995; Guglielmetti & Guglielmett1, 1995; Ermida Uriarte, 1992.

esfera do sindicalismo na América Latina (gráficos, transportes de carga, entre outros).

Nos espaços institucionais, os representantes dos trabalhadores possuem condições singulares para a vocalização de interesses coletivos, podendo contra-arrestar a tendência de focalização da ação sindical nas categorias profissionais de trabalhadores. Mas essas oportunidades, em certo sentido contraditórias com o que vem ocorrendo com a trajetória recente do sindicalismo, dependem fundamentalmente da redefinição do papel das entidades de representação dos interesses dos trabalhadores, com o objetivo de procurar combinar as ações quotidianas e específicas das categorias profissionais com os interesses coletivos estratégicos.

4. CONSIDERAÇÕES FINAIS

Para os países latino-americanos, a simples estratégia de inserção no comércio internacional - desprovida de transformações criativas na estrutura produtiva e da melhora nos indicadores sociais - tende a aumentar o seu grau de dependência externa. Em outras palavras, a busca da eficiência, produtividade e qualidade por meio do maior grau de exposição do parque produtivo à concorrência internacional não parece ter sido adequada para promover positivamente a rápida e sustentada retomada dos investimentos de longo prazo. Pelo contrário, observa-se uma desorganização intra-setorial e a formação de uma economia de especialização, com sérios problemas sociais.

Após quase três décadas de tentativas de estruturação do mercado de trabalho, o conjunto dos países latino-americanos que atualmente conformam o Mercado Comum do Sul apresenta sinais, em maior ou menor grau, de desestruturação. Não obstante as diferenças nacionais, o atual movimento de desestruturação do mercado de trabalho concentra-se na ampliação do desemprego, na redução de participação dos empregos assalariados no total da ocupação e na geração de postos de trabalho precários e de baixa produtividade, conforme foi possível identificar nas páginas anteriores.

Com isso, há uma inflexão nas formas tradicionais de atuação sindical. Em geral, o sindicalismo perde dinamismo, com diminuição da sindicalização, redução dos conflitos coletivos e enfraquecimento das negociações de trabalho, apesar da ampliação da quantidade de acordos coletivos.

Essas transformações no mundo do trabalho não ocorrem, lamentavelmente, acompanhadas da implementação de políticas do trabalho harmônicas entre os países do Mercosul. Ao contrário, não parece haver esforço governamental favorável à equalização dos marcos regulatórios do mercado de trabalho. Frente a isso, o sindicalismo possui um papel importante, seja na organização nacional dos trabalhadores, seja na organização de ações nos fóruns de definição das políticas públicas, como mecanismo necessário de vocalização dos interesses do conjunto dos trabalhadores.

5. REFERÊNCIAS BIBLIOGRÁFICAS

ABRAMO, L. (1991) *Movimiento sindical, transición democrática en Brasil. In:* Campero, G. & Cuevas, A. (orgs.) El sindicalismo latino-americano en los noventa. Santiago. Planeta.

BRONSTEIN, A. (1995) *Cambio social y relaciones de trabajo en Ameria Latina. In*: RIT, Vol. 114 (2). Genebra: OIT.

CÓRDOVA, E. (1985) *As relações coletivas de trabalho na América latina.* São Paulo: LTr.

ERMIDA URIARTE, O. (s/d) *Las relaciones de trabajo en américa latina: problemas y tendencias actuales.* Lima. (mimeo).

ERMIDA URIARTE, O. (1992) Algumas reacciones de la legislación laboral latinoamericana ante las políticas de "ajuste" económico. Derecho Laboral. Montevideo.

GARCIA, N. (1994) *Reestructuración económica y mercado de trabajo en América Latina. In:* OIT Reestructuración y regulación industrial del mercado de trabajo en América Latina. Genebra: IIEL/OIT.

GÓDIO, J. (1989) *El movimiento sindical latinoamericano en los años 80.* Caracas: Democracia econômica.

GUGLIELMETTI, M. & GUGLIELMETTI, A. (1995) *Relaciones laborales.* Santiago: OIT.

HOFFMANN, M. & BRANDÃO, S. (1996) *Medição de emprego: recomendações da OIT e práticas nacionais.* Cadernos CESIT, 22. Campinas: IE/UNICAMP.

HYMAN, R. (1996) *Los sindicatos y la desarticulación de la classe obrera. In:* Revista Latino Americana de Estudios del Trabajo: México.

KAZTMAN, R. & REYNA, J. (1979) *Fuerza de trabajo y movimentos laborales en América Latina.* México: El colégio de México.

MALBRÁN, J & VEJA-RUIZ, M. (1997) *Las relaciones laborales: un desafío para el sindicato.* Santiago: OIT.

NOVICK, M. *et alii* (1996) *Relaciones laborales y productividad: actores, acuerdos y flexibilidad.* CEIL-CONICET, 1 (1). Buenos Aires: Dialógica.

OIT (1995) *Las relaciones laborales en el Cono Sur.* Santiago: Informe RELASUR.

OIT (1996) *Panorama laboral.* Santiago: Informe OIT.

OIT (1997) *El trabajo en el mundo.* Genebra: OIT.

OIT (1997) *Panorama laboral.* Santiago: Informe OIT.

POCHMANN, M. (1997) *Integração regional e mercado de trabalho no Mercosul.* Campinas; IE/UNICAMP/CESIT.

STOLOVICH, L. (1994) *El impacto de la integración económica regional sobre el mundo de trabajo: el caso del Mercosur*. Montevideo: Ciedur.

SUNKEL, O. (1993) *El marco histórico de la reforma económica contemporânea. In:* Pensamiento Iberoamericano, núm. 22. Madrid: AECI.

TOLEDO, E. (1997) *La flexibilidade del trabajo en América Latina. In*: Revista Latinoamericana de Estudios del Trabajo, 3 (5). México. ALST.

WACHENDORFER, A. & CASTRO, M. (1995) *Sindicalismo latinoamericano*. Caracas: Nueva Sociedad.

ZANOLO, J. (1994) *El sindicalismo latinoamericano y del Caribe*. Buenos Aires: EBA.

ZAPATA, F. (1986) *El conflicto sindical en Amércia* Latina. México: El Colegio de México.

12. Transformación Productiva con Equidad y problemas ocupacionales - comentarios a base del caso de Brasil

OCTAVIO RODRÍGUEZ
Professor da Faculdade de Ciências Econômicas da Universidade da República, Uruguai

SUMÁRIO: 1. Introducción: la heterogeneidad estructural; 2. Tendencias y problemas; 3. Visión de conjunto; 4. Los desafíos de la Transformación Productiva con Equidad.

1. INTRODUCCIÓN: LA HETEROGENEIDAD ESTRUCTURAL

El tema propuesto es "Los desafíos de la Transformación Productiva con Equidad". Estas notas procuran glosar ese tema, o referirse a esos desafíos desde la perspectiva de la heterogeneidad estructural.

En cierto sentido, se trata de una perspectiva adecuada en un homenaje a Aníbal Pinto, pues el pensamiento estructuralista latinoamericano le debe el haber precisado ese concepto, y sobre todo el haber puesto de manifiesto su importancia para el análisis del subdesarrollo o de la "condición periférica".

La noción de heterogeneidad preexiste a sus trabajos; está planteada en la obra fundacional de Prebisch, es decir, en el "manifiesto" de 1948[1] y en el Estudio Económico de América Latina de 1949.[2] Pero es Aníbal Pinto quien la precisa y profundiza en dos artículos de 1970 y de 1971, que se funden más tarde en uno solo,[3] muy conocido.

[1] Se trata del artículo de Prebisch titulado "El desarrollo económico de la América Latina y algunos de sus principales problemas", Boletim Econômico de América, CEPAL, Santiago, vol. VII, nº 1, Febrero de 1962. Su primera versión impresa data de 1949.

[2] De las redactadas por Prebisch, las páginas más relevantes se encuentram en "La interpretación del proceso de desarrollo latinoamericano de 1949", publicación de las Naciones Unidas, serie conmemorativa del XXV aniversario de la CEPAL, Santiago, 1973.

[3] Esos artículos son: "Naturaleza e implicaciones de la heterogeneidad estructural de la América Latina", El trimestre económico, México, nº 145, enero-marzo de 1970, y "El modelo de desarrollo reciente de la América Latina", Ibid., nº 147, julio-setiembre de 1970.

Se titula "Heterogeneidad estructural y modelo de desarrollo reciente de la América Latina".[4]

Se hace necesario introducir algunas definiciones y precisiones. La primer definición es la de heterogeneidad, que puede ser delimitada haciendo referencia a la estructura productiva o bien a la estructura ocupacional.

La estructura productiva se dice heterogénea porque coexisten en ella sectores, ramas o actividades donde la productividad del trabajo es alta o normal (*i.e.* alcanza los niveles que permiten las tecnologías disponibles), con otras en que la productividad es mucho más baja. Aníbal Pinto indica también que esa diferencia es considerablemente mayor en la periferia que en los centros.

Es claro que a esta estructura productiva corresponde cierto tipo de estructura ocupacional. Una es espejo de la otra. En una economía periférica existe mano de obra ocupada en condiciones de productividad alta o normal, que constituye el empleo. Pero hay también mano de obra ocupada en condiciones de productividad muy reducida, que conforma el subempleo.

Aunque esta nomenclatura puede suscitar alguna confusión, se ha optado por utilizarla, distinguiendo entre empleo y subempleo. Ambos se diferencian del desempleo abierto. En conjunto, empleo, subempleo y desempleo constituyen la PEA.

Además de las disparidades de los niveles de productividad particularmente altos, se puede destacar otra característica de la condición periférica ligada a la heterogeneidad, a que también se refiere Aníbal Pinto. En cualquier economía, aún en las más modernas, hay cierto grado de heterogeneidad. Lo que caracteriza a la periferia es el elevado porcentaje del subempleo en la ocupación, tanto en el total de la economía como en algunos de los sectores o ramas que la componen. Así, como se va a reiterar más adelante, en el caso de Brasil y en 1960, algo como la mitad de la mano de obra ocupada lo estaba en condiciones de baja productividad, es decir, constituía el subempleo estructural.

2. TENDENCIAS Y PROBLEMAS

2.1. Lo importante no es percibir cuál es el grado de heterogeneidad o proporción del subempleo en un instante del tiempo, sino

[4] Publicado en "Inflación, raíces estructurales", ensayos de Aníbal Pinto, Fondo de Cultura Económica, México, 1976, pp. 105 a 140.

cómo va cambiando a través del tiempo. En otras palabras, interesa particularmente percibir cómo evoluciona la estructura ocupacional.

La forma más sencilla de hacerlo es plantearse un referente conceptual muy simple, contenido en el siguiente postulado: la tasa de crecimiento del empleo es mayor que la tasa a que crece la PEA, y ambas se mantienen constantes. Además, por el momento se prescinde de considerar el desempleo abierto. Esta admisión tiene implicaciones que se pueden demostrar con un mínimo de álgebra. Como es claro, no cabe aquí hacerlo; basta señalar cuáles son tales implicaciones, adelantando que ellas son tres.

Primero. El porcentaje del subempleo sobre el total de la ocupación (*i.e.*, el grado de heterogeneidad) cae año a año.

Se hicieron varios cálculos del subempleo de la economía brasileña, con base en diversas maneras de definirlo, que agrupan de otras tantas maneras las posiciones en la ocupación y los tipos de actividades diferenciados por los censos demográficos. Ninguno de ellos constituye una evaluación exacta del mismo. Lo que importa destacar es la convergencia de resultados entre todos los ejercicios efectuados.

El cuadro A (véase anexo) registra uno de estos resultados, con el fin de dar una imagen de la evolución de la heterogeneidad, confirmando que su grado se reduce. De 50 a 45 por ciento entre 1960 y 1970, y de esta cifra a 26 por ciento entre 1970 y 1980, década de crecimiento particularmente intenso.

Segundo. Se produce necesariamente un punto de reversión, o sea, un período a partir del cual el volumen absoluto del subempleo comienza a disminuir.

Ello también se cumple en el caso de la economía brasileña, donde el subempleo cae de 13,2 a 11,2 millones de ocupados entre 1970 y 1980, induciendo a pensar que a partir de cierto año de esta década el subempleo pasó a ser menor que en el año precedente.

Tercero. De proseguir la diferencia de tasas antes mencionada, se verificará también un punto de reabsorción, o sea, un período en el cual el volumen del subempleo disminuye a magnitudes irrisorias.

Esta implicación, de mero interés analítico, se hace explícita tan sólo para preguntarse qué sucede cuando las tasas de crecimiento del empleo y de la PEA no cumplen con la condición postulada, y en particular, cuando el empleo no se mantiene creciendo a ritmos elevados. Este tema se disuelve en otro, el de la tasa de crecimiento de la producción y de su composición sectorial y tecnológica, que se abordará más adelante.

2.2 En gran medida, y en sus orígenes, la cuestión del cambio de la estructura ocupacional es coincidente con la de la transformación de una economía predominantemente agrícola y rural en otra predominantemente industrial y urbana.

Lo anterior implica que en cierto punto del tiempo – en cierto momento de arranque o de aceleración de la industrialización – el subempleo radica mayoritariamente en la agricultura. Con el andar del tiempo, la estructura básica del subempleo va cambiando, haciéndose crecientemente urbana y decrecientemente rural.

Dicha tendencia también se observa en los datos del cuadro A. En 1960, más de tres cuartas partes del subempleo de la economía brasileña se albergaba en la agricultura. En 1980, el subempleo agrícola aun era más de la mitad del total. Recién en 1991 traspasa esa frontera, según la cifra tentativa que corresponde a este año (42 por ciento).

Esta tendencia de la composición del subempleo se relaciona con ciertas fuerzas reales que operan en las economías de tipo periférico. La síntesis que sigue apenas si menciona las principales.

En lo que atañe a la agricultura, es frecuente enfatizar la atracción que ejercen las ciudades, a raíz de la mejora en los niveles de ingreso y de vida que las mismas virtualmente brindan. Sin embargo, mayor énfasis pudiera caber a otros factores que operan del lado de la oferta de fuerza de trabajo. Uno es la incapacidad de las unidades agrícolas de baja productividad para retener los incrementos de su propia mano de obra. El segundo, la destrucción de dichas unidades, cualesquiera que sean las razones específicas que la determinan (agotamiento del suelo, precariedad de la tenencia, supresión paulatina de relaciones sociales arcaicas, etc.).

En cuanto al subempleo urbano, se van creando actividades de baja productividad en los servicios personales, en el comercio, y aun en el sector secundario, que logran desarrollarse a través de la captación de ingresos generados fundamentalmente en las actividades de productividad elevada, *i.e.*, en aquellas que albergan el empleo.

En el caso de referencia, las cifras correspondientes a los años 1960, 1970 y 1980 muestran que el subempleo urbano aumenta en términos absolutos. Sin embargo, y conexión con el alto dinamismo del empleo, la relación entre aquel y el total de la ocupación urbana se reduce: de 25 a 23 y a 16 por ciento, en las tres fechas mencionadas.

2.3. A través del caso de la economía brasileña, se procuró brindar un ejemplo de cómo una industrialización acelerada, llevada adelante con base en un paradigma tecnológico frecuentemente llamado fordista, puede reproducir los trazos más gruesos del comportamiento postulado. A saber: una merma persistente y significativa del grado de heterogeneidad, y el comienzo de la disminución absoluta del subempleo estructural. Ese comportamiento supone una tasa elevada de crecimiento del empleo, que requiere de una tasa de crecimiento del producto también alta. Esta última es un promedio ponderado de las que corresponden a los distintos sectores productivos, a su vez influenciadas por el dinamismo de los avances tecnológicos que se van incorporando en cada uno.

Cabe preguntarse: ¿cómo percibir la heterogeneidad estructural y su evolución en el tiempo cuando la tasa de crecimiento se reduce, y asimismo, cuando cambia el patrón productivo y tecnológico que en ella subyace? En los años ochenta, el desempeño ocupacional de la economía brasileña se configura como un conjunto de hechos estilizados correspondientes a un primer caso: el de una caída de la tasa de crecimiento asociable a desequilibrios macroeconómicos, sin que concomitantemente se verifiquen cambios demasiado relevantes en el patrón productivo y tecnológico. De ese desempeño, cabe destacar:

Primero. A lo que todo indica, se produce una reversión de la reversión, en el sentido de que vuelve a incrementarse el volumen absoluto del subempleo global. El mismo aumenta, y aumenta significativamente: de 11,2 millones de ocupados en 1980, a 14,4 en 1991.

Segundo. El grado de heterogeneidad no varía, o al menos no varía de forma significativa. Según los datos expuestos, sufre una pequeña disminución, de 26 a 25 por ciento. Otras estimaciones disponibles registran un leve aumento, que en ningún caso supera en mucho el uno por ciento. Esta relativa constancia pone de manifiesto que, como problema global, el subempleo no se agrava. Pero también implica que se alarga el plazo de una virtual reabsorción: (*i.e.*, a igualdad de la tasa de crecimiento y del patrón productivo y tecnológico), la misma se pospone 10 años. Puede decirse, entonces, que la expresión "década perdida" refleja con propiedad esa constancia del porcentaje del subempleo, así como la implicación recién señalada.

Tercero. El cambio en la composición del subempleo obedece a la misma tendencia anterior. Es decir, se incrementa la cuota parte del subempleo urbano en el total, de 43 a 58 por ciento (en el cuadro A, esta cifra es complementaria de la que corresponde al subempleo agrícola).

Depende ello de comportamientos disímiles de los niveles absolutos de ambos tipos de subempleo. El que radica en la agricultura disminuye o se incrementa muy levemente, según el criterio de estimación utilizado (de 6,4 a 6,1 millones de ocupados, en el que registra el cuadro A). En cambio, el subempleo urbano aumenta de manera considerable, en cualquiera de ellos (de 4,8 a 8,3 millones, en el mismo cuadro). Este aumento refleja la continuidad de la implementación de estrategias de subsistencia, desarrolladas en los servicios, el comercio o el sector secundario, para la captación de rentas desde las actividades de productividad elevada. Por otra parte, el mismo implica que el porcentaje del subempleo urbano sobre la ocupación urbana, de venirse reduciendo con intensidad, pasa a incrementarse significativamante, en la nueva década: de 16 a 20 por ciento, según la estimación utilizada.

Cuarto. Aumenta también el desempleo abierto. Entre 1980 y 1991, para el total de Brasil se eleva de 2 a 5 por ciento de la PEA, según los datos de los censos demográficos. Aunque estos datos no son los más adecuados para estimarlo, al menos reflejan el incremento del desempleo que acompaña las coyunturas recesivas. Pero aquí importa señalar este otro hecho estilizado: la convergencia de los comportamientos desfavorables del desempleo abierto y del subempleo urbano. La merma del crecimiento del producto acarrea la caída de la tasa de absorción en el empleo, y es éste el fenómeno que subyace en dichos comportamientos. Según muestra la información, tanto el desempleo como el subempleo aumentan; y ello tanto en términos absolutos como relativos.

2.4. Esta convergencia de los problemas ocupacionales se repite en los años noventa, pero con características y por razones diferentes. Durante estos años, nuevos hechos estilizados brindan una imagen de la heterogeneidad y de sus mutaciones, esta vez verificadas en el marco de una recuperación del nivel de actividad y de un cambio en la estructura productiva (en la composición sectorial y por ramas de la producción), acompañado y en buena medida inducido por la rápida penetración de un nuevo paradigma tecno-económico.

Como la anterior, esta otra imagen es también tentativa o aproximativa. Se introduce sólo para levantar más adelante algunas cuestiones atinentes a los desafíos de la Transformación Productiva con Equidad. La breve información que permite perfilar dicha imagen se encuentra en el cuadro B, que sólo dice respecto a la ocupación y al subempleo urbanos. Proveniente de encuestas de hogares, ella no es comparable con la anterior, originada en censos demográficos. Dicha información sostiene las siguientes observaciones.

Primero. Luego de tres años de contracción económica (1990-92), se registra un alto porcentaje del subempleo en relación a la ocupación (28 por ciento). Luego de un trienio de retomada del crecimiento (1993-95), la proporción del subempleo se reduce (a 27 por ciento), y vuelve a disminuir (a 25 por ciento) al año siguiente (1996), también de crecimiento positivo.

Segundo. La relación entre las variaciones del porcentaje de desempleo abierto y el aumento del nivel de actividad no obedece a pautas semejantes. A pesar de la recuperación de este último, la significación relativa del desempleo se mantiene en cifras sensiblemente más altas que las que corresponden a sus valores pretéritos. La razón generalmente admitida es que dicha recuperación viene siendo acompañada por transformaciones tecnológicas muy significativas y aceleradas.

Tercero. La aparente divergencia de comportamientos entre subempleo y desempleo esconde una convergencia de los problemas por ellos representados, que se aprecia considerando sus niveles absolutos. El que corresponde al subempleo llega a caer en 1996, pero esta merma dista de simbolizar la reversión a que se hizo referencia con anterioridad. Y ello no sólo (ni principalmente) porque la misma puede provenir de las naturales variaciones del subempleo en períodos más cortos, sino porque sus valores absolutos y relativos se mantienen altos, en años en que los valores del desempleo abierto también lo hacen.

3. VISIÓN DE CONJUNTO

La convergencia aludida refleja una especificidad periférica, que se torna más visible cuando sus problemas ocupacionales recientes se aprecian a la luz del modo cómo se fueron perfilando en el largo plazo. Esta es la perspectiva de los puntos precedentes, que se reitera y sintetiza a continuación.

Puede afirmarse que la evolución de la heterogeneidad depende crucialmente de su grado en el período base. En efecto, *ceteris paribus*, los plazos de una virtual reabsorción del subempleo se acortan o se alargan de forma significativa, en dependencia de la dimensión inicial de ese grado. Por otra parte, como la periferia se caracteriza justamente por la considerable magnitud del mismo, alcanzar ciertos niveles de homogeneidad de la estructura de la producción, acercándose a una relativa homogeneidad de la estructura ocupacional, envuelve plazos muy prolongados. Tan largos son ellos que difícilmente puede esperarse que el camino hacia la homogeneidad carezca de interrupciones. Emergerán en él los escollos de las contracciones cíclicas o de las mermas en el nivel de actividad, o se producirán cambios de rumbo ligados a la discontinuidad del avance técnico (o contrariamente, a la intensidad de su aceleración).

Ello no obsta que se verifiquen tendencias sostenidas y prolongadas a la reducción del grado de heterogeneidad, y asimismo del nivel absoluto del subempleo estructural. De producirse, estas tendencias – que han merecido escaso reconocimiento en la propia literatura estructuralista – van redefiniendo los umbrales a partir de los cuales habrá de producirse la ulterior evolución de la heterogeneidad. Como ya se vio, entre 1960 y 1980, la economía brasileña brinda un ejemplo de esta posibilidad. Durante dicho período, el grado de heterogeneidad se reduce sustancialmente, de algo como 50 por ciento a la mitad de esa cifra. Disminuye también el nivel absoluto del subempleo, hecho que marca una reversión de la tendencia anterior de ese indicador.

El desempeño económico desfavorable puede frenar la nueva tendencia. Sin embargo, ello no implica, o al menos no implica necesariamente, que la significación del subempleo varíe mucho, en términos relativos. En otras palabras, el umbral alcanzado tras un período de alto dinamismo económico no se desdibuja, de tal modo que el plazo de una virtual reabsorción permanece, si bien que con un punto de arranque aplazado en el tiempo. De nuevo el ejemplo de la economía brasileña: transcurrida la década de los ochenta, el subempleo estructural sigue abarcando la cuarta parte de la fuerza de trabajo ocupada. Es claro que del mal desempeño económico no deriva ese solo efecto ocupacional; pues en el nuevo umbral, la mayor dimensión absoluta del subempleo convive con niveles absolutos y relativos de desempleo abierto sensiblemente ampliados. En el caso de la economía brasileña, el primero se triplica, y el segundo más que se duplica.

También se insinuó que esta convergencia de los problemas del subempleo y del desempleo puede adquirir configuraciones y dimensiones especiales, cuando en ella pasa a incidir un cambio radical de paradigma tecnológico. En períodos de dinamismo sostenido – y sobre todo si éste se expresa en altas tasas de crecimiento del producto – la estructura de la ocupación puede retomar el camino hacia la homogeneidad, a través de la reducción absoluta y relativa del subempleo. Pero esta posibilidad se ve condicionada por el comportamiento del desempleo abierto.

De suyo, la condición periférica conlleva habitualmente el rezago productivo y tecnológico de una parte de las actividades constituidas con condiciones de productividad normal o alta. A los efectos que en general derivan del cambio radical y acelerado de las tecnologías en el desempleo abierto, se suman los de su impacto en ese tipo de actividades relativamente rezagadas, respecto a sus similares en los centros. Desde la perspectiva de la ocupación, la especificidad de la periferia sigue siendo dada por la heterogeneidad, *i.e.*, por la elevada proporción del subempleo. Pero en las nuevas condiciones, por el camino de su reabsorción también transita el desempleo, que puede aumentar considerablemente y resistirse a caer, como sugieren las cifras del cuadro B.

Se redefine, así, no sólo un nuevo umbral para la reabsorción, sino un nuevo tipo de umbral, donde confluyen los problemas ocupacionales preexistentes ligados al subempleo, con esos otros emergentes relacionados con el desempleo abierto, que multiplican, al interrelacionarse, la complejidad del conjunto de los problemas ocupacionales.

4. LOS DESAFÍOS DE LA TRANSFORMACIÓN PRODUCTIVA CON EQUIDAD

Cabe referirse al significado de esta complejización para el desarrollo y/o para la estrategia de desarrollo en economías que conservan la condición periférica, como las de América Latina. Desde tal óptica, en esencia dicha cuestión consiste en cómo inscribirse en una revolución tecnológica que el reciente proceso de globalización viene universalizando, a partir de las especificidades ocupacionales propias de dicha condición.

En el artículo antes mencionado, Aníbal Pinto señala: "... lo esencial de una alternativa residiría en la traslación rotunda de acento desde un crecimiento precariamente asentado ... hacia otra cuyo pivote y objetivos centrales sean la extensión del progreso técnico, la ampliación del mercado interno, la homogenización del sistema ...".[5]

Las pautas del crecimiento y las razones de su precariedad sin duda han variado; pero como se irá viendo a continuación, estas tres grandes líneas estratégicas aún describen bien el núcleo de los que

[5] Ibid., p. 139.

tal vez sean los principales desafíos de la Transformación Productiva con Equidad.

Mirando la estructura ocupacional en el largo plazo, puede apreciarse que la heterogeneidad no tiende por si sola a desaparecer. Pero también se percibe que la misma puede reducirse significativamente por períodos, disminuyendo con ella la magnitud de los problemas ocupacionales. A lo que todo indica, lo nuevo en los años noventa consiste en que, en adelante, a un grado de heterogeneidad más o menos significativo según los casos, se suman los efectos e implicaciones de la revolución tecnológica en curso.

En el marco del paradigma fordista, siendo la industria portadora principal de las potencialidades de progreso técnico, se abrían expectativas de ir acortando distancias respecto de la frontera tecnológica prevaleciente, por la vía de la industrialización. Este era un supuesto clave de las propuestas de la CEPAL en los cincuenta.

En el nuevo paradigma liderado por las tecnologías de la información, al tiempo que se redefine el espectro de sectores donde la dinámica tecnológica resulta más elevada (dígase al pasar, redefiniéndose también, sectorialmente y por ramas, la magnitud de los atrasos tecnológicos de la periferia), dicha frontera pasa a moverse con inusitada rapidez. En el marco de una globalización que parece inevitable, el reconocimiento de esta revolución tecnológica y de sus características lleva a la CEPAL de los noventa a enfatizar la competitividad, y con base en ella, la reinserción internacional dinámica por la vía de una fuerte expansión de las exportaciones.

No se desconoce que dicha institución aborda con detenimiento los problemas ocupacionales y las políticas adecuadas para superarlos. Tampoco que su búsqueda apunta a lo que denomina un "enfoque integrado". Sin embargo, aquí se propone que los desafíos de la Transformación Productiva con Equidad se encaran con ventaja colocando en primer plano el problema de la heterogeneidad estructural, y de la necesidad y posibilidad de resolverlo. En otras palabras, se postula que la plena reabsorción de la mano de obra subempleada debe constituir el objetivo estratégico prioritario, y a la vez un objetivo explícito, es decir, definido por metas delineadas a lo largo del tiempo, aunque aproximativas.

Esta prioridad de la reabsorción del subempleo no se plantea como un *desideratum*, por consideraciones atinentes a la equidad distributiva, o por razones relacionadas con la viabilidad social y política de las estrategias de desarrollo. En verdad, tal prioridad esconde una *démarche* analítica, planteada estrictamente desde el ángulo económico, y destinada a sugerir que la consideración explícita del subempleo estructural se configura como requisito de la viabilidad y eficiencia de las propuestas estratégicas de superación de la condición periférica.

Admítase para argumentar que una economía periférica está compuesta por un sector moderno y otro atrasado. Por hipótesis, el primero viene operando con pleno empleo (sin desempleo abierto) y a niveles de productividad normal, cuyas condiciones se mantienen en el tiempo. La gradual reabsorción del subempleo preexistente trae consigo un considerable aumento de la productividad. Ella implica que con cada unidad de fuerza de trabajo reabsorbida se va realizando un excedente potencial, definido como la diferencia entre el incremento de producto que la reabsorción genera y los salarios y remuneraciones pagados para generarlo.

Cabe ahora ampliar este argumento básico, refiriéndose a los efectos esperables de una fuerte exposición a la competencia internacional, reconocida como imprescindible para inducir aumentos persistentes de la productividad. Como se insinuó anteriormente, en condiciones iniciales de relativo rezago tecnológico que se verifican en las actividades que albergan el empleo, la apertura externa conducirá a la eliminación de algunas de ellas y a la reestructuración de algunas otras. Además, la competencia irá demandando una actualización continua de los niveles de productividad, en el conjunto de esas actividades modernas. Así pues, existirán problemas emergentes en el ámbito del empleo, que se agregan a aquellos otros relacionados con el subempleo previo de vastos contingentes de mano de obra.

Ambos problemas no son disociables, y tampoco lo serán las políticas que persigan superarlos. Pero la consecución de los objetivos de esas políticas traerá consigo un aumento del excedente, originado tanto en la reabsorción y en el aumento de productividad que conlleva, como en el incremento de esta última en el propio sector moderno.

Véase ahora por qué esta evolución general de la ocupación, y en especial la reabsorción del subempleo, constituyen condición de la viabilidad de una estrategia de desarrollo a largo plazo. En sí mismas, ellas suponen progreso técnico e incrementos sostenidos de la productividad y del excedente, con efectos positivos – *ceteris paribus* - sobre la acumulación de capital. Pero aquí importa destacar que también suponen el aumento sostenido del mercado interno, y que por ende implican la posibilidad de realizar la creciente producción de bienes y servicios, y de dar continuidad a la acumulación de capital en que esa producción se sostiene.

En breve, la expansión del mercado interno se configura como un importante recurso a utilizar, en tanto expresa las potencialidades imbricadas en los incrementos de la productividad del trabajo, en términos del dinamismo de la demanda requerido para sostener la acumulación y el crecimiento. Este modo de ver el mercado interno y su papel viabilizador contrasta con puntos de vista frecuentes, según los cuales el crecimiento podrá y deberá ser impulsado por la expansión de las exportaciones y por la profundización permanente de la división internacional del trabajo que esa profundización supone. No es difícil percibir que ese patrón de crecimiento de tipo extrovertido encontrará problemas de realización, cuando se está pensando en la periferia como un todo, o en economías continentales que la representan, como las de Brasil, China, India, Indonesia o Paquistán.

Las consideraciones precedentes no implican negar la importancia del dinamismo exportador. De manera similar al enfoque estructuralista originario, el mismo se percibe como condición necesaria pero no suficiente del desarrollo periférico. El punto de partida de relativa incompletitud industrial y de rezago tecnológico habrá de expresarse en una elevada elasticidad-ingreso de la demanda de importaciones que, a la larga, deberá satisfacerse con una expansión compatible de las exportaciones. Sin embargo, salvedad hecha de las economías pequeñas que también forman parte de la periferia y para las cuales una expansión de tipo extrovertido es un camino natural, el crecimiento imprescindible de importaciones y exportaciones para la periferia como un todo no implica que el coeficiente de apertura haya de ir en aumento permanente, ni que las actividades exportadoras operen como sector de arrastre de su desarrollo. Tampoco implica que inexistan, entre estas últimas, algunas que resulten de gran significación, desde la perspectiva del progreso técnico y de la ganancia global de productividad y competitividad.

Como el de la viabilidad, el tema de la eficiencia está relacionado con la reabsorción del subempleo, o mejor, con el significado dinámico de la misma. La reabsorción trae consigo no sólo una difusión más amplia de las tecnologías existentes, sino también una acumulación mayor de conocimientos en empresas y/o en la fuerza de trabajo de distintos niveles de calificación que ellas van integrando, con la consecuente dinamización general de la capacidad de innovar. Dicho de otro modo, al ampliar el ámbito de difusión del progreso técnico, la reabsorción contribuye a acentuar su dinamismo.

También debe señalarse que la merma gradual del rezago tecnológico y del estigma del subempleo característicos de la condición periférica implica que el progreso técnico se universaliza, con virtuales efectos benéficos para la economía mundial en su conjunto. El desarrollo de la periferia con plena absorción favorece a dicha economía no sólo desde el ángulo de la ampliación de los mercados, sino en términos de la tasa global de incremento del progreso técnico, y por ende en términos de los reflejos del mismo en los aumentos de la productividad y en la aptitud para generar excedentes acumulables.

Sintetizando, se sostiene que la reabsorción del subempleo – su reasignación a actividades de productividad elevada – ha de constituir el eje principal de las estrategias de desarrollo de las economías de tipo periférico, pues la misma constituye condición necesaria para imprimir viabilidad y eficiencia a dichas estrategias. Es claro que este es un punto de vista apenas esbozado, y como tal, apenas roza el problema. Comenzar a profundizarlo requiere abordar el tema de las políticas ocupacionales, así como el de su articulación con las políticas productivas y tecnológicas y de inserción internacional, tema que excede en mucho las posibilidades y objetivos de estas notas.

13. Estratégias e alianças entre os atores sociais

TULLO VIGEVANI
Professor de Ciência Política na UNESP e pesquisador do Cedec.

KARINA L. PASQUARIELLO MARIANO
Doutoranda em Ciências Sociais na Unicamp e pesquisadora do Cedec.

SUMÁRIO: 1. Introdução. 2. Questões Conceituais. 3. Atores Sociais e integração regional. 4. Bibliografia.

1. INTRODUÇÃO

O tema das estratégias e das alianças entre atores sociais será por nós considerado tanto conceitual e teoricamente, quanto no contexto dos processos de integração regional do Mercosul (Mercado Comum do Sul), do NAFTA (Acordo de Livre Comércio da América do Norte) e da ALCA (Área de Livre Comércio das Américas). Estes processos – mas o mesmo raciocínio, neste aspecto, poderia ser aplicado ao fenômeno da globalização –, têm estimulado discussões sobre as possibilidades de alianças entre os atores sociais, ainda que evidenciando contradições e portanto deixando dúvidas quanto ao êxito futuro dessas alianças.

Os debates sobre a constituição (ALCA) e o desenvolvimento (Mercosul, NAFTA) de blocos regionais têm origem nas adequações que os países estão realizando para se adaptarem aos novos tempos, marcados, por um lado, pela globalização e, por outro, pelas conseqüências negativas de um processo de abertura e liberalização econômica muitas vezes não funcional a políticas de desenvolvimento, enfim, a políticas compatíveis com as razões da própria vida em sociedade, nacional e internacional.

A maior interdependência entre as economias nacionais modificou profundamente, nas últimas duas décadas, a forma de atuação dos governos – tradicionalmente ciosos de sua soberania –, forçando-os a adotarem estratégias cooperativas. Uma conseqüência central dessas estratégias é a integração regional, pensada como instrumento facilitador das novas demandas que surgem na sociedade.

As mudanças acarretadas pela globalização alteraram também o papel dos Estados como atores das relações internacionais, introduzindo novos participantes e novas formas de interação que enfatizam a atuação das empresas transnacionais no comércio mundial – identificando-as como os atores centrais da globalização –, enquanto os Estados estariam perdendo sua capacidade de controle sobre as ações desses conglomerados econômicos.

Como tem sido reiterado por inúmeros autores, a presença do Estado é fundamental nos processos de integração regional. "A decisão de participar de um agrupamento de países em procura de um mercado ampliado é, por sua vez, uma afirmação dessa individualidade que caracteriza a cada Estado soberano. O governo central, sendo seu principal agente, promove as iniciativas de integração econômica como parte de sua gestão das relações com o exterior" (Arroyo, 1998: 3).

Temos, portanto, que o principal ator nos processos de integração regional é o próprio Estado, que, no limite, quando visto como aparelho burocrático, unitário ou segmentado, define seus próprios interesses. Mas, neste trabalho, a preocupação central está voltada à compreensão das lógicas de participação dos atores sociais.

O Estado estaria passando por um período de adequação em dois níveis: como ator do sistema de relações internacionais e, no âmbito doméstico, como interlocutor e representante da sociedade nacional. Aparentemente, haveria uma tendência à ampliação do espaço de participação dos grupos sociais organizados, favorecendo sua influência no processo decisório ao permitir a introdução de questões de seu interesse na agenda governamental voltada para a política exterior. Esta intervenção social ocorre agora na esfera de formulação da política externa de alguns países, nos quais a definição dos objetivos e de suas estratégias esteve tradicionalmente restrita ao corpo diplomático e a outras instâncias dos governos nacionais.

A globalização não influenciou apenas o processo produtivo em escala mundial e as relações entre os países, mas também a difusão de valores como democracia, direitos humanos, meio ambiente etc. Estes valores globalizados alteraram o relacionamento entre Estado e sociedade, permitindo novas formas de equacionamento entre as demandas sociais e as respostas governamentais.

Nosso objetivo neste texto é mostrar que a intervenção social na formulação da política externa de um país pode fazer parte da própria estratégia de adequação do governo à globalização, sendo também uma forma de os grupos de interesse nacionais participarem do processo, com fortes conseqüências na esfera nacional. Ao mesmo tempo, os movimentos combinados da regionalização e da própria globalização favorecem novas possibilidades de articulações e de alianças entre atores sociais, ainda que, como veremos no item 2, o êxito e a continuidade destas alianças estejam longe de assegurados. Deste ponto de vista, uma questão essencial a ser considerada – e que cruza todo o debate das estratégias e das alianças dos atores sociais – é a das vantagens que elas podem oferecer concreta ou perspectivamente.

A influência da sociedade no processo decisório reflete a crescente importância da opinião pública como legitimadora de qualquer política governamental. Isto é, consideramos que os Estados precisam buscar apoio social como sustentáculo para suas estratégias de intervenção nas relações internacionais, principalmente naquelas referentes a processos de integração econômica regional (Eichenberg e Dalton, 1993). Em decorrência dessa busca de apoio, novas possibilidades são colocadas para os atores sociais. Em outros termos, se a liberalização e a desregulamentação debilitam, em princípio, a intervenção dos sujeitos eventualmente prejudicados – sindicatos e movimentos populares, dentre outros –, por outro lado legitimam politicamente as grandes decisões e os grandes processos.

As exigências de competitividade internacional provocam profundas modificações na natureza e na qualidade do emprego e da vida em geral. O aumento do comércio internacional nas décadas de oitenta e noventa, e que atingiu também os países integrantes do Mercosul e do NAFTA, não contribuiu significativamente para a melhoria dos índices de pobreza e de distribuição da renda, que pioraram em alguns casos. À medida que cresce a consciência destes impactos, as organizações da sociedade civil concentram sua atenção nos marcos políticos e institucionais que constituem o quadro de referência da integração e da globalização (portanto, Mercosul, NAFTA, ALCA, OMC etc.), exigindo maior transparência na política nacional e internacional, de forma a permitir melhor compreensão dos processos decisórios e, eventualmente, até mesmo sua participação nesses processos. É neste quadro que devem ser compreendidas as formas de participação existentes ou reivindicadas, como o Fórum

Empresarial das Américas, a Conferência dos Povos das Américas, o Fórum Consultivo Econômico e Social do Mercosul, a Coordenadora das Centrais Sindicais do Cone Sul (CCSCS) etc.

A intersecção entre economia, comércio internacional e integração regional, com as conseqüências sociais que acarretam no plano social, desperta interesse em círculos cada vez mais amplos – governos, empresários, sindicatos, dentre outros. A compreensão dos novos processos aumenta a capacidade negociadora desses atores, que se concretiza seja através de alianças no plano nacional, seja através de frentes de caráter internacional. Sem dúvida, constata-se uma crescente consciência dos atores empresariais e sociais quanto aos novos caminhos – favoráveis e desfavoráveis – que se abrem.

Mesmo conhecendo-se as dificuldades existentes para a definição de um *status* legal que possibilite a intervenção dos atores sociais nos processos de negociação internacional, nos quais são os Estados que representam legitimamente a vontade dos seus cidadãos, é evidente a crescente pressão por uma ação protagônica. Em documento entregue ao Diretor-Geral da OMC, em junho de 1998, aproximadamente 120 ONGs de todos os continentes reivindicaram a abertura, transparência e acesso aos documentos da própria OMC. Além do direito ao conhecimento, sugerem o direito de serem ouvidas em *panels* pertinentes e, até mesmo, em alguns casos, o direito ao recurso no caso de serem atingidos interesses vitais nos campos da sustentabilidade, do meio ambiente, e eventualmente dos direitos humanos e sociais. De acordo com o texto, "Os princípios de abertura e transparência exigem que os documentos da OMC devem ser distribuídos sob forma de resumo, assim como em sua forma final, antes que as decisões sejam tomadas, para permitir uma informação pública e consultas ... Os pontos de vista das ONGs deverão ser levados em consideração no estabelecimento dos critérios em que se justificam posições confidenciais". No item 4 do documento, afirma-se: "A OMC deve ter em conta as iniciativas da sociedade civil de acordo com as seguintes formas: a) a Secretaria deve incluir na documentação básica solicitada pelos membros da OMC os pedidos de ONGs temáticas relativamente a pontos particulares; b) os membros da OMC devem ser informados pela Secretaria sobre as questões levantadas pelas ONGs em relação à OMC. A Secretaria da OMC deve prover periodicamente os membros da OMC com a lista dos documentos que refletem os pontos de vista das ONGs". Finalmente, o ponto 5 do documento reivindica que, nos casos em que estejam envolvidas questões relativas ao desenvolvimento sustentável, as ONGs sejam convidadas a participar dos *panels* na qualidade de *experts*, levando, assim, à inclusão de seus pontos de vista nas conclusões (ICTSD, 1998: 2-4).

Uma afirmação pode ser feita: os processos combinados da globalização e da regionalização estimulam, no mínimo, o surgimento de situações propícias ao estabelecimento de alianças de caráter internacional, que poderiam relativizar o papel desempenhado pelo Estado na defesa dos interesses nacionais. Como lembram Cruz e Chahad (1998) ao discutirem a dimensão sociolaboral no Mercosul, o tratamento da dimensão social e trabalhista tem ganho notoriedade sem precedentes, de caráter eminentemente político, na forma do argumento da Cláusula Social, envolvendo desde o estabelecimento de um "piso mínimo" de direitos trabalhistas e sociais até uma proposta de associação dos padrões trabalhistas aos padrões do comércio internacional.

Desta forma, evidencia-se que também no que se refere aos trabalhadores e sindicatos, embora ainda num contexto defensivo, os processos de cooperação internacional e regional estimulam novas formas de defesa de interesses. O debate iniciado em Cingapura, em dezembro de 1996, na reunião ministerial da OMC, estabeleceu que os aspectos relativos aos padrões internacionais de trabalho teriam como fórum apropriado a OIT, mas seus vínculos com as questões econômicas e de comércio ficaram registrados. Na 86ª Conferência Internacional do Trabalho, em junho de 1998, a "Declaração da OIT relativa aos Princípios e Direitos Fundamentais no Trabalho" enfatiza claramente as obrigações dos Estados que subscreveram sua Constituição e a Declaração de Filadélfia relativamente a direitos trabalhistas fundamentais, tais como a liberdade de organização, a eliminação do trabalho forçado, a abolição do trabalho infantil e de qualquer forma de discriminação relativa ao emprego (ILO, 1998). Também neste caso, ainda que se mantendo a autonomia das questões do trabalho em relação às do comércio, verificam-se novos desenvolvimentos significativos, sobretudo no que tange ao controle e ao acompanhamento das regras estabelecidas na Declaração. É verdade que os sindicatos e outras organizações sociais dos países desenvolvidos têm feito campanhas no sentido do estabelecimento de vínculos entre *standards* trabalhistas e comércio, buscando incluir a questão na pauta da OMC, que tem fortes poderes de sanção. A Declaração de 1998 da OIT explicita que não poderá haver a utilização dos Princípios para fins de protecionismo comercial, mas o cerco a relações de trabalho consideradas inaceitáveis parece estreitar-se, estimulando também nos processos de integração regional formas análogas de enfrentamento das questões do trabalho que, por outro lado, têm a ver com competitividade. Tanto os Princípios e Direitos, quanto sua utilização para fins protecionistas, são de particular interesse para as forças sindicais dos países do Terceiro Mundo.

No debate sobre estratégias e alianças de atores sociais em processos de integração regional, coloca-se fortemente a questão da possibilidade de acordos classistas, tanto no campo das empresas quanto no dos trabalhadores ou de outros atores sociais. Em alguns setores, sobretudo quando há falta de competitividade, a possibilidade de alianças é escassa, ou reage-se contrariamente aos acordos regionais, como no caso dos produtores de açúcar da Argentina frente ao Mercosul ou dos produtores de aço nos Estados Unidos frente à ALCA, assim como dos produtores de leite brasileiros. Em outros casos, a perspectiva de um mercado ampliado, regional (NAFTA, Mercosul) ou continental (ALCA), estimula setores específicos a defenderem os termos da Declaração da OIT. Isto acontece, sobretudo, com relação às empresas que já atuam em diferentes países (setor automotivo). Para elas, a integração permite uma racionalização da produção, escalas ampliadas e, particularmente, a utilização da capacidade instalada para diminuir custos e atuar no mercado global em melhores condições.

Em outras situações, as alianças podem refletir as mesmas assimetrias existentes nas relações entre Estados. Isto é, os acordos entre atores sociais são estimulados pela possibilidade de serem inseridas nos blocos regionais cláusulas que visam a proteger seus interesses. No caso do NAFTA, isso ficou claro no debate relativo aos anexos sobre direitos trabalhistas e sobre meio ambiente. No que se refere ao Mercosul, o debate sobre a Carta de Direitos Fundamentais do Mercosul, iniciado em 1993 e consolidado na reunião do Subgrupo de Trabalho 10 (Assuntos Trabalhistas, Emprego e Seguridade Social) de abril de 1997, em Assunção, mostra a capacidade dos atores para utilizar a integração regional e a constituição de blocos como instrumentos para fortalecer suas próprias posições nos diferentes contextos nacionais. Neste caso, as assimetrias consistem na maior capacidade de influenciar as agendas e as pautas de negociação, por parte dos atores mais fortes, que, naturalmente, também possuem maior peso na formação da opinião pública nacional e internacional e junto aos Estados mais expressivos nos blocos constituídos ou em fase de negociação.

A partir da década de oitenta, as nações que até então estabeleciam e regulavam as condições externas do mercado tornam-se competidoras dentro de um jogo que tenta eliminar qualquer regulação internacional ou condições eqüitativas de competição, adotando como pressupostos básicos a competitividade, a produtividade e a flexibilidade e, como norma geral, a liberalização comercial (Hoffmann e Hoffmann, 1997). Alguns autores entendem esse processo como de perda de soberania por parte do Estado; para nós, trata-se de perda da independência de ação ou decisão política, através da qual as pressões exercidas pelo sistema internacional globalizado adquirem importância no processo decisório e na formulação estratégica de um país. Neste sentido, as alianças internacionais entre atores sociais ou empresas passam a ganhar uma relevância antes não imaginada.

A análise das possibilidades oferecidas pelos processos de integração regional no tocante à promoção de melhores condições de desenvolvimento deve considerar que a adequação a este fenômeno não é garantia de progresso, de investimentos econômicos ou de atração de capital. Estudos mostram que 95% dos investimentos externos diretos são feitos pelos países-membros da OCDE; desse montante, 75% se dirigem para esses mesmos países, e o restante seria distribuído entre as nações em desenvolvimento. Além disso, boa parte desses capitais aplicados em regiões subdesenvolvidas é utilizada para a modernização de empresas já existentes, buscando aumentar sua produtividade e competitividade, não se constituindo portanto em novos investimentos (Hoffmann e Hoffmann, 1997).

Por outro lado, esses investimentos por si sós não garantem benefícios para a sociedade, uma vez que a lógica empresarial de hoje volta-se para a busca constante do aumento de competitividade e de resultados mais imediatos. Estes resultados acabam sendo alcançados através da redução dos custos de produção, que em muitos casos significa cortes no número de empregados. Algumas empresas têm optado por reduzir salários, transferir-se para regiões que lhes oferecem maiores incentivos, ou buscam lugares onde as legislações trabalhista e ambiental não são rigorosas, o que lhes permite obter vantagens comparativas em relação a seus concorrentes. Neste sentido, pode-se afirmar que muitas vezes as alianças entre atores sociais têm conotação de resistência frente aos riscos distributivos de caráter negativo que a integração pode trazer.

Em alguns casos, processos de integração regional com reflexos diferenciados sobre setores produtivos, regiões ou grupos sociais, ou uma liberalização comercial (regional ou global) não gradual, sem regras de adequação bem escalonadas no tempo, têm suscitado problemas que dificultam a visualização de benefícios. Desta forma, pressões setoriais dos atores sociais, articuladas em escala regional ou continental, acabam por incidir sobre os centros decisórios dos próprios Estados.

Esse imediatismo tem agravado alguns problemas sociais, como o desemprego, e provocado o aumento da pobreza, questões estas para as quais os governos têm tido dificuldades em dar respostas e apresentar soluções, principalmente porque estão perdendo a capacidade de controlar o cenário econômico. Como notou Dupas (1997), os interesses dos Estados ainda são "a defesa do emprego, a qualidade ambiental, sua posição geopolítica e o equilíbrio de seu Balanço de Pagamentos" (Dupas, 1997: 5). Além disso, os Estados preocupam-se com "o valor adicionado de sua produção local, o nível de empregos e os impostos arrecadados" (Dupas, 1997: 5), temas esses que, na lógica da globalização, não fazem parte necessariamente da agenda empresarial.

Na tentativa de encontrar alternativas para minimizar os aspectos negativos da globalização e para garantir os benefícios dela decorrentes, os governos buscaram o caminho da criação de blocos econômicos regionais, como o Mercosul, o NAFTA e agora negocia-se a ALCA. No que se refere ao Mercosul, a cooperação regional mostrou-se um instrumento eficiente para a promoção da abertura dos mercados e da liberalização comercial. Para as economias dos países que criaram o Mercosul, os benefícios da integração são incontestáveis; no entanto, ela não proporcionou benefícios igualmente sentidos pelas suas populações, sendo este um dos alvos de crítica ao processo e que deve ser considerado na agenda futura das negociações. É justamente esta uma das questões que vêm estimulando, como dissemos, o estabelecimento de alianças entre atores sociais e que, em alguns casos, são de caráter preventivo. As iniciativas decididamente favoráveis à integração, inclusive com capacidade propositiva, continuam escassas.

Os resultados do NAFTA colocam interrogações quanto à validade da ALCA como instrumento de desenvolvimento para a América Latina, principalmente porque "são poucas as garantias de que os benefícios eventualmente gerados tenham distribuição razoavelmente igualitária" (Dupas, 1997: 5). Teme-se, ainda, que os custos dessa integração sejam superiores aos seus possíveis ganhos, implicando deterioração ainda maior nas condições e qualidade de vida das populações da região. Levando em conta esse contexto de incerteza quanto aos futuros resultados da ALCA, alguns setores da sociedade estão se mobilizando para tentar influenciar o processo de forma a minimizar os seus eventuais efeitos negativos. Também neste caso, é importante assinalar que articulações significativas vão-se constituindo: a) com a expectativa de interromper o processo; b) na suposição de que os Estados continuarão as negociações e é portanto necessário adaptar-se a elas; e c) na tentativa de influenciar positivamente o processo. Qualquer que seja a intenção, é preciso reconhecer que efetivamente têm surgido crescentes articulações de caráter regional entre diferentes atores. Para a compreensão das razões que respaldam esse processo, discutiremos em seguida questões conceituais que envolvem as alianças e as estratégias que vêm sendo implementadas.

2. QUESTÕES CONCEITUAIS

Juntamente com a análise da participação social propriamente dita, é importante esclarecer que a influência dos diferentes atores sociais não se dá de forma homogênea, entre outras razões porque a sociedade é formada por diferentes grupos de interesses e classes, que exercem pressões diferenciadas e específicas sobre o Estado. Esta multiplicidade social pode ser entendida utilizando-se o esquema criado por Almond (1950) para explicar as influências existentes no processo de tomada de decisão na política externa. Embora tenha sido elaborado para outra realidade, este modelo expõe de forma clara os diferentes níveis de participação, interesses e influências presentes em uma sociedade frente à questão das relações internacionais.

O esquema consiste em retratar essa multiplicidade social como um conjunto de círculos. Nele, o centro é formado pela "liderança", representada pelos atores pertencentes à estrutura burocrática governamental e que participam efetivamente das negociações e da tomada de decisões. Em torno deste círculo está um outro, composto pelas elites diretamente envolvidas com a política externa e formadoras de opinião. O círculo seguinte é constituído pelo público interessado e que se mantém informado sobre o tema, que poderíamos considerar como a platéia das discussões promovidas pelas elites. Finalmente, está o círculo externo, que contém o público em geral, normalmente alheio às questões de política exterior, exceto nos momentos em que elas ganham destaque nos meios de comunicação, como no caso de guerras ou conflitos (Almond, 1950), ou em que suas conseqüências atingem o cotidiano do cidadão.

Nos casos do Mercosul, do NAFTA e da ALCA, o círculo central é formado pelos órgãos governamentais nacionais que realizam de fato a coordenação do processo de integração; em torno deles estão os grupos sociais e econômicos diretamente envolvidos e afetados pelo processo, e que se mobilizam tentando influir nas tomadas de decisão. Também fazem parte deste círculo os partidos políticos. Além desses, há um público que se mantém informado e outro que permanece relativamente alheio, ao qual denominamos aqui de opinião pública (é aquela parcela da sociedade que tem uma noção genérica do que seja um processo de integração).

Sobre essa mesma questão, Haas (1956) argumenta que no interior de uma sociedade nacional existe uma multiplicidade de valores e interesses que não são necessariamente homogêneos ou aceitos por todos, podendo inclusive ser compartilhados por grupos pertencentes a diferentes países, formando um grupo de interesse internacional ou dando origem a uma nova identidade coletiva. Segundo este autor, isto pode ser visto como uma das facetas do aumento da interdependência no âmbito internacional, que permite o compartilhamento de valores para além das fronteiras nacionais. Representaria um tipo de interdependência bem diferente da econômica, baseada quase que exclusivamente nos aspectos comerciais, de investimentos e produtivos, ou nos impactos de um país – ou setor – na economia de outros.

Essa "nova identidade coletiva", baseada em valores e interesses compartilhados pelas sociedades dos países envolvidos, é visível no caso da União Européia, onde o processo de integração avançou significativamente nos últimos anos e onde se evidencia um maior amadurecimento das políticas relativas às questões sociais. No caso do Mercosul, embora sua formação seja ainda recente, pode-se vislumbrar alguns fatos que sugerem o desenvolvimento de uma possível identificação coletiva, ao menos a longo prazo, se conflitos insuperáveis não se apresentarem.

Um exemplo disso é dado pelo movimento sindical nos países do Mercosul. Em meados dos anos oitenta, o sindicalismo se encontrava dividido por discursos e práticas díspares, enfrentando dificuldades para articular-se e criar uma estratégia comum. A formação da Coordenadora das Centrais Sindicais do Cone Sul (CCSCS), em 1986, a partir de uma iniciativa da ORIT (Organização Regional Inter-Americana dos Trabalhadores)/CIOSL (Confederação Internacional de Organizações Sindicais Livres), mostrou-se insuficiente para viabilizar uma aproximação entre os sindicalistas da região.

Durante seus primeiros anos de atividade, a CCSCS concentrou sua atenção nos temas referentes à democratização e às políticas econômicas implementadas pelos países do Cone Sul e da América Latina em geral, para controlar a inflação e promover o crescimento e o desenvolvimento econômico, num contexto em que a crise da dívida era uma questão central. Nesse sentido, um dos principais motivos de criação da CCSCS foi a desconfiança que as centrais sindicais sentiam em relação às políticas que estavam sendo adotadas pelos seus governos, e aos seus impactos sobre o mercado de trabalho. Como essas políticas são tomadas individualmente por cada país e variam nos seus conteúdos, a possibilidade de atuação conjunta das centrais integrantes da CCSCS era limitada, estimulando-se a diversidade de interesses dessas centrais.

A consolidação da CCSCS ocorreu somente com a intensificação do processo de integração regional, tendo por marco a assinatura do Tratado de Assunção em março de 1991, que originou efetivamente o Mercosul (Castro, 1994). A CCSCS percebeu que o processo de integração no Cone Sul, assim como os fenômenos mais amplos que ele refletia (formação de blocos regionais, globalização da economia etc.), implicavam desafios inusitados para o movimento sindical. Desta forma, inaugurava-se uma nova fase que não mais corresponderia à atuação tradicional dos movimentos sindicais.

Para enfrentar esses desafios, o movimento sindical viu-se obrigado a pensar novas formas de organização e uma plataforma que fundamentasse suas ações. A solução encontrada pelo sindicalismo do Cone Sul foi reforçar a CCSCS como instituição sindical internacional e, ao mesmo tempo, adotar um projeto de defesa da integração, ainda que criticando a forma como ela vinha sendo implementada pelos governos. Sem nos aprofundarmos na análise desse processo, podemos afirmar contudo que o resultado da mudança de perspectiva por parte do sindicalismo originou um novo padrão de relacionamento entre as centrais sindicais da região, permitindo que as diferenças fossem atenuadas à medida que eram criados interesses e valores compartilhados no âmbito do Mercosul. Pode-se afirmar que, no limiar do século XXI, o movimento sindical do Cone Sul, no que se refere à integração, apresenta um discurso e uma estratégia de atuação bastante articulados.

O interesse pela formulação da política externa e a intervenção efetiva na integração estiveram subordinados às expectativas em relação a esses processos. Quanto mais negativo era o panorama, maior a mobilização, o que corrobora a hipótese de Pastor e Wise (1994) segundo a qual a mobilização tende a se dar mais dinamicamente em função dos aspectos negativos do que dos positivos. Se analisarmos o caso do Mercosul, veremos que as percepções, atitudes e motivações que conduziram à participação sindical propositiva nesse Mercado resultaram, sobretudo, de avaliações mais ou menos sistemáticas sobre quais os rumos que o processo de integração regional estava tomando e que conseqüências traria para os trabalhadores. Os riscos setoriais acentuaram o interesse pela participação nas estruturas formais do bloco.

Por outro lado, vista em seu conjunto, a maioria do empresariado brasileiro não se mobilizou tão prontamente, provavelmente porque se julgava em posição favorável por se considerar parte da principal economia do bloco, não se sentindo ameaçado pela concorrência dos demais países, mas tampouco buscando aproveitar a nova situação. Na verdade, havia um consenso tácito entre o empresariado de que o Brasil era o país mais competitivo do Mercosul; portanto, qualquer medida adotada pelos governos seria benéfica para a economia nacional. No decorrer do processo, a realidade mostrou-se diferente, pois alguns setores nos outros países tiveram desempenho mais agressivo que os brasileiros. No entanto, não houve perdas significativas e nem se alterou, no geral, a relação custo/benefício do Mercosul para o Brasil, embora devam ser assinaladas questões conflitivas não resolvidas, como o regime automotivo, o açúcar, o aço etc. Cabe lembrar, porém, que no início do processo de integração entre o Brasil e a Argentina, a partir de 1986, as ações governamentais visaram à complementação setorial, que ganhou sua forma por meio dos Protocolos – entre outros, bens de capital, trigo, siderurgia, automotriz – assinados no âmbito do PICE (Programa de Integração e Cooperação Econômica).

Pode-se também afirmar que o setor empresarial brasileiro não se mobilizou fortemente em torno do Mercosul porque esse processo fazia parte da política governamental de liberalização econômica, desenvolvida intensamente a partir de 1990, que no geral eles apoiavam, ainda que reivindicando mecanismos de proteção setorial. Já o movimento sindical se encontrava marginalizado dessa coalizão de sustentação governamental e se sentiu obrigado a criar um espaço de negociação onde pudesse intervir de alguma forma no processo de integração.

É útil para a compreensão das possíveis estratégias e decisões governamentais ter em conta o pressuposto da teoria intergovernamentalista (Moravcsik, 1994), segundo o qual os fins governamentais na política externa variam conforme as pressões domésticas realizadas por grupos sociais, cujas preferências seriam agregadas por intermédio das instituições políticas nacionais. Assim sendo, o interesse nacional emergiria dos conflitos políticos que ocorrem em cada país e da competição entre os grupos sociais que se desenvolveria neste âmbito, visando a obter maior influência política. Outros fatores que influenciam esse interesse são a formação de coalizões nacionais ou transnacionais e os novos tipos de alternativas políticas que vão sendo incorporadas pelos governos.

Esta análise parte do pressuposto de que os valores são elementos importantes para explicar as escolhas e as ações dos atores e que estes não são movidos apenas por interesses egoístas, como supõe a teoria da escolha racional, cuja noção central é que as identidades e os interesses que constroem um relacionamento são constantes. Neste aspecto, concordamos com o construtivismo, que nega a validade absoluta desse pressuposto ao afirmar que é a partir da reprodução e/ou transformação desses interesses e identidades que se determinam as alterações estruturais nas sociedades (Wendt, 1994).

As estruturas dos sistemas regional e internacional constituem contextos de interações que tanto inibem como facilitam a emergência de dinâmicas de formação de identidades coletivas. Essas estruturas, para os construtivistas, são intersubjetivas, ou seja, consistem no compartilhamento de entendimentos, expectativas e conhecimentos sociais presentes nas instituições internacionais e em tratados, de acordo com os quais os Estados definem alguns de seus interesses e suas identidades (Wendt, 1994). As estruturas intersubjetivas, segundo o construtivismo, ajudam a determinar quanta "propensão" existiria num Estado a favor das dinâmicas de formação de uma identidade coletiva em desenvolvimento.

Em outras palavras, a "racionalidade" de uma ação é determinada por interesses materiais: o indivíduo opta ou age como um "consumidor utilitarista", tentando obter o máximo benefício com o menor custo. Ao mesmo tempo, ela é também determinada por valores que chamaremos de culturais, constituídos pelos diferentes papéis que os indivíduos e os atores coletivos exercem no interior de uma sociedade e que nem sempre são coerentes entre si. Isto é, o posicionamento e a opinião de um ator face a um tema são determinados pelos "grupos" com os quais ele se identifica, com seus respectivos valores, e pelos demais membros de seu grupo, especialmente pelas lideranças, que funcionam como catalisadores de preferências já existentes (Haas, 1956). No que se refere ao posicionamento dos atores sociais frente às integrações regionais ou mesmo à globalização, torna-se cada vez mais importante o meio em que atuam. Isto é, a construção de fóruns coletivos de caráter internacional passa a ser um instrumento de promoção de identidades, particularmente nos casos de atores com razoável grau de autonomia frente aos Estados.

No caso do Mercosul, como sugerem os funcionalistas, o processo conduzido pelos Estados incentivou os atores a compartilharem iniciativas. No caso do NAFTA, isto é visível sobretudo no plano empresarial. Tentativamente, pode-se prever que, para a ALCA, a existência de fóruns sindicais, de organizações não-governamentais e empresariais, estimulará o surgimento de pontos de vista parcialmente convergentes, portanto formas de alianças entre atores sociais, mesmo que em alguns casos para oporem-se às negociações.

No caso dos Estados, suas atitudes são determinadas pelo conjunto de valores e de interesses – comuns ou conflitantes – dos diversos grupos existentes na sociedade. Cada grupo possui uma "ideologia" formada pelos valores compartilhados por seus membros. Quando estes valores são transformados em ações, passam a ser defendidos como "interesses". Portanto, quando diferentes grupos compartilham os mesmos interesses, na verdade estão compartilhando uma série de valores, sendo isto o que lhes permite aproximação e cooperação, embora tenham diferenças entre si. Isto, em teoria, é possível tanto no plano nacional quanto no internacional.

De modo geral, todos os grupos pertencentes a um país compartilham os chamados "valores nacionais", intimamente ligados à cultura preponderante e presente na sociedade, considerada como elemento central da identidade dos indivíduos a ela pertencentes. Este conceito é fundamental para a noção liberal de Estado-nação, pois permite pensar o Estado como uma "associação" que pretende preservar a ordem para todos os grupos de interesse existentes em seu interior e cujas regras devem ser respeitadas por todos. As alianças internacionais de atores sociais não se traduzem em ruptura dos "valores nacionais", podendo ser interpretadas como compatíveis com acordos classistas ou interclassistas.

Para os Estados democráticos, as "regras" são estabelecidas ou resguardadas por um grupo de políticos (normalmente o partido ou aliança partidária que venceu a eleição) que conta com o apoio de elites pertencentes a grupos de interesse, a partir do estabelecido pela Constituição e pelas leis. Ou seja, o governo atua de acordo com os interesses dos grupos que lhe dão sustentação, embora devesse considerar também o restante da sociedade. De acordo com Haas (1956), é do casamento desses múltiplos interesses que se originam as decisões políticas dos governos.

Nesse sentido, compartilhamos o pressuposto da teoria intergovernamentalista de que os Estados são atores dotados de uma certa racionalidade e cujo comportamento refletiria as pressões sofridas internamente, vindas de grupos e classes presentes na sociedade nacional, ou externamente, criadas pelo próprio ambiente internacional.

Segundo os intergovernamentalistas, esses valores e interesses compartilhados nacionalmente representam a primeira fase do processo de cooperação, que se concretiza com o que eles chamam de formação de uma preferência nacional. Esta primeira etapa identifica os benefícios potenciais da coordenação política por parte dos governos nacionais, enquanto a segunda fase – de interação entre os Estados – define as possíveis respostas políticas às pressões internas. O surgimento de alianças classistas de caráter internacional pode se tornar um instrumento importante de consolidação ou de debilitamento dos processos de integração.

No contexto da formulação teórica sobre a formação da preferência nacional, o intergovernamentalismo aponta para o fato de que as prioridades do Estado e de suas políticas são definidas pelos políticos, que fariam parte de uma "liderança" dentro do governo nacional, e cujas identidades e propostas são determinadas pela sociedade civil, doméstica e transnacional. As influências sobre a política externa refletem os grupos sociais importantes, a natureza de seus interesses e sua influência na política interna, que variam conforme o tempo, o lugar e o tema tratado, e de acordo com os custos e benefícios esperados.

Assim sendo, o interesse nacional emerge dos conflitos políticos que ocorrem em nível nacional e da competição entre os grupos sociais que se desenvolve neste âmbito. Outros fatores que influenciam o interesse nacional são as coalizões nacionais ou internacionais e os novos tipos de alternativas políticas que vão sendo incorporadas pelos governos. No plano teórico, particularmente para a análise da política exterior dos Estados, é crescentemente necessária a consideração das coalizões internacionais como elemento interveniente significativo, sem desconhecer que também neste campo reiteram-se as assimetrias e as relações de poder.

Utilizando o modelo de Rogowski (1989), pode-se avaliar quais os possíveis impactos das variáveis internacionais nos processos políticos domésticos e, inversamente, qual o papel da política interna na determinação dos posicionamentos internacionais e com isso pode-se entender o estímulo à participação por parte da sociedade. Este autor afirma que, diante da possibilidade de maior exposição ao comércio internacional, formam-se coalizões sociais de acordo com a capacidade de os atores competirem nessa nova situação de abertura econômica. Há, nesse modelo, duas variáveis causais: os fatores de produção e as variações nos níveis de exposição comercial; esta última reflete uma série de condicionantes que estão muito ligadas à capacidade competitiva.

Rogowski baseia sua tese numa adaptação para a política do teorema econômico de Wolfang Stopler e Paul Samuelson. Conforme esse teorema, um país exporta bens que utilizam intensivamente fatores de produção que ele possui em relativa abundância em relação à distribuição internacional, e importa os bens produzidos pelo uso intensivo de fatores de produção que ele possui com relativa escassez. Os detentores de fatores de produção beneficiados em cada uma dessas situações tenderiam a tentar traduzir sua situação econômica em termos políticos, mediante o aumento de sua influência no processo decisório. Este modelo teórico sugere que, de acordo com as flutuações do comércio, tendem a se formar coalizões dentro de um processo histórico cujos resultados são, em última instância, conseqüência das escolhas e do comportamento dos diferentes atores sociopolíticos. Ainda com relação a esse modelo, à crescente interpenetração das economias, à interdependência e ao fenômeno chamado globalização poderá ser acrescentado o novo tema das coalizões internacionais. Nesse sentido, o processo de discussão da ALCA poderá vir a se tornar um interessante laboratório de pesquisa para novas questões.

Ainda que a questão mereça um tratamento conceitual específico, podemos adiantar que, além do internacionalismo dos trabalhadores de matriz socialista, sempre fortalecido pela presença marcante de valores ideológicos, ou da ação internacional do capital, presente desde o mercantilismo do século XVII, as tentativas de construção de blocos regionais colocarão em debate o papel desempenhado pelas alianças internacionais entre atores no condicionamento das posições de outros atores privados e dos Estados. Como exemplos, vejam-se os casos da Carta de Direitos Fundamentais do Mercosul, o Acordo de Cooperação Laboral do NAFTA, de setembro de 1993, o Fórum Empresarial das Américas e o Fórum de Trabalhadores e Organizações Não-Governamentais das Américas. As alianças podem tanto acelerar quanto obstaculizar a formação dos blocos regionais, mas, em qualquer caso, influenciam na formação das preferências nacionais.

Para o intergovernamentalismo, as coalizões ocorrem porque os grupos articulariam suas preferências, a serem posteriormente agregadas pelos governos (Moravcsik, 1994), cujo interesse central é sua manutenção no poder. Para que se mantenham no poder – quando são democracias –, esses governos devem atender às demandas. A relação Estado/Sociedade torna-se um elemento central de toda análise, porque se o interesse primeiro dos governos é manter-se no poder, então, nas sociedades democráticas, para obter dos governos a satisfação de suas preferências, os grupos e classes sociais necessitam do apoio de uma coalizão que lhes dê sustentação, baseada em partidos, grupos de interesse e burocracias, cujas opiniões são transmitidas direta ou indiretamente por meio das instituições democráticas e das práticas de representação política. Como resultado desta interação interna surge um conjunto de interesses e de finalidades nacionais, que são apresentados pelos Estados nas negociações internacionais. Os processos de integração regional, inclusive o Mercosul e o NAFTA, e a negociação da ALCA, vêm demonstrando que a montagem de alianças internacionais entre atores sociais, como dissemos acima, tem o papel de complementar a relação Estado/Sociedade. Em outros termos, essas alianças podem servir para dar sustentação à ação nacional, criando ao mesmo tempo um mecanismo de caráter inovador. Neste sentido, a análise intergovernamentalista apresenta limites significativos por sua insistência nas preferências nacionais.

3. ATORES SOCIAIS E INTEGRAÇÃO REGIONAL

O avanço da integração regional afeta necessariamente a vida das sociedades dela participantes, com maior ou menor intensidade, de acordo com o grau de seu envolvimento no processo. Essa interferência da regionalização no cotidiano social impulsiona, especialmente nos grupos sociais organizados, a mobilização e o interesse por uma participação mais ativa, que lhes garanta a possibilidade de minimizar os custos e maximizar os possíveis ganhos produzidos pela integração. A mobilização e a participação social dependem, em parte, da forma como as informações sobre o andamento e os resultados da integração chegam até o público, provocando neste reações e opiniões que fundamentarão suas posições ao longo do processo (Eichenberg e Dalton, 1993).

Em geral, podemos dizer que as informações sobre o NAFTA geraram, nas sociedades dos países envolvidos (Canadá, Estados Unidos e México), opiniões e posições que se dividiram em duas grandes correntes: os defensores e os opositores do Acordo de Livre Comércio. Para os primeiros, especialmente os governos, este processo beneficiaria Estados Unidos e Canadá ao permitir a abertura da economia mexicana, enquanto para o México, o acordo impulsionaria o seu projeto de desenvolvimento ao estimular suas exportações e atrair investimentos. Para aqueles que se opuseram ao NAFTA, a integração representaria perdas de postos de trabalho e de investimentos nos Estados Unidos e Canadá, ao mesmo tempo em que o México ficaria mais exposto a uma competição "voraz" e, do ponto de vista ambiental, sofreria com a transferência de indústrias poluidoras para seu território, sem aumentar o valor agregado de seus produtos.

Segundo análises sobre os cinco primeiros anos de existência do NAFTA – portanto até 1998 –, nenhuma dessas posições mostrou-se correta, ocorrendo na verdade algo intermediário. Apesar da crise de dezembro de 1994, o México conseguiu assegurar e manter o programa de reforma (abertura econômica) do grupo dirigente do Partido Revolucionário Institucional (PRI), embora não tenha sido acompanhado por uma melhoria nos salários e na qualidade de vida de sua população. Por outro lado, os impactos negativos para as economias americana e canadense não ocorreram como o previsto, tendo mesmo havido uma forte recuperação da economia norte-americana, acompanhada de uma redução na sua taxa de desemprego, ainda que esta recuperação não tenha relação específica com o NAFTA.

De modo geral, a integração gera transformações na estrutura institucional do Estado – resultantes da necessidade de adaptar o aparelho estatal às demandas do processo – e nas relações políticas, que se traduzem em geral na criação de órgãos, alguns de caráter supranacional ou intergovernamental, e na incorporação da questão da integração ao cotidiano do funcionamento dos organismos públicos. Ao ser incorporada ao dia-a-dia do aparelho estatal, a integração também modifica as relações entre os grupos políticos e no interior da burocracia. Estes atores são obrigados a contemplar em sua atuação as questões relacionadas ao processo de cooperação, incorporando as suas demandas como forma de garantir sua posição e seus interesses. No curso da crise financeira internacional de 1998, que atingiu seriamente o Brasil, o presidente Cardoso teve que se referir especificamente à necessidade da estabilidade como pressuposto de confiança entre os parceiros: "Atacar os desequilíbrios fiscais significa também consolidar a confiança de nossos parceiros na nossa economia. É um compromisso não só com quem está investindo no Brasil, mas também com os demais países, sobretudo os latino-americanos ..." (Cardoso, 1998).

No caso da formulação e da negociação do NAFTA, houve a mobilização de interesses presentes nas sociedades de cada país, originando um processo de barganha interna e de formação de coalizões em torno das diferentes propostas de políticas. Com exceção dos sindicatos mexicanos, ligados ao governo, que adotaram uma postura de apoio ao processo de integração, à liberação e à abertura econômica, também neste caso os atores sindicais ficaram fora da coalizão vencedora. Da mesma forma, o empresariado não se mobilizou ativamente porque, do lado norte-americano e canadense, havia expectativas relativamente positivas sobre as oportunidades que o México representava e, do lado mexicano, esperava-se que a atração de investimentos promoveria o crescimento e o desenvolvimento econômico do país. Assim, confirma-se a hipótese segundo a qual as expectativas negativas estimulam mais fortemente as intervenções da sociedade.

No Mercosul, como vimos, as posições contrárias à integração foram defendidas por aqueles que se consideravam ameaçados: o movimento sindical em geral, produtores agrícolas brasileiros e setores industriais da Argentina e do Uruguai, entre outros. Estes grupos buscaram intervir no andamento da integração para garantir compensações para suas perdas, evitar maiores prejuízos e, inclusive, em via subordinada, tentar reverter o andamento do processo. Independentemente dos resultados obtidos, eles conseguiram influenciar as negociações, chamando a atenção para seus interesses, tal como ocorreu no NAFTA, com a inclusão das questões ambiental e trabalhista. O Mercosul também incorporou gradativamente em sua agenda novos temas, entre os quais o das questões trabalhistas. Quanto às cadeias produtivas – automotivo, açúcar, aço, bens de capital – sua capacidade de articulação setorial e nacional também influencia as negociações.

Nas negociações da ALCA, a intervenção positiva da sociedade, ampliando os temas das discussões, é mais complexa devido ao número de participantes e à heterogeneidade existente entre eles. Trata-se de uma negociação que envolve atores muito desiguais, pois de um lado está a principal potência econômica mundial e do outro, países pertencentes ao bloco dos subdesenvolvidos.

Outros problemas derivam das desigualdades internas dos Estados latino-americanos, ampliando as demandas que poderiam surgir de uma participação direta dos grupos sociais nas negociações da ALCA. Além disso, alguns governos opõem-se a essa participação, criando dificuldades para a intervenção dos grupos sociais. Organizações ligadas a movimentos sociais e a outras atividades capazes de mobilizar a opinião pública podem estabelecer objetivos particulares em relação ao processo de integração, que se transformariam em propostas e demandas para os governos correspondentes (Knopf, 1993).

Segundo Knopf, existiria uma tendência crescente nos grupos nacionais de criarem mecanismos internacionais quando encontram dificuldade de influenciar o processo decisório dentro do seu próprio sistema político. Ou seja, quando os canais de demanda não funcionam de forma satisfatória, não oferecendo respostas adequadas, os grupos, setores ou classes se sentiriam impelidos a buscar formas alternativas de reivindicação que, no limite, lhes reforcem o poder de barganha e de pressão no nível nacional. A existência da Coordenadora das Centrais Sindicais do Cone Sul (CCSCS) e a criação do Fórum Empresarial das Américas e do Fórum de Trabalhadores e Organizações Não-Governamentais das Américas parecem confirmar essa tendência. Essas instituições visam a criar consensos entre seus participantes a partir das diferenças e das divergências de interesses, possibilitando a formulação de uma estratégia unificada para sua participação nas negociações dos processos de integração. Sem dúvida, a interveniência de cada ator visa a objetivos particulares, e a formação do consenso resultará do peso e da capacidade de ação de cada um deles.

A partir da CCSCS, as centrais sindicais do Mercosul estabeleceram uma nova prática de atuação, baseada na criação de consensos mínimos e plataformas de interesses unificadas. Com isso, inauguraram um novo período nas relações sindicais da região, marcado pela cooperação e pelo consenso, apesar de persistirem interesses particulares divergentes. Mesmo existindo mobilização sindical, não ocorreu uma articulação de caráter internacional no caso do NAFTA, apesar de que desde antes do início da negociações formais para sua criação, em junho de 1991, grupos de interesse se organizavam em âmbito nacional em resposta à iniciativa dos três governos de estabelecerem "consultas informais" sobre futuros acordos comerciais. Em 1989, grupos canadenses já haviam iniciado sua mobilização em oposição ao Acordo de Livre Comércio entre Estados Unidos e Canadá, mantendo esta postura frente à proposta do NAFTA.

No México, o debate e a mobilização social tiveram início em abril de 1990 (Luján, 1997) como resposta à iniciativa do Senado mexicano de promover uma maior abertura comercial. Este primeiro impulso levou a um maior intercâmbio de informações entre as organizações sindicais dos três países e a uma aproximação em torno de uma reivindicação: a inclusão da questão social na negociação do acordo.

Ao mesmo tempo, os sindicatos nacionais organizam-se em redes que buscam coordenar suas ações e pressionar de forma conjunta os respectivos governos nacionais. São elas: Action Canada Network, Coalizão Quebequense sobre as Negociações Trilaterais do Canadá, MODTLE (Mobilização para o Desenvolvimento, Comércio, Trabalho e Meio Ambiente) dos Estados Unidos, e a RMALC (Red Mexicana de Acción frente al Libre Comercio).

Estas redes sindicais reuniram-se em outubro de 1991 no Fórum Internacional "A opinião pública e as negociações do Tratado de Livre Comércio: alternativas cidadãs", com o objetivo de discutir e definir uma ação sindical conjunta, assim como de pressionar os governos a partir de um conjunto de demandas comuns, como a democratização das negociações e a inclusão do tema social.

Pode-se afirmar que estas redes seguiram a mesma estratégia dos sindicatos do Cone Sul: tentaram formular um modelo de integração alternativo que ressaltava muito mais os temas do desenvolvimento e do bem-estar social, em detrimento das questões comerciais. Este posicionamento, no entanto, não teve sucesso junto aos governos, que continuaram a negociar o acordo sem incluir essa pauta e sem permitir a participação de representantes dessas organizações.

Na ALCA, além da mobilização sindical, os empresários se organizaram no Fórum Empresarial, que congrega representantes dos países envolvidos. No entanto, há uma distinção clara entre a participação empresarial e a sindical. A idéia de criação do Fórum Empresarial recebeu apoio de todos os governos, enquanto o Fórum dos Trabalhadores das Américas limitou-se a uma ação autônoma das Centrais Sindicais, com o apoio da ORIT, ainda que a maioria dos governos, entre outros o dos Estados Unidos e do Brasil, aceitem a idéia de sua institucionalização face ao processo negociador. São contrários México, Costa Rica, Colômbia e Peru.

Ainda que as percepções dos Estados sejam diferentes, acordos limitados de caráter internacional entre atores sociais exerceriam um efeito dinâmico sobre os governos nacionais que, para responder às pressões internas, poderiam ser levados a aceitar padrões mínimos regionais. A divergência de interesses ocorre também no âmbito nacional, no qual o consenso é obtido através da formação de preferências resultantes da identificação dos benefícios potenciais produzidos pela coordenação entre governos nacionais.

No que tange aos aspectos sociais na negociação da ALCA, este entendimento da formação de uma preferência nacional sugere a possibilidade de um acordo, ao menos parcial, sobre a definição dos objetivos a serem perseguidos nas negociações. Neste campo, em alguns países, tanto nos governos quanto nas centrais sindicais e ONGs, existe a sensação de que a posição de um ator pode vir a fortalecer a posição do outro. Neste sentido, a ação sindical, em alguns casos, pode ser utilizada pelos governos para atender aos seus próprios objetivos de acelerar ou retardar processos, ou seja, as ações dos atores sociais podem ser utilizadas pelos governos quando elas coincidem com seus interesses ou quando servem de justificativa frente a outros governos.

No caso da ALCA, assim como nas experiências do Mercosul e do NAFTA, enquanto os empresários estão preocupados em garantir os benefícios derivados do processo de integração, o movimento sindical busca criar alternativas ao modelo que prevalece. Ou seja, alguns setores empresariais consideram o processo de integração continental como parte do atual contexto de globalização (Stein, 1997), eventualmente divergindo no modo como esse acordo deverá ser implementado. Parte dos empresários do NAFTA apóia a proposta de redução tarifária progressiva a ser concluída em 2005, de acordo com o cronograma estabelecido pela II Cúpula das Américas, realizada em Santiago em abril de 1998. Já boa parte dos empresários do Mercosul defende uma negociação gradual, com cronograma de redução tarifária a ser iniciado em 2005 (Lopes e Termine, 1997).

Para o movimento sindical, os processos de integração regional e hemisférica que estão sendo negociados negligenciam as questões sociais (incluindo-se neste item os temas ambientais e trabalhistas) e não abrem espaço para a participação social, criando o que chamam de *deficit* democrático. Diante disso, o sindicalismo busca propostas para participar efetivamente das negociações, seja através de órgãos como o Subgrupo de Trabalho 10 (SGT-10) e o Fórum Consultivo Econômico e Social do Mercosul, seja através de instituições paralelas, como o Fórum de Trabalhadores e Organizações Não-Governamentais das Américas, seja com grupos de pressão em âmbito nacional, como ocorreu com o NAFTA.

4. BIBLIOGRAFIA

ALMOND, Gabriel. *The American people and foreign policy*. New York: Basic Book, 1950.

ARROYO, Mónica. "Mercosul e ALCA: duas propostas diferentes". Trabalho apresentado no XI Encontro Nacional de Geógrafos, Vitória da Conquista, julho 1998.

CARDOSO, Fernando Henrique. Nenhuma crise externa vai nos derrotar. *O Estado de S. Paulo*, 24/09/98.

CASTRO, Maria S. Portella. "Mercosul e Ação Sindical". *Working Paper* 19, Durhan/ North Carolina: North South Center, 1994.

CRUZ, Cláudia Ferreira e CHAHAD, José Paulo Zeetano. "A discussão da dimensão sócio-laboral na atual etapa do Mercosul". São Paulo, 1998 (mimeo)

DUPAS, Gilberto. "A ALCA e os interesses do Brasil". Trabalho apresentado no *Workshop* "Mercosul e Globalização: os atores sociais", organizado pelo Cedec e pela Escola Sul da CUT, com colaboração da Fundação Alexandre de Gusmão (Funag) do Ministério de Relações Exteriores e apoio da Finep. São Paulo, abril 1997 (mimeo).

EICHENBERG, Richard C. e DALTON, Russell J. "Europeans and the European Community: the dynamics of public support for European integration". *International Organization*, Stanford: MIT Press, vol. 47, nº 4 , 1993.

HAAS, Ernest B. "Individuals, groups and the nation". In: HAAS, Ernest B. *Dynamics of international relations*, 1956.

HOFFMANN, Jürgen e HOFFMANN, Reiner. "Globalization - Risks and opportunities for labour policy in Europe". Trabalho apresentado no *Workshop* "Mercosul e Globalização: os atores sociais" (São Paulo, 15-16 abril 1997) e no Seminário "Mercosul e Globalização: o papel dos sindicatos" (Florianópolis, 17-19 abril 1997), promovidos pelo Cedec e Escola Sul da CUT com colaboração da Fundação Alexandre Gusmão, do Ministério das Relações Exteriores e apoio da Finep (mimeo).

ICTSD (International Centre for Trade and Sustainable Development). "Civil Society Declaration on openness, transparency and access to documents in the WTO". Genebra: ICTSD, junho 1998.

ILO (International Labour Organization). "ILO Declaration Fundamental Principles and Rights at Work". Genebra: ILO, 1998.

KNOPF, Jeffrey W. "Beyond two-level games: domestic-international interaction in the intermediate-range nuclear forces negotiations". *International Organization*, Cambridge: The MIT Press, vol. 47, nº 4, 1993.

LOPES, Fernando e TÉRMINE, Laura. Os empresários ganham força. *Semanário Gazeta Mercantil Latino-Americana*, Rio de Janeiro, 19 a 25/05/97.

LUJÁN, Bertha Elena. "Construyendo la agenda social continental: la acción social en la región de América de Norte". Trabalho apresentado no *Workshop* "Mercosul e Globalização: os atores sociais" (São Paulo, 15-16 abril 1997) e no Seminário "Mercosul e Globalização: o papel dos sindicatos"(Florianópolis, 17-19 abril 1997), promovidos pelo Cedec e Escola Sul da CUT com colaboração da Fundação Alexandre de Gusmão, do Ministério das Relações Exteriores e apoio da Finep (mimeo).

MORAVCSIK, Andrew. "Preferences and power in the European Community: a liberal intergovernmentalist approach". In: BULMER, Simon e SCOTT, Andrew (eds.). *Economic and political integration in Europe*. Oxford: Blackwell Publishers, 1994.

PASTOR, Manuel e WISE, Carol. "The origins and sustainability of Mexico's Free Trade policy". *International Organization*, Cambridge: The MIT Press, vol. 48, nº 3, 1994.

ROGOWSKI, Ronald. "Why changing exposure to trade should affect political cleavages". In: ROGOWSKI, Ronald. *Commerce and coalitions: how trade affects domestic political alignments.* Princenton: Princenton University Press, 1989.

STEIN, Yolanda. Processo irreversível. Empresários apóiam com ressalvas. *Semanário Gazeta Mercantil Latino-Americana,* Rio de Janeiro, 10 a 16/02/97.

WENDT, Alexander. "Collective identity formation and the international state". *American Political Science Review, vol. 88, nº 2, June 1994.*

14. Livre circulação de trabalhadores: condição necessária ao processo de integração econômica

CARLOS ALBERTO ROBINSON
Professor do Curso de Direito da Universidade Federal de Santa Maria, Doutorando em Direito da Universidade de Buenos Aires, Argentina

SUMÁRIO: 1. Introdução; 2. Cooperação Internacional e Integração; 3. Integração Econômica e Mercado Comum; 4. O Mercosul e a livre circulação dos trabalhadores; 5. A livre circulação de trabalhadores e o Subgrupo nº 10; 6. Da necessidade da criação de um direito social do Mercosul; 7. Conclusão.

1. INTRODUÇÃO

O objeto e a área do conhecimento referentes aos processos de cooperação e de integração econômica se inserem, basicamente, em conteúdos abrangidos pelo Direito Internacional Público, sob a ótica de sua evolução, não só como instrumento da manifestação da vontade soberana dos Estados, mas também como instrumento da consecução dos objetivos do bem-estar da humanidade. Objetivo precípuo que aparece, principalmente, no pós-guerra , e que resgata a idéia da comunidade global, do *"orbe terráqueo"*, sob a égide dos *"direitos das gentes"*, na visão de Francisco de Vitoria,[1] um dos pais do Direito Internacional.

Nesta segunda metade do século, assistimos a um grande desenvolvimento das ações de cooperação internacional, principalmente no campo comercial e econômico, ajustadas entre os Estados, com ações interpartes e mesmo a criação de organismos internacionais, com objetivos de colocar em execução os mais diversos programas de cooperação entre as nações soberanas, resultantes de acordos

[1] SODER, José. *História do Direito Internacional*. URI, 1998, p. 130.

multilaterais. Daí surgirem novos sujeitos de Direito Internacional, produtores de normas internacionais que vinculam obrigacionalmente os Estados mutuamente comprometidos.

Esses processos singulares e ampliados de relações econômicas interdependentes envolvem a combinação de economias separadas em 'regiões econômicas mais alargadas', caracterizando um processo denominado de "integração econômica".[2]

2. COOPERAÇÃO INTERNACIONAL E INTEGRAÇÃO

Do ponto de vista da normativa de Direito Internacional, há uma clara distinção conceptiva entre cooperação econômica internacional e integração econômica, de cujo processo emerge como necessária a noção de "mercado comum", corolário de novel e peculiar ordem jurídica do "direito das gentes."

Na cooperação econômica entre países, institucionalizada ou não, a característica principal é a manutenção de total independência entre as partes.[3] Todas as decisões rumo ao objetivo comum são tomadas pelos Estados-Partes consensualmente.

Do mesmo modo, as organizações internacionais de cooperação (regionais ou sub-regionais) realizam os acordos, obtidos pela via da confrontação e da discussão entre os representantes dos Estados. Esses acordos somente vinculam os Estados, mediante seu consentimento, seja porque a regra do jogo é a unanimidade ou seja porque os Estados ficam vinculados, se houverem votado a favor do texto proposto. Do que resulta a salvaguarda da independência dos mesmos e jamais desemboca em atribuir às instituições de cooperação um poder decisório autônomo[4] A produção jurídica decorrente pertence a órbita do Direito Internacional tradicional, cuja validez e eficácia, em cada país, dependerá da forma de recepção no direito interno que tem primazia sobre a norma externa.

A integração econômica surge quando "unidades soberanas do sistema internacional consentem voluntariamente criar uma instância supra nacional"[5] significando "autonomia de poder e de ação

[2] ROBSON, Peter, *Teoria Econômica da Integração Internacional*, Coimbra, 1985, p. 11.

[3] RIBAS, Jean Jaques *et al.*, *Derecho Social Europeu*, IES, Madrid, 1980, p. 17.

[4] RIBAS, Jean Jaques *et al*, *op. cit*, idem.

[5] BIZZOZERO, Lincoln, *El Surgimiento del Mercosur y de la CEE. Un Análisis Comparativo*, in Rev. de la Facultad de Derecho de la Univ. de la Rep. Oriental del Uruguay, dec. 1991, Montevideo, p. 137.

outorgada às instituições, colocadas a serviço de vários Estados",[6] as quais exercem poderes característicos que tradicionalmente se reconhece aos Estados, e as pessoas que integram essas instituições não são representantes dos Estados. A integração leva ao alargamento das fronteiras políticas ou "a retirada da significação econômica das fronteiras políticas existentes entre os países",[7] pois implica necessariamente a criação de um novo espaço econômico (e social),[8], formado pelo conjunto dos espaços preexistentes . Em razão do que há a necessidade de produção de uma ordem jurídica própria, condição mesma de seu desenvolvimento. Essa ordem jurídica própria é produzida por instituições supranacionais, e produzem efeitos imediatos na ordem jurídica interna dos países membros, com primazia sobre esta.

O processo de integração econômica somente é possível através do *mercado comum*. As chamadas formas clássicas de integração: *zona de livre comércio e união aduaneira*,[9] se não consideradas como "etapas" do processo de implantação do mercado comum, caracterizam formas avançadas de cooperação econômica internacional, com aspectos fortemente *comerciais*, já que apenas às mercadorias se garante a livre circulação.

3. INTEGRAÇÃO ECONÔMICA E MERCADO COMUM

Um *mercado comum*, em realidade, "constitui a forma mais avançada e complexa de integração econômica, essencialmente porque não visa apenas à liberalização de fluxos comerciais, mas à plena liberdade de circulação de bens, pessoas, serviços e capitais. Ao mesmo tempo, pela mobilidade conferidas aos fatores produtivos, a qual imprime uma dinâmica singular ao processo, tornado-se necessárias diversas medida comuns, seja para harmonizar condições desiguais, seja para melhor conduzir políticas econômicas. Eis por que um mercado comum é um grupamento mais ativo que zonas de livre

---

6 PESCATORE, P. *Distribución de competencias y de poderes entre los Estados Miembros y las Comunidades Europeas, apud* BIZZOZERO, Lincoln, *op. cit.*, p. 143.

7 FARIA, José Ângelo Estrella. *O mercosul:Princípios, Finalidades e Alcance do Tratado de Assunção*. Min. Rel. Ext., Brasília, 1993, p. XII.

8 "El concepto de 'espacio social' fue acuñado en Europa para delimitar la faceta de la integración que toca a temas como vivienda, salud, educación, trabajo, e. En este sentido, fue utilizado por primera vez por el Presidente de Francia François Miterrand", GARMENDIA ARIGON, Mario, *in Anais Seminario Italia - Mercosur: Aspectos Laborales de la Integración Regional, Motevideo*, 1992, p. 59.

9 FARIA, José Angelo Estrella, *op. cit.*, p. XII.

comércio ou uniões aduaneiras: não basta a remoção de barreiras, sendo indispensável uma *administração permanente.*"[10]

Assim, a noção de mercado comum ou *mercado interno* "comporta a de *união aduaneira* - isto é, a livre circulação das mercadorias em geral e uma pauta aduaneira comum; mas abarca, juntamente com isso, e mais além disso, a *livre circulação dos fatores de produção,* isto é: a liberdade de circulação (deslocamento) das pessoas no *espaço comum* desse *mercado.* Também assim, a livre circulação dos capitais, a liberdade de estabelecimento dos produtores e comerciantes e a livre prestação de serviços pelas empresas ou profissionais independentes.[11]

A livre circulação de trabalhadores é uma conseqüência inerente ao processo de integração regional, inserta na problemática mais geral que é a livre circulação de pessoas.[12] Considera-se *trabalhador,* para os fins de que trata a presente análise, *todo aquele que procura trabalho assalariado através de uma relação de trabalho subordinado, no setor privado da economia, no espaço abrangido pelo mercado comum, abrangendo o desempregado involuntário ou que se ache incapacitado de trabalhar.*[13]

4. O MERCOSUL E A LIVRE CIRCULAÇÃO DOS TRABALHADORES

O Tratado de Assunção preconiza a formação de um mercado comum, entre os países signatários, "a ser estabelecido até o dia 31 de dezembro de 1994, denominado Mercado Comum do Sul - MERCOSUL," indicando no seu art. 1º o seguinte:

"Este mercado comum implica: a livre circulação de bens, serviços e fatores produtivos entre países (...)"

A expressão *fatores produtivos* envolve logicamente a prestação de trabalho assalariado, vale dizer, *trabalho subordinado* ou *por conta de terceiro,* efetivado *pessoalmente,* por *trabalhadores.*

No entanto, ao contrário do Tratado de Roma, constitutivo do Mercado Comum Europeu, que explicita no art. 2º o princípio da livre circulação de pessoas e, no art. 48 detalha em que consiste a

[10] FARIA, José Angelo Estrella, *op. cit.*, p. 40.

[11] CAMPOS, João Mota de. *Direito Comunitário, Vol III,* Fundação Calouste Gulbenkian, Lisboa, 1991, p. 25.

[12] BABACE, Héctor, "La libre circulación de los trabajadores en el Mercosur", *in Estudios Multidisciplinarios sobre el Mercosur,* Fac. de Derecho de la R.O.U., Montevideo, 1995, p. 106.

[13] cf. Regulamento da CE 1612/68.

livre circulação de trabalhadores, na redação do Tratado de Assunção omitiram-se elementos essenciais de um mercado comum, e o seu corpo normativo registra "vazios muito sensíveis"[14]

A linguagem vaga e imprecisa, do Tratado do Mercosul, corresponde , na verdade, à própria ambigüidade da política de integração". Tido como um tratado *provisório ou transitório*, por alguns[15] [16] e também *tratado marco*, por outros,[17] a verdade é que o Tratado de Assunção não correspondeu em seu arcabouço normativo a grande expectativa criada pelo discursos governamentais e a propaganda a respeito de seu alcance e abrangência.

Muito embora a expressão *tratado marco* tenha sido empregada em mensagem oficial do Poder Executivo uruguaio, no projeto de aprovação, enviado ao Poder Legislativo, corresponde a um conceito cuja definição não se encontra facilmente nem na doutrina nem no direito positivo.[18]

Essa qualificação tem sido utilizada, na tentativa de justificar a vacuidade e ambigüidade do Tratado do Mercosul, no delineamento sobre o compromisso ambicioso de constituir um mercado comum, atribuindo-se tal qualificação a certos tipos de acordos internacionais que somente contém um conjunto de disposições gerais, as quais devem ser posteriormente desenvolvidas e concretadas por convênios específicos.

Além da irrelevante e vaga alusão conceptual do referido art.1º, sobre a livre circulação de trabalhadores "a única referência, que se pode qualificar de lateral, está contida no art. 5º, *d*, que indica como '... principais instrumentos para a constituição do Mercado Comum ... *d) a adoção de acordos setoriais, com o fim de otimizar a utilização e a mobilidade dos fatores de produção*'."

A alusão indireta ao trabalho assalariado como fator de produção e referido no Tratado, no sentido de *otimizar* sua utilização, revela objetivos exclusivamente econômicos . No mais, silencia com-

14 FARIA, José Angelo Estrella, *op. cit.*, p. 41.

15 "Es en este sentido, limitado e preciso, que puede decirse que el Tratado de Asunción es un tratado provisorio o preliminar ", GROSS, Hector Espiell, *in Rev. de la Facultad de Derecho de R.O.U.*, n. 1, 1991, Montevideo, p. 17.

16 "La característica particularisima del Tratado de Asunción radica que (...) nace, fundamentalmente en su contenido estructural, como sistema transitorio", PTERMÍN, Jorge Perez, in *El Mercado Común del Sur"*, FCU, 1995, Montevideo, p. 17.

17 "(...) Este no es un Tratado de Mercado Común (...) Este es un tratado marco, un tratado contiene los principios de como llegar al Mercado Común. (...) Este es un tratado transitorio", BERTHET, Miguel , El Tratado de Asunción y el MERCOSUR, *Rev. de la Facultad de Derecho de la R.O.U.*, n. 1, 1991, Montevideo, p. 47.

18 A Convenção de Viena sobre o Direito do Tratados não faz referência alguma sobre classificação.

pletamente, podendo-se afirmar que os "aspectos trabalhistas não foram levados em consideração pelos autores do texto do Tratado".[19]

A livre circulação de trabalhadores implica a abolição de toda e qualquer discriminação baseada na nacionalidade; além disso, institui uma verdadeira *condição de igualdade de direito com os nacionais*, em todos os países membros do mercado comum. A extensão básica dessa liberdade abarca o direito de o trabalhador "não nacional" (ou comunitário) exercer uma atividade sujeita a regras referentes aos direitos trabalhistas aplicáveis aos "nacionais" daquele país, bem como permanecer naquele país, após o término do trabalho ou se deslocar no espaço do mercado comum.

O princípio da não-discriminação deve ser concebido, de forma mais ampla possível, extensiva aos aspectos de toda a concepção de "direito social'. Isto é, abarca direitos previdenciários, sindicais e, no primeiro caso, engloba a família do trabalhador e demais direitos decorrentes, de cunho social, como proteção à saúde, educação etc. Enfim, as regras de direito social nacional são aplicadas, em todos os seus efeitos, ao "não nacional".

Como se vê, trata-se de tarefa de enorme complexidade que deveria ter merecido a devida atenção do Tratado de Assunção que se apresenta totalmente omisso, quanto à questão trabalhista e às questões sociais. Em razão disso, não há que se falar em *direito trabalhista* nem tampouco em *direito social* do Mercosul.

5. A LIVRE CIRCULAÇÃO DE TRABALHADORES E O SUBGRUPO Nº 10

Mesmo com a criação, *a posteriori*, do SGT 11 (Res. Merc./GMC nº 11/91) - o atual SGT nº 10 (Res. GMC nº 20/95) - sobre "Assuntos Laborais, Emprego e Seguridade Social", a situação em pouco ou nada mudou. A atividade desse Subgrupo de Trabalho, especializado em questões trabalhistas e seguridade social tem tido pouca ou nenhuma relevância jurídica.

Por exemplo, as propostas, sobre a *Carta Social do Mercosul e o Acordo Multilateral de Seguridade Social*, se desenvolvem em ritmo lento, ao passo de tartaruga, ou são debatidas hermeticamente, de forma pouco transparente. Em relação à Carta Social, se sabe que "as partes coincidem em que continuem dispostas a discutir a proposta de uma Carta Social do Mercosul". .

---

[19] BABACE, Héctor, "La libre circulación de los trabajadores en el Mecosur", *in Estudios Multidisciplinarios sobre el Mercosur*, Fac. de Derecho de la R.O.U., Montevideo, 1995, p. 109.

Sobre a proposta de um Acordo de Seguridade Social, esta *possuía circulação restrita a apenas entre os próprios técnicos da Comissão n. 6, circulando agora entre os técnicos do SGT 10,*[20] cuja proposição é "rever e aperfeiçoar a proposta(...) e seu ajuste administrativo, com vista a finalizá-lo e implantá-lo pelos (*sic*) quatro países do Mercosul".[21]

Quanto à questão basilar, que é a da *livre circulação de trabalhadores*, o SGT 10 tem dado pouca ou quase nenhuma atenção relevante. A comissão que trata do assunto, sob a denominação *migrações trabalhista*, tem tido atuação tímida quanto a este tema, repito basilar, para um processo de integração. Garcia Júnior (1997) informa que "estudos foram recentemente (1996) encomendados ao Banco Mundial e a OIT, para verificar com maior contundência, assim que o atual acordo passar da fase de união aduaneira para a de mercado comum propriamente dito, quando então deverá formar-se um mercado de trabalho. Por enquanto os técnicos contratados estudarão a legislação e os procedimentos adotados em cada país, para que os integrantes do Sub-grupo comecem então a discutir possíveis soluções."[22]

Os técnicos apontaram que : "a migração da mão de obra é a principal preocupação do Subgrupo 10, que deverá criar condições necessárias, para que os profissionais de um país possam ser contratados por empresa de outro (...) a idéia é ter normas que definem e harmonizem o trânsito desse pessoal."[23]

O enfoque do problema se equivoca, quando parte da *migração*, e não, a partir da *livre circulação de trabalhadores*. Do ponto da integração, há uma diferença jurídica enorme. Sob primeiro aspecto, o trabalhador que se desloca de um país para outro é considerado *estrangeiro* e estará sujeito a uma normativa de DIP. Enquanto, sob o prisma da integração, este trabalhador será considerado como um *nacional*, por se deslocar dentro do espaço do mercado comum, sujeito à normativa de Direito desse mercado comum (um direito comunitário).

Quanto a isso, há enormes entraves, na ordem jurídica interna dos países signatários do Tratado de Assunção, para a recepção de trabalhadores *estrangeiros*, estimulando a migração clandestina.

---

20 GARCIA JUNIOR, Armando Alvares. *O Direito do Trabalho o mercosul*, LTr, São Paulo, 1997, p. 18.

21 Idem.

22 GARCIA JUNIOR, Armando Alvares, *op. cit.* p. 41.

23 Idem, p. 42.

No Brasil, o Estatuto do Estrangeiro[24] define a situação jurídica do estrangeiro e disciplina sua imigração, qualquer que seja a nacionalidade do imigrante. A legislação trabalhista (CLT arts. 352 a 371) possui uma normativa discriminatória ao estrangeiro, de qualquer nacionalidade.

Na Argentina, o art. 40 da Lei de contrato de trabalho, proíbe a contratação de trabalhador estrangeiro, sem residência definitiva no país. Sardegna informa que "nos primeiros 50 dias de 1995, foram expulsos da Argentina 841 residente ilegais e convidados a sair outras 1289 pessoas, com previsão de atingir 16.000 trabalhadores estrangeiros. A estatística daquele ano, que a maioria desses trabalhadores, oriundos dos países limítrofes, inclusive do Mercosul, dos quais 38,9% de brasileiros e 15,2% de paraguaios."[25]

A Comissão Parlamentar Conjunta, mediante a Res. CPC 2/94 recomenda aos quatro países a ratificação da Convenções 97/1949 e 143/1975 da OIT sobre trabalhadores migrantes e suas famílias, já ratificados anteriormente pelo Brasil[26] e pelo Uruguai.

6. DA NECESSIDADE DA CRIAÇÃO DE UM *DIREITO SOCIAL* DO MERCOSUL

É preciso uma construção normativa que elimine a discriminação entre os trabalhadores dos Estados partes que se deslocam, no interior dos países do Mercosul, como condição essencial para o avanço do processo de integração. Caso contrário, o Mercosul poderá permanecer como um bom *marketing*, de um projeto de cooperação econômica regional.

A tarefa é complexa e exige vontade política, por parte dos condutores do Mercosul. A experiência européia, rica em criatividade e objetivos definidos previamente, poderá, desde que analisada, sob o ângulo da nossa realidade sul-americana , ser um paradigma de grande utilidade.

Na formação do MCE/EU, a liberdade de circulação de trabalhadores, preceituado no Tratado constitutivo, foi a base da construção normativa comunitária, resultando no Direito Social Europeu, cuja vigência se operou de forma flexível e gradual, em três etapas

[24] Lei nº 6.815, de 19 de agosto de 1990.

[25] Livre tradução, *in* SARDEGNA, Miguel Angel, *Las Relaciones Laborales en el Mercosur*, La Rocca, B Aires, 1995 pp. 40, 41.

[26] Aprovada pelo Decreto Legislativo nº 20, de 1965, do Congresso Nacional e ratificado pelo Decreto nº 58.819, de 14 de julho de 1966.

básicas.[27] A primeira, iniciada, em 1961, com Regulamento nº 15 e a diretiva de 16 de agosto, de aplicação limitada; a segunda, pelo regulamento nº 38/64 e a diretiva nº 64/240, de 25/03/1964, eliminando algumas restrições ainda existentes ; e a terceira, com o regulamento nº 1612/68 e a diretiva nº 360/68, de 15/10/1968, culminando com a plena vigência, ampliando às famílias dos trabalhadores os mesmos benefícios sociais.

7. CONCLUSÃO

Em relação ao Mercosul, prevalecendo o quadro exposto, as perspectivas não são alentadoras. Para que se reverta essa tendência, é necessário o redirecionamento do projeto do Mercosul, passando a ser um projeto político comum dos países da região, no sentido de formar um novo espaço econômico e social, cujo objetivo seja o crescimento econômico equilibrado e sustentável e com a devida coesão social.

Para tanto, é necessário que os países firmem um tratado complementar ao Tratado de Assunção, no qual esteja claramente definido esse o projeto político comum de integração, no qual estejam contidos "dispositivos de eficácia mais avançados e de certo grau de supranacionalidade, em determinadas alçadas e circunstâncias",[28] como fonte originária de Direito Comum. A partir do qual se poderá edificar o futuro Direito Social do Mercosul.

---

[27] Vide RIBAS, Jean Ribas *et al.*, *in op. cit.*, pp. 36 a 49.

[28] VENTURA, Deisy de Freiras Lima. *A Ordem Jurídica do Mercosul*, Livraria do Advogado, Porto Alegre, 1996, p. 123.

METRÓPOLE
Indústria Gráfica Ltda.